これだけマスター

1級

建築施工
管理技士
第一次検定

井上国博・黒瀬 匠・三村大介［共著］

Ohmsha

はじめに

　1級建築施工管理技士・技士補は、建設業に携わる方にとって、とても価値のある重要な国家資格です。この資格を取得することは、建築に関する幅広い知識と応用力、決断力、指導力をもつ証となります。

　本試験は、一定の実務経験年数を経た、技術や知識をもっている中堅以上の技術者を対象としています。出題範囲は「施工技術」以外に「建築計画・構造力学」「施工管理」「関係法規・法令」など多岐にわたっており、実務経験やそこで得た知識だけで合格基準に達するのは難しく、より効率的な学習が求められます。

　本書は、2013年に発行しました『これだけマスター　1級建築施工管理技士　学科試験』を技術検定試験制度の改正に伴い全面的に見直し、改題改訂として発行するものです。最近の出題傾向を分析して出題頻度の高いテーマを中心にした解説と、豊富な演習問題を盛り込み、執筆しました。

　節ごとに出題頻度を表示しており、★の数が多いほど頻繁に出題されている内容です。また、特に重要と思われる箇所は青字で強調しています。午後の部で出題される応用能力問題に該当する演習問題には 応用能力問題 のアイコンを表示しています。学習すべき範囲が広いことから、本文とあわせて、演習問題の選択肢からも知識を得られるよう配慮し、合格ラインに最短コースで到達できる内容構成としています。

　多忙な日々を過ごされている受検者の皆さんが、日々の学習に本書を有効活用され、1級建築施工管理技士となって活躍されることを心から願っております。

2022年3月

著者らしるす

目次

I 部　建築学

Ⅱ部　施工管理

受験ガイダンス

1. 「1級建築施工管理技術検定」の概要

建築施工管理技術検定とは

　国土交通省は、建設工事に従事する技術者の技術の向上を図ることを目的として、建設業法第27条の規定に基づき、技術検定を行っています。技術検定には「建築施工管理」など7種目があり、それぞれ1級と2級に区分されています。

建築施工管理技術検定の構成

　技術検定は、「第一次検定」と「第二次検定」に分けて行われます。1級の場合、第一次検定の合格者は所要の手続き後「1級建築施工管理技士補」、第二次検定の合格者は所要の手続き後「1級建築施工管理技士」と称することができます。

2. 第一次検定受検の手引き

受検資格

　以下のイ〜ニのいずれかに該当する場合に第一次検定の受検資格があります。

　イ〜ハに該当する場合は、第一次検定合格後、第二次検定受検手数料の支払い手続きにより同じ年度の第二次検定を受検することができます。

　ニは第一次検定のみの受検資格です。この区分で受検し第一次検定に合格した場合、同じ年度の第二次検定は受検できません。翌年度以降、イ〜ハのいずれかの受検資格に該当するときには、第二次検定への新規受検申込が可能です。

イ．学歴等

学歴	建築施工管理に関する実務経験年数※1	
	指定学科※2	指定学科以外
大学等	卒業後3年以上	卒業後4年6か月以上
短期大学・高等専門学校等	卒業後5年以上	卒業後7年6か月以上
高等学校等	卒業後10年以上※3	卒業後11年6か月以上※3
その他	15年以上※3	

※1　実務経験年数には、1年以上の指導監督的実務経験を含むことが必要。

※2　指定学科の詳細は試験団体の「受検の手引」を参照。

※3　所定の要件を満たした場合、実務経験年数の2年短縮が可能。詳細は試験団体の「受検の手引」を参照。

ロ．二級建築士試験合格者

　合格後5年以上の実務経験を有する者（1年以上の指導監督的実務経験を含むことが必要）

ハ．2級建築施工管理技術検定第二次検定合格者

学歴・資格		建築施工管理に関する実務経験年数※2	
		指定学科※3	指定学科以外
2級建築施工管理技術検定第二次検定※1合格者		合格後5年以上※4	
2級建築施工管理技術検定第二次検定※合格後、実務経験が5年未満の者	短期大学等	卒業後5年以上	卒業後9年以上※4
	高等学校等	卒業後9年以上※4	卒業後10年6か月以上※4
	その他	14年以上※4	

※1　令和2年度までは実地試験。

※2　実務経験年数には、1年以上の指導監督的実務経験を含むことが必要。

※3　指定学科の詳細は「受検の手引」を参照。

※4　所定の要件を満たした場合、実務経験年数の2年短縮が可能。詳細は試験団体の「受検の手引」を参照。

ニ．2級建築施工管理技術検定第二次検定合格者（実務経験問わず）

受検手続き

・**試験日時**：例年6月上旬

・**試験地**：札幌・仙台・東京・新潟・名古屋・大阪・広島・高松・福岡・沖縄（会場確保の都合上、やむを得ず近隣の都市で実施する場合があります）

・**申込受付期間**：例年1月下旬～2月上旬

・**合格発表**：例年7月中旬

建築施工管理技術検定に関する申込書類提出および問合せ先

一般財団法人 建設業振興基金 試験研修本部

〒105-0001　東京都港区虎ノ門4丁目2-12　虎ノ門4丁目MTビル2号館

TEL　03-5473-1581

試験に関する情報は今後、変更される可能性があります。受験する場合は必ず、国土交通大臣指定試験機関である建設業振興基金（https://www.kensetsu-kikin.or.jp/）などの公表する最新情報をご確認ください。

3. 第一次検定の試験形式と合格基準

試験形式

第一次検定は午前の部と午後の部に分かれており、四肢一択式（午後の部の応用能力問題のみ五肢二択）です。午前、午後とも、出題分類により、出題数に対して一定の問題数を選び解答する形式と出題すべてに解答する形式で構成されています。試験時間は午前の部は2時間30分、午後の部は2時間です。

試験で出題される内容（目安）は以下のとおりです。

● 午前の部

出題分野	出題分類	出題数（問題番号）	解答数
建築学	環境工学、一般構造、構造力学、建築材料	15問（No.1～No.15）	12問
	外構・測量、建築設備、積算・契約	5問（No.16～No.20）	5問
	躯体施工	10問（No.21～No.30）	7問
	仕上施工	9問（No.31～No.39）	7問
施工管理	施工計画、工程管理	5問（No.40～No.44）	5問

● 午後の部

出題分野	出題分類	出題数（問題番号）	解答数
施工管理	工程管理、品質管理、安全管理	10問（No.45～No.54）	10問
施工管理（応用能力）	躯体工事、仕上工事	6問（No.55～No.60）	6問
法規	建築基準法、建設業法、労働基準法、労働安全衛生法、その他関係法令	12問（No.61～No.72）	8問

合格基準

第一次検定の合格基準は全体の得点が60％以上、かつ、施工管理法（応用能力）の得点が60％以上です。ただし、試験の実施状況などを踏まえ、変更する可能性があります。

I部

建築学

第1章 環境工学

1 音

▶ 音の三要素

[音の高さ] 周波数、振動数で決まる。
[音の強さ] 音響出力、音のエネルギーで決まる。
[音色] 音波の波形で決まる。

▶ 音の性質

要素	定義・性質
音の高さ	振動数が多い（高周波数）音は高い音に、少ない（低周波数）音は低い音に聞こえる。単位は Hz（ヘルツ）で表す。人間の耳に聞こえる可聴音は、約 $20 \sim 20{,}000\,\text{Hz}$ である。
音の強さ	音波の進む方向に垂直な単位断面を単位時間に通過する音のエネルギー。単位は dB で表す。 音の強さは音圧の2乗に比例し、点音源からの距離の2乗に反比例する。 音源からの距離が2倍になるごとに音圧レベルで6dBずつ減衰する。
音色	同じ高さの音でも楽器の種類により違って感じられるような音の特性。音色の違いは音波の波形により決まる。
音速	物質中に音の伝わる速さをいい、大気中で $340\,\text{m/s}$（15℃）だが、空気の温度が上がると速くなる。
音圧レベル	音波が伝搬するとき物質内のある点が受ける圧力の変化を音圧といい、これをデシベル表示したもの。
レベル表示	音の物理量は対数で示し、ある物理量の値 A と基準値 A_0 の比をとり、その常用対数を10倍した値となる。単位は dB で表す。 $L = 10 \log (A/A_0)$
音響パワーレベル	音響パワーは音源が1秒間に放射する音のエネルギーで、これをレベル表示したもの。ある音響パワーが基準の音響パワーと同じ場合、音響パワーレベルは0dB。音響パワーが10倍になると音響パワーレベルは10dB。100倍で20dB、1,000倍で30dB、10,000倍で40dB。音の強さを10dB下げると1/10倍、20dB下げると1/100倍となる。
騒音レベル	いろいろな周波数の音が混合した騒音を、人間の耳の感度を考慮して補正した音圧レベル。JIS規格で定められた騒音計を用いて測定する。単位は dB（A）で表す。
マスキング効果	小さな音が大きな音のために聞こえなくなる現象。その音の振動数に近い音に対して大きく作用し、低音は高音を聞こえなくしやすい。隠蔽効果ともいう。

要素	定義・性質
干渉	2つ以上の音波が同時に存在するとき、音波が互いに打ち消しあったり、重なり合わさって大きくなる現象。 ・同位相の場合（同時に同じ周波数の音波が2つ存在するとき）は全体の音圧はそれぞれの音圧の和となる。 ・逆位相の場合は音波は互いに打ち消しあい音圧が小さくなる。
回折	波動が伝搬するとき障害物の端を通過して音が背後に回り込む現象。 ・高い音（高周波数）ほど直進性が強く物陰で聞こえにくい。 ・低い音（低周波数）は、障害物の裏側に回り込みやすい（回折しやすい）。 ・波長が短いと回折効果が小さくなる。

● 音の回折

▶ 吸音・遮音

　ある材料に入射された音は、一部は反射し、一部は吸収され、残りは透過する。入射した音を吸収または透過させ、音の強さを弱めることを吸音といい、透過させないようにすることを遮音という。

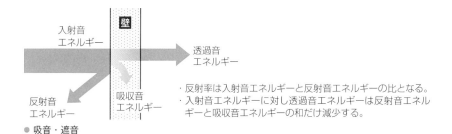

● 吸音・遮音

[吸音率]　壁などに音が入射した場合、入射音エネルギーと反射されなかった音のエネルギー（吸収音エネルギーと透過音エネルギーの和）の比を吸音率という。

$$\text{吸音率} = \frac{\text{吸収音エネルギー + 透過音エネルギー}}{\text{入射音エネルギー}}$$

　吸音率は、硬くて重い材料や表面が滑らかな材料ほど小さく、軟らかくて軽い材料や表面に孔があいている材料ほど大きい。また、入射する音の周波数（振動数）により異なる値となる。

［吸音力］　吸音材料の面積（S）とその面の吸音率（α）を掛けたもの。単位はm^2（メートルセイビン）で表す。室内の総吸音力は各部位の吸音力の合計となる。

［周期・波長］

- 1kHzの周期：1/1,000秒（0.001秒）
- 1kHzの波長：340/1,000m（0.34mまたは34cm）

［吸音材料］

- 多孔質吸音材料：グラスウール、ロックウールなど
- 板振動型吸音材料：せっこうボード、合板など
- 共鳴型吸音材料：孔あき板など

［多孔質吸音材料］　音が通過するときに空気分子と材料の摩擦や繊維の振動などにより熱エネルギーに変換して吸音する材料。以下の特徴がある。

- 高音域の吸収に適している。
- 低音域の吸音率が低く、また、多孔質吸音材料に塗装などを施すと高音域の吸音率も低下する。
- 吸音材の厚さを増すことにより、中低音域の吸音率が増大する。
- 吸音材の背後（吸音材と剛壁の間）に空気層を設けると、低音域の吸音率が上昇し、空気層の厚さを増すほど増大する。

［板振動型吸音材料］　合板など薄い板状の材料で、背後（吸音材と剛壁の間）に空気層を設けることで、音が衝突する際の衝撃により板状吸音材が振動し、吸音材の内部摩擦が生じることにより吸音する材料。共振周波数に近い低音域の吸収に適し、中高音域の吸音率は低い。

［共鳴型吸音材料］　孔をあけた板で、音が通過するときに背後の空気層がバネの働きをし、孔周囲の空気を激しく振動（共鳴）させることにより、孔周囲の壁面と空気との間に生じる摩擦を利用して吸音する材料。共振周波数に近い低音域の吸収に適している。共鳴型吸音材料の背後に、高音域の吸収に適している多孔質吸音材料を挿入すると、全周波数帯域の吸音率が高くなる。

［透過損失］ 透過損失（TL）は、一般に壁体の遮音性を示す数値で、入射音と壁体を通過する透過音の差をデシベルで表したもの。

単一材料の壁（単層壁）を用いた場合の透過損失（遮音性能）は、その材料の面密度（単位面積あたりの質量）が大きいほど、また、周波数が高いほど、向上する。

コンクリートなど重い材料を用いた壁の透過損失は、一般的に高音域（高周波数）のほうが低音域（低周波数）より大きくなる。

ある特定の周波数において、入射音と壁材が共振し、透過損失が低下する現象をコインシデンス効果という。

［遮音壁の材料選定の目安］ 透過率が小さいと透過損失が大きくなり、遮音効果が高くなる。

透過損失	効果
（T.L.）＞40 dB	かなりの遮音効果がある
（T.L.）＝20～30 dB	普通
（T.L.）＜10 dB	遮音効果なし

［遮音性能］

- L値（床衝撃音に対する遮音性能）：床の衝撃音レベルの遮音等級を表す値で、人が走ったり跳ねたりした場合などに発生する重量床衝撃音（LH）と物を落としたときなどに発生する軽量床衝撃音（LL）に分けられる。L値は、等級の数値が小さいほど遮音性能が高いことを示している。
- D値（室間の音圧レベル差に対する遮音性能）：建築物の室間における話し声や楽器の音の透過レベル（音圧レベル差）を評価する遮音等級を表す値である。D値は、等級の数値が大きいほど遮音性能が高いことを示している。

◉ 室内音響

［残響時間］ 室内の音源を停止し、発生する音のエネルギー密度が60 dB下がるのに要する時間をいう。100万分の1まで室内の音響エネルギー密度が減少するまでの時間である。発生音の大小に関わらず室容積に比例し、室内の総吸音力に反比例する。

［最適残響時間］ 室の用途により異なる。残響時間が同じでも室の容積に

より感じ方が変わる。

- 室の容積が大きく吸音力が小さいほど残響時間が長くなる。残響時間が長いほど、音の明瞭度は低くなり会話に向かない。
- 音楽ホールでは聴衆が多いほど残響時間は短くなる（1〜2秒とされている）。

［反響（エコー）またはロングスパンエコー］ 音を出してから1/20秒（行程差17m）以上遅れて反射音があると、1つの音が2つ以上に分かれて聞こえる現象。壁などの反射面に吸音材を用いると音の明瞭性が改善される。ただし、多孔質吸音材料（グラスウール、ロックウールなど）の上にクロス貼りや表面塗装などを施すと、中高音域の吸音率が大きく低下するので注意する。

［鳴き竜］ 室内の向かい合う平行な壁の反射性が高い（吸音率が低い）と、音の反射が繰り返される鳴き竜（フラッターエコー）が発生しやすい。

▶ 騒音

騒音には外部要因と内部要因があり、外部要因による騒音防止には外壁に遮音材を用いる。室内部に吸音材を用いても騒音防止にはならない。

［騒音規制法］ 地域別に時間の区分による基準が定められている。

［騒音の外部要因］

- 都市騒音：主に交通騒音。時刻的に変化する低周波成分の多い音。
- 工場騒音：業種や規模によりさまざまで、特異な音色をもつ。
- 工事騒音：一時的なものでは、杭打ち機、リベット打ち機など建設工事によるもの。騒音は敷地境界線上で85dB以下とする。振動規制法上の振動は、75dB以下となっている。

［騒音の内部要因］

騒音	内部要因
設備騒音	送風機、ボイラー、冷凍庫、クーリングタワーなど
生活騒音	声、TV、ピアノ、生物の音など

［許容騒音レベル］ 許容しうる最大騒音レベルをいう。

騒音は、音の物理的な大きさとは一致しないので、人間の聴覚の特性を反映して、人間の感じる音に近いA特性で測定した音圧レベルを騒音レベルと呼んでいる。

［許容音圧レベル］ 騒音の不快感は音の高低（周波数）により異なり、騒音の高低差を考え、周波数をオクターブごとに規定したものを許容騒音基準線（NC曲線）といい、このNC曲線を基に定めた許容値である。

　同じ周波数の音は、その音圧レベルに比例して感じるが、同じ音圧レベルでも高い音より低い音のほうが大きさは小さく聞こえる。

［騒音の目安］

- 1m離れて普通の大きさの声で60dB（A）
- 静かな公園で30dB（A）
- 静かな室内で40dB（A）
- 事務室で50dB（A）
- 静かな街頭で60dB（A）。

2　換気　出題頻度 ★★★

　換気とは、建物内の空気を排気し、外気を給気することをいう。

　改正建築基準法により、2003年7月1日よりシックハウス対策として換気設備設置の義務付け、内装仕上、天井裏などの改正がなされた。

▶ 自然換気

　自然換気設備（調理室などは除く）の給気口は、居室の天井高さの1/2以下の位置とし、排気口は給気口より高い位置に設置し、給気口および排気口とも常に外気に開放された構造とする。

［風力による換気］ 風上側の開口部の外側は室内より圧力が高い正の圧力、風下側の開口部外側は室内より圧力が低い負の圧力が生じ、その圧力差で換気が行われる。風力による換気量は、風速と開口部の面積に比例し、また、風上側と風下側の風力係数の差の平方根に比例する。

［温度差による換気（重力換気）］ 室温が外気温より高い場合、下部の開口部から屋外の重い空気が流入し、上部の開口部から軽い空気が流出する。換気口位置を上下に離すと有効に機能する。温度差による換気量は、開口部の面積に比例し、また、内外の温度差および上下の開口部の垂直距離の平方根に比例する。

［中性帯］ 上下の開口部間において、室内外の圧力の差が0となる位置（高さ）を**中性帯**という。中性帯の位置に開口を設けても換気は行われない。上下の開口部の大きさが異なる場合、中性帯は開口面積の大きいほうに近づく。

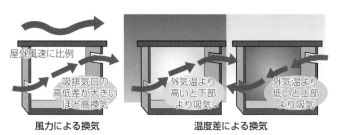

● 自然換気

機械換気

換気の種類	特徴と用途
第1種機械換気	機械で給気し機械で排気する方法。室内の気流分布や圧力の制御は容易だが設備費は高い。室内圧力は自由に設定。
	調理室、屋内駐車場、機械室など。
第2種機械換気	機械で給気し自然排気する方法。室内空気が外部に漏れやすいので、臭気、有毒ガスを発生する部屋では用いない。室内は正圧。
	ボイラー室、発電機室、手術室など。
第3種機械換気	自然給気し機械で排気する方法。室内空気は外部に漏れにくいので汚染室で用いる。室内は負圧。
	厨房、便所、廃棄物処理室など。

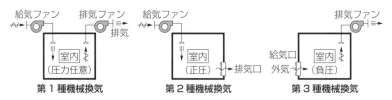

局所換気は室内が負圧となるため、給気口と給気経路の確保に注意する

● 換気の種類

▶ 必要換気量

室内の換気では、給気口から室内に取り込んだ新鮮な空気が室内に行き渡り、代わりに汚染された空気が排気口から外部に排出するようにしなければならない。

給気口から排気口に至る換気経路が短いと効率よく室内の換気ができないので、長くする。

［必要換気量］ 室内を環境衛生上、適正な空気状態に保つための外気導入量で、換気する室の床面積あたり1時間に必要とする量で表す場合と、1時間あたりの換気量 Q を室の容積 V で割った換気回数 N で表す場合がある。一般に、1人1時間あたり $20 \sim 30\,\mathrm{m^3}$ 必要。

$$N = Q/V \quad または \quad Q = NV$$

［在室者の呼吸による必要換気量］ 在室者の二酸化炭素発生量を室内と外気の二酸化炭素濃度の差で除して求められる。

$$必要換気量 Q = \frac{在室者のCO_2発生量}{室内のCO_2の許容濃度 - 外気のCO_2濃度}$$

▶ 建築物環境衛生管理基準（厚生労働省規定）

浮遊粉塵の量	$0.15\,\mathrm{mg/m^3}$ 以下
一酸化炭素の含有量	0.001％（10ppm）以下
二酸化炭素の含有量	0.1％（1000ppm）以下
温度	17℃以上28℃以下 室内温度を外気温より低くする場合は、著しい温度差としないこと。
相対湿度	40％以上70％以下
気流	$0.5\,\mathrm{m/s}$ 以下
ホルムアルデヒド	$0.1\,\mathrm{mg/m^3}$（0.08ppm）以下

▶ 全般換気・置換換気

［全般換気］ 室全体に新鮮な空気を取り入れて、汚染された空気を排出するもので、一般的な住宅などで行われている換気方法のこと。

［置換換気］ 寒暖による空気の重量を利用した換気方法で、室の下部から給気し、温度差による上昇気流をつくり、汚染された空気を天井や屋根に設

けた排気口から排出することで換気を行う。

　置換換気は、全般換気に比べて、換気効率がよい。

3　日射・日照・日影

▶ 日射

　地表面に到達した太陽の放射エネルギーを日射という。

　日射は、直達日射（大気層を抜けて、直接地表面に到達する日射）と天空日射（大気中の粒子や雲などに散乱されて地表面に到達する日射）に大別できる。

種類	定義・特徴
直達日射量	大気層を抜けて、直接地表面に到達する日射量を直達日射量という。
天空放射量	大気中で散乱されて地表面に到達する日射量を天空放射量という。
全天日射量	直達日射量と天空放射量を足したもの
建築物が受ける日射量	南面は日照・日射とも条件が最もよい方位である。 晴れた日の昼間で外気温が高いとき、陸屋根防水層表面は外気温より高くなる。 太陽高度が低くなると水平面の日射量は小さくなる。 太陽光線が壁面の法線に近いほど、壁面の受熱量は大きくなる。 熱負荷を考えると、東西面より南北面に開口部を設けるほうが有効である。

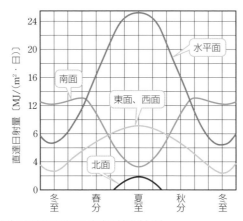

● 水平面および各方位の鉛直面の受ける直達日射量（東京）

10

◉ 日照

[**快晴日数**]　天候の状態を表し、1日のうち1回でも快晴がある日数。

- 快晴：雲量が1以下
- 晴れ：雲量が2以上8以下
- 曇り：雲量が9以上で降水現象がない状態

[**日照率**]　日照のあった割合。日照率＝（日照時間／可照時間）×100％

[**日照時間**]　1日のうちで実際に日照のあった時間で、天候、太陽の位置、隣り合う建物の間隔（隣棟間隔）などにより変動する。

[**可照時間**]　晴れた日に日照があるべき時間で、日の出から日没までの時間。季節によって決定される。

[**壁面の方位と日照**]　南面の壁はほかの壁と比べ、冬季には一番日照時間が長く、夏季には日照時間が短いため、南面が最も条件のよい方位となる。

壁面の方位	日照時間
南　面	（大）←春分／秋分（約12時間）・冬至（約9時間半）・夏至（約7時間）→（小）
北　面	夏至のみ約7時間半、春分・秋分・冬至は可照時間0分
東　面	（大）←夏至（約7時間）・春分／秋分（約6時間）・冬至（約5時間）→（小）
西　面	
東南面	夏至・春分・秋分・冬至ともに約8時間
西南面	
東北面	（大）←夏至（約6時間半）・春分／秋分（約4時間）・冬至（約1時間半）→（小）
西北面	

[**日照効果**]

- 太陽光線：波長の短い順に、紫外線（1〜2％）、可視光線（40〜45％）、赤外線（50〜59％）に分類される。地上には赤外線が最も多く到達する。
- 光効果：目に見える波長は、約400〜800 nm（ナノメートル）〔4,000〜8,000Å（オングストローム）〕でその波長を可視光線という。
- 熱効果：波長780 nm以上の赤外線（熱線）によるものが大きい。冬季の熱線は、室内の採暖、乾燥などに効果があるが、夏季は冷房負荷につながる。
- 科学効果：紫外線は殺菌消毒効果があるが、塗料やカーテンなどを退色させる。

▶ 日影

［太陽の位置］ 高度（h：太陽と地平面のなす角度）と方位角（α：太陽の方向と西まわりに測った真南とがなす角度）から成り立つ。太陽が真南にきたときの方位角は0で、そのときの太陽高度を南中高度、時刻を南中時という。

［日影曲線］ 影の長さは時刻線と日影曲線との交点の半径で示される。

例：冬至の10時における影の長さは2.2倍程度で北西に伸びている。

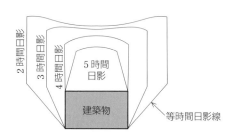

● 等時間日影図

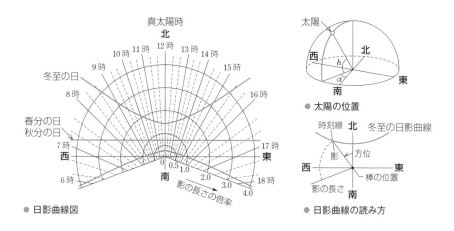

● 日影曲線図

● 太陽の位置

● 日影曲線の読み方

▶ 日照計画

［隣棟間隔］ 集合住宅など隣り合った建物の間隔を隣棟間隔という。同じ日照時間を確保する場合、**緯度が高い地域**ほど南北の隣棟間隔を**大きく**する必要がある。

［日影規制］ 冬至日の真太陽時の8時～16時（北海道は9時～15時）の間で検討する。次図のAとBの範囲で、平均地盤面から1.5m、4mまたは6.5mの水平面の高さで検討する。地方公共団体は、その地方の気候、風土、土地利用の状況により条例で定めることができる。

［終日日影］ 建物の周囲で1日中日影のため日照のない部分。

［永久日影］ 夏至の日に終日日影となる部分。

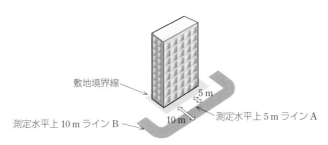

● 日影規制

4 採光・照明 ［出題頻度 ★★］

▶ 採光設計

［採光］ 昼間に太陽から照度を得るものをいう。これに対し、照明は人工光源から照度を得るもの。

［照度］ 受照面の単位面積あたりの入射光束量をいい、受照面の明るさの度合いを表す。照度の単位は、lx（ルクス）である。

［輝度］ 光源の明るさに対し、人が感じる光の強さを輝度といい、均等拡散面上における輝度は照度と反射率との積に比例する。

［光束］ 光源から発する光が単位時間あたりに、発散、透過または入射する光のエネルギー量をいう。

［光度］ 光源からある方向へ放射された光の強さで、単位立体角あたりの光束の量で表される。

［室内照度］ 全天空照度を明るい日30,000lx、普通の日15,000lx、暗い日5,000lxとして算出し、設計上の全天空照度を5,000lxとする。

［採光昼間］ 太陽高度hが10°以上の時間帯。

［昼光］ 太陽の光で、直射光と天空光に大別される。屋外の昼光による。変化する照度を基準にするのは不便なため、昼光による室内の採光計算では天空光を光源とし、昼光率を指標としている。

［昼光率］ 室内のある点の照度と全天空照度との比率。屋外の明るさが変化しても昼光率は変わらない。採光計画では、昼光照度の代わりに昼光率を用いる。全天空照度に直射日光は含まない。

$$昼光率＝\frac{ある点の照度}{そのときの全天空照度}×100\%$$

［昼光率の分布］ 室内における昼光率の分布は一定ではないため、採光調節を行う。

［均斉度］ 昼光による照度分布の最低照度と最高照度の比（最低照度／最高照度）をいう。均斉度が2/3程度の場合、人の目には、ほぼ一様に近く感じられる。形状と面積が同じ側窓の場合、設置位置を高くすると、昼光による室内の照度分布の均斉度は向上する。

▶ 天空による照度

［晴天時の輝度と照度］ 大気混濁度と太陽高度から影響を受ける。大気混濁度小で天空輝度小、大気混濁度大で天空輝度大となる。

［晴天時の全天空照度］ 天空の平均輝度に比例する。

［曇天時の照度］ 雲の厚さと太陽高度から影響を受ける。

［薄曇り時の全天空照度］ 晴天時や曇天時のものより大きく、その2〜3倍の値となる。

▶ 輝度対比

視対象とその背景の輝度の差を比で表したものを輝度対比という。

輝度対比が大きいと、まぶしく目が疲れるので、窓にブラインドやカーテンを設けて明るさの調整を行う。輝度対比は1/3以下とし、小さいほど落ち着き気持ちが休まる。

高輝度な部分、極端な輝度対比や輝度分布は、まぶしさによる視覚の低下や不快感の要因となる。この現象をグレアという。

◉ 照明基準

　ある面の平均照度を下回らないように維持すべき照度を維持照度といい、JISによりその値が示されている。

◉ 採光

[天窓（トップライト）形]　建築基準法施行令で側窓に比べ3倍の採光とされ、面積あたりの昼光率が大きく、均斉度もよい。コストが高い。

[側窓形]　照度分布は均一にならず、面積あたりの昼光率は小さく、均斉度もよくない。

[頂側窓形]　奥行きの広い工場や画廊で採用されるのこぎり形屋根に用いる窓。昼光率も均斉度も比較的よい。北側に設けると直射日光をさえぎる。

[採光調節]

• 天井高を上げ、高い位置に窓を設ける。

• 横長より縦長の窓を設ける。

• 同面積の窓なら小さな窓を等間隔に設ける。

• 天井や壁面の仕上げを明るく（反射率の大きいもの）する。

• ルーバー、ブラインドなどを設けて調整できるようにする。

• ガラスブロック、すりガラス、型板ガラスなど不透明の素材を用いて拡散性の採光にする。

• 天窓を設ける。

• 片側窓より両側窓を設ける。

• 室の奥行きを深くしないようにする。

● 天窓形と頂側窓形

▶ 照明

[演色性] 照明光による物体色の見え方についての光源の性質で、演色性が高いほど、自然光に近い見え方をする。

種類	特徴
白熱灯 蛍光灯 LED	消費電力は同じ明るさで白熱灯>蛍光灯>LEDの順に少ない。 照明の光源は、色温度が低いほど暖かみがある。 光の色は一般的に蛍光灯、LEDは冷たく、白熱灯が暖かい感じになる。 同じ光束あたりでは白熱灯のほうが発熱量が多い。 蛍光灯、LEDは一般的に白熱灯に比べ演色性に劣る。
ハロゲンランプ	昼光色で高輝度のため、展示場や店舗のスポットライトに用いられる。
水銀ランプ	始動時間が長く、演色性が悪い。一般の照明には適さない。大光束が得られ、効率がよく寿命が長いため体育館や公園に用いられる。効率は高圧ほどよい。
ナトリウム灯	低圧のものはオレンジ色の単色光で、トンネルや道路に用いられる。

▶ 照度計算

[点光源の照度] $E = I/h^2$ で光源の光度に比例し、光源からの距離の2乗に反比例する。

E：ある点の照度〔lx〕、I：点光源の光度〔cd〕

h：光度からの距離〔m〕

点光源から距離が2倍になると照度は1/4となり、照度逆2乗の法則に従う。

[角度をもつ点の照度] 入射角の余弦（$\cos\theta$）に比例する。

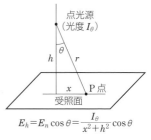

$$E_h = E_n \cos\theta = \frac{I_\theta}{x^2 + h^2}\cos\theta$$

● 角度をもつ点の照度

5 熱・結露

▶ 伝熱

熱が伝導、対流および放射により、高温部から低温部へ移動する現象を伝熱という。

- 防湿層は屋根、外壁の断熱材の室内側（高温側）に設ける。
- 壁体内の半密閉型断熱は密閉型断熱の1/2程度になる。
- 壁体内に中空層（空気層）を設けて二重壁とした場合、中空層の熱抵抗（断

熱効果）は、中空層の厚さが20～30mm程度までは厚さに比例して大きくなるが、それを超えると厚さに関係なくほぼ一定となる。

- 建物の熱容量（比熱×質量）が大きいと外気温や暖房時の影響が現れるまでに時間がかかる。
- 壁体内の中空層（空気層）にアルミ箔を貼ると壁体の熱抵抗が大きくなる。

［熱伝導］ 熱が高温部から低温部への温度勾配で移動し、壁体内部に熱が伝わる現象。

［対流］ 空気、水などの流体により熱が移動する現象。

［熱放射（熱輻射）］ 電磁波により熱が移動する現象で、真空中であっても熱の移動が生じる。

［熱伝導率］ 熱の伝わりやすさを示す値。単位はW/（m·K）で表す。

- 熱伝導率が大きいほど熱を伝えやすい。
- 材料による熱伝導率は、温度、湿度、密度により変化する。
- 内部に空隙をもつ材料は、密度が大きくなるほど熱伝導率は大きくなる。
- 熱伝導は、気体、流体、固体の順に大きくなる。
- 多孔質の材料は、含湿率が増加し、断熱性の低下で温度が高くなり熱伝導率は大きくなる。

［熱伝導抵抗］ 熱伝導率の逆数に材料の厚さを乗じたもので、熱の伝わりにくさを示す値。単位は（m²·K）/Wで表す。

$$熱伝導抵抗 = \frac{1}{熱伝導率} \times t \qquad t：材料の厚さ$$

複数の材料を用いた多層壁は、材料ごとの熱伝導抵抗の合計値を多層壁の熱伝導抵抗とする。

［断熱材］ 熱伝導率の小さい建築材料。グラスウール、スチレンフォームなどがある。

◯ 熱伝達

熱伝達には伝導、対流熱伝達、放射熱伝達がある。外気温、風速、壁などの表面の状態、色の状態などにより異なる。

［熱伝達率］ 熱の伝達のしやすさを示す値。単位はW/（m²·K）で表す。総合熱伝達率は、対流熱伝達率と放射熱伝達率の和で求められる。

［ 熱伝達抵抗 ］ 熱の伝達のしにくさを示す値。熱伝達率の逆数。単位は $(m^2 \cdot K)/W$ で表す。

▶ 熱貫流

［ 熱貫流 ］ 壁体を通して空気から空気へ、熱伝達→熱伝導→熱伝達と熱が伝わること。温度勾配が急なほど断熱性（熱抵抗）が大きい。

室の隅角部は水平面部分より熱貫流が大きくなる。
壁表面に接する空気層は、伝熱上抵抗となり壁面付近の温度は曲線状になる。

● 内断熱工法

［ 熱貫流率 ］ 熱の通しやすさを示す値。複層壁の場合、室内外の熱伝達抵抗と壁を構成する各部材の熱伝導抵抗の合計の逆数で表す。壁を構成する部材の順序が入れ替わっても熱伝導率は変化しない。

$$\text{熱貫流率}\, K = \cfrac{1}{\cfrac{1}{\alpha_o} + \Sigma\, \cfrac{d}{\lambda} + \cfrac{1}{\alpha_i}}\ \ (W/(m^2 \cdot K))$$

α_o ：室外伝達率
α_i ：室内伝達率
d ：壁厚（各部材ごと）
λ ：材料などの伝導率

熱貫流率の単位は熱伝達率と同単位になる。

熱貫流率を小さくする部位をつくると熱が伝わりにくいため、次のような対策をとる。

• 壁体内に熱伝導率の小さい材料やグラスウールなどの断熱材を入れる。
• 単層より複層の空気層を設ける。
• 空気層にアルミ箔のような反射材を使用し、放射熱の移動を小さくする。

［ 熱貫流抵抗 ］ 複層壁における熱伝達抵抗と熱伝導抵抗の合計。熱貫流率の逆数。

［ 熱貫流量 ］ 壁面の熱貫流率、部材両側の温度差、面積に比例する。壁厚には無関係。

▶ 熱損失係数

熱損失係数は、建物内部から外部への熱の逃げにくさを示す値で、建物の各部位および換気により外部へ逃げた熱（熱損失）の総熱損失量を延べ床面

積で除した値である。建物の断熱性能評価の指標であり、値が小さいほど断熱性能が高くなる。

$$熱損失係数 = \frac{総熱損失量}{延べ床面積} 〔W/(m^2 \cdot K)〕$$

▶ 熱容量

ある物体の温度を1K（ケルビン）上昇させるのに必要な熱量。単位はJ/K（ジュール毎ケルビン）で表す。

均一な物体では比熱と質量の積で求められ、一般に重く壁が厚いものは熱容量が大きく、熱しにくく冷めにくい。

▶ 結露

空気が壁体や窓などに触れて冷やされ、露点温度以下になり空気中の過剰な水蒸気が凝縮して露となる現象を結露という。

［表面結露］ 壁などの表面に生じる。

［内部結露］ 壁体内部で生じる結露。室内側に断熱層を設けたり、防湿層を室外側に設けると結露しやすい。

［結露の起きやすい場所］ 押入、家具の裏側、天井のある小屋裏、壁の隅角部、冷橋、熱橋。

［結露防止対策］

- 壁の断熱性を大きくし、壁の熱貫流抵抗を大きくする。
- 必要以上に水蒸気を発生させず、絶対湿度を下げる。
- 室内壁面に吸湿性のある材料を用いる。
- 室内の換気を行い、気流速度を上げ、内壁の表面温度を上げる。
- 窓には複層ガラスを使用し、結露しやすい場所の結露水の処理方法を検討する。
- 断熱層は低温側、防湿層は高温側に設ける。
- 冷橋や熱橋をつくらないようにし、断熱材で対応する。

6 色彩

▶ 色彩の体系

[表色系] 色を表す体系。

[マンセル表色系] 色彩を色相、明度、彩度の3属性で表す。

[マンセル色立体] マンセル表色系を具現化した色彩表示立体。垂直軸に明度（バリュー）、水平軸に彩度（クロマ）、円周に色相（ヒュー）を表し、すべての色を3次元空間に配置したもの。

[色の表示] 「色相・明度/彩度」で記載する。1つの色相は10分割し、中心を5とする。「7.5R 5/4」は黄赤（YR）よりの赤（R）、「2.5R 5/4」は赤紫（RP）よりの赤（R）で、明度5、彩度4を示す。

[色相] 5つの基本色相（赤、黄、緑、青、紫）に5つの中間色相（黄赤、黄緑、青緑、青紫、赤紫）を加えた10色相を純色色相で表し、環状に並べたもの。

[補色] 物理補色と心理補色があり、マンセルの色相環上では、ほぼ向かい合う位置にある。2色を混ぜると無彩色になる色が物理補色である。

[明度] 色の明るさの度合い。純黒を0、純白を10として配列した、無彩色の明度段階で表示する。

[彩度] 色の鮮やかさの度合い。無彩色を0とし純色は彩度が高くなる。赤を純色のうちで最も高彩度である14の数値とする。

[無彩色] 白、黒、灰色をいい、色相と彩度をもたず明度だけをもつ色。

[有彩色] 色相、明度、彩度をもつ色。

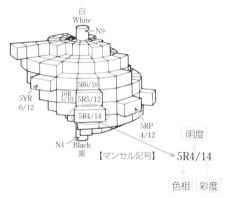

● マンセル色立体

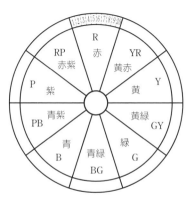

出典：インテリアコーディネーターハンドブッ
ク技術編〔改訂版〕、社団法人インテリア
産業協会、p.106

● マンセル色相環

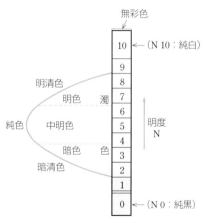

● 色の種類と分類

● 色の性質と効果

◻ 色相と明度による色の感じ方

[色の寒暖] 明度が高いほど寒色に、低いほど暖色に感じ、彩度が高いとより暖色に感じる傾向がある。

- 暖色：赤（R）、黄赤（YR）、黄（Y）
- 中間色：黄緑（GY）、緑（G）、紫（P）赤紫（RP）
- 寒色：青緑（BG）、青（B）、青紫（PB）

[色の進退] 色相に左右され、ほぼ暖色と寒色に対応する。明度が高いほど進出し、低いほど後退して感じ、彩度が高いとより進出するように感じる傾向がある。暖色は寒色より近い距離にあるように感じる。

- 進出色：赤（R）、黄赤（YR）、黄（Y）、黄緑（GY）
- 後退色：青緑（BG）、青（B）、青紫（PB）、紫（P）

[色の興奮・沈静] 明度が高いほど興奮色に、低いほど沈静色に感じ、彩度が高いとより興奮色に感じる傾向がある。

- 興奮色：赤（R）、黄赤（YR）、黄（Y）、赤紫（RP）
- 沈静色：青緑（BG）、青（B）、青紫（PB）、緑（G）

[色の拡大・収縮] 明度が高いほど拡大色に、低いほど収縮色に感じ、彩度が高いとより拡大色に感じる傾向がある。

- 拡大色：赤（R）、黄赤（YR）、黄（Y）、赤紫（RP）、黄緑（GY）
- 収縮色：青緑（BG）、青（B）、青紫（PB）

[加法混色] 色光による混色で、混色された色の明るさは、元の色より明るくなり、光が増すごとに白に近くなる。

[減法混色] 顔料や染料、色フィルターなどによる混色で、混色された色の明るさは、元の色より暗くなる。

[演色性] 光に照らされた物体色の見え方を演色といい、物体色の見え方を決定する光源の性質を演色性という。

[色の軽重] 明度による色の感じ方の軽重では、明るい色は一般に軽く感じ、暗い色は重く感じる傾向がある。暗い色は明度が低い色である。

◘ 対比効果

名称	効果・現象
色相対比	異なる色相の色を並べたとき、影響しあって本来の色相より変化して見える現象。
明度対比	異なる明度の色を並べたとき、影響しあって明度の高い色はより明るく、低い色はより暗く見える現象。
彩度対比	異なる色彩の色を並べたとき、影響しあって彩度の高い色はより高く、低い色はより低く見える現象。
継時対比	時間的対比で、時間的な差をおいて、ある色を見てから次の色を見るときに生じる色対比。前の色の残像の影響を受ける。
同時対比	空間的対比で、空間的に並べた色を同時に見るときに生じる色対比。明度対比、色相対比、彩度対比の順に知覚しやすい。
面積効果	同じ色でも一般に面積の大きいものは小さいものより彩度が高くなる。
照度効果	照度の高いところでは明度も彩度もより高く感じる傾向がある。このため屋外の配色では、多少明度と彩度を低くしたものを用いる。また、照度の低いところでは、寒色系は明るく、暖色系は暗く見えるプルキンエ現象が現れる。
補色残像	ある色を見た後に白色を見ると、はじめの色の補色が感じられるが、これを心理補色といい、この現象を補色残像という。

◉ 色彩計画

[環境色の直接効果]

- 明るく快適な環境をつくる。
- 目や身体の疲労を少なくする。
- 感情が統制され注意力を集中させる。
- 整理、整頓、清掃が行き届き、保守管理がしやすい。

[教室、事務所建築] 明度は天井9以上（ほとんど白色）、壁8、腰壁6、床7〜5程度が推奨される。

[安全色彩（安全標色）] 色のもつ心理的な性質を利用し、工場や事業場などで災害の防止や救護の目的でJISにより使用を決められている色のこと。

問1　1 音

吸音および遮音に関する記述として、最も不適当なものはどれか。

(1)　グラスウールなど多孔質の吸音材の吸音率は、一般に低音域より高音域のほうが大きい。

(2)　コンクリート間仕切壁の音響透過損失は、一般に低音域より高音域のほうが大きい。

(3)　床衝撃音レベルの遮音等級を表すL値は、その値が大きいほど遮音性能が高い。

(4)　室間音圧レベル差の遮音等級を表すD値は、その値が大きいほど遮音性能が高い。

解説　L値は、その値が小さいほど遮音性能が高い。　　　　　解答　(3)

問2　1 音

音に関する記述として、最も不適当なものはどれか。

(1)　人間が聞き取れる音の周波数は、一般的に20Hz から20kHz といわれている。

(2)　室内の向かい合う平行な壁の吸音率が低いと、フラッターエコーが発生しやすい。

(3)　自由音場において、無指向性の点音源から10m離れた位置の音圧レベルが63dBのとき、20m離れた位置の音圧レベルは57dB になる。

(4)　音波が障害物の背後に回り込む現象を回折といい、低い周波数よりも高い周波数のほうが回折しやすい。

解説　高周波数よりも低周波数のほうが回折しやすい。　　　　　解答　(4)

問3 2 換気

換気に関する記述として、最も不適当なものはどれか。

(1) 風圧力による自然換気の場合、ほかの条件が同じであれば、換気量は風上側と風下側の風圧係数の差の平方根に比例する。

(2) 室内外の温度差による自然換気で、上下に大きさの異なる開口部を用いる場合、中性帯の位置は、開口部の大きいほうに近づく。

(3) 中央管理方式の空気調和設備を設ける場合、室内空気の一酸化炭素の濃度は、100 ppm 以下となるようにする。

(4) 中央管理方式の空気調和設備を設ける場合、室内空気の浮遊粉塵の量は、0.15 mg/m³ 以下となるようにする。

解説 中央管理方式の空気調和設備を設ける場合、室内空気の一酸化炭素の濃度は、10 ppm（0.001 %）以下となるようにする。　　　　　解答 (3)

問4 2 換気

換気に関する記述として、最も不適当なものはどれか。

(1) 換気量が一定の場合、室容積が小さいほど換気回数は多くなる。

(2) 給気口から排気口に至る換気経路を短くするほうが、室内の換気効率はよくなる。

(3) 全熱交換器を用いると、冷暖房時に換気による熱損失や熱取得を軽減できる。

(4) 換気量が同じ場合、置換換気は全般換気に比べて、換気効率に優れている。

解説 給気口から排気口に至る換気経路を長くするほうが、室内の換気効率はよくなる。　　　　　解答 (2)

3 日照・日射・日影

日照および日射に関する記述として、最も不適当なものはどれか。

(1) 同じ日照時間を確保するためには、緯度が高くなるほど南北の隣棟間隔を大きくとる必要がある。

(2) 夏至に終日日影となる部分は永久日影であり、1年を通して太陽の直射がない。

(3) 北緯35度付近で、終日快晴の春分における終日直達日射量は、東向き鉛直面よりも南向き鉛直面のほうが大きい。

(4) 昼光率は、全天空照度に対する室内のある点の天空光による照度であり、直射日光による照度を含む。

> **解説** 昼光率は、全天空照度に対する室内のある点の天空光による照度の比であり、直射日光による照度は含めない。　　　　　解答 (4)

3 日照・日射・日影

日照、日射および日影に関する記述として、最も不適当なものはどれか。

(1) 水平ルーバーは西日をさえぎるのに効果があり、縦ルーバーは夏季の南面の日射を防ぐのに効果がある。

(2) 北緯35度における南面の垂直壁面の可照時間は、春分より夏至のほうが短い。

(3) 同じ日照時間を確保するためには、緯度が高くなるほど南北の隣棟間隔を大きくとる必要がある。

(4) 建物の高さが同じである場合、東西に幅が広い建物ほど日影の影響の範囲が大きくなる。

> **解説** 縦ルーバーは西日をさえぎるのに効果があり、水平ルーバーは夏季の南面の日射を防ぐのに効果がある。
> ・西日：太陽高度が低い ⇒ 縦ルーバーが有効

・夏季の南面：太陽高度が高い ⇒ 水平ルーバーが有効　　　　解答　(1)

問7　4　採光・照明

採光および照明に関する記述として、最も不適当なものはどれか。

(1)　演色性とは、照明光による物体色の見え方についての光源の性質をいう。

(2)　光束とは、単位波長あたりの放射束を標準比視感度で重みづけした量をいう。

(3)　形状と面積が同じ側窓は、その位置を高くしても、昼光による室内の照度分布の均斉度は変わらない。

(4)　設計用全天空照度は、快晴の青空のときが薄曇りのときよりも小さな値となる。

解説　形状と面積が同じ側窓は、その位置を高くすると、昼光による室内の照度分布の均斉度は向上する。　　　　解答　(3)

問8　4　採光・照明

採光および照明に関する記述として、最も不適当なものはどれか。

(1)　演色性とは、照明光による物体色の見え方についての光源の性質をいう。

(2)　グレアとは、高輝度な部分、極端な輝度対比や輝度分布などによって感じられるまぶしさをいう。

(3)　照度とは、受照面の単位面積あたりの入射光束をいい、単位はlx（ルクス）である。

(4)　全天空照度とは、天空光が遮蔽されることのない状況で、直射日光を含めた全天空によるある点の水平面照度をいう。

問9　5　熱・結露

伝熱に関する記述として、最も不適当なものはどれか。

(1)　壁体内の中空層の片面にアルミ箔を貼り付けると、壁体全体の熱抵抗は大きくなる。

(2)　熱放射は、電磁波による熱移動現象であり、真空中でも生じる。

(3)　壁体内にある密閉された中空層の熱抵抗は、中空層の厚さに比例する。

(4)　総合熱伝達率は、対流熱伝達率と放射熱伝達率を合計したものをいう。

解説　壁体内にある密閉された中空層の熱抵抗は、中空層の厚さに比例するが、中空層の厚さが20〜30mm程度を超えると厚さに関係なくほぼ一定となる。　　　　　　　　　　　　　　　　　　　　　　　　　解答　(3)

問10　6　色彩

マンセル表色系に関する記述として、最も不適当なものはどれか。

(1)　マンセル記号で表示された「5RP3/8」のうち、数値「3」は彩度を表す。

(2)　マンセル色相環の相対する位置にある色相は、互いに補色の関係にある。

(3)　明度は、理想的な白を10、理想的な黒を0として、10段階に分割している。

(4)　彩度は、色の鮮やかさの程度を表し、マンセル色立体では、無彩色軸からの距離で示す。

解説　マンセル記号で表示された「5RP3/8」のうち、数値「3」は明度を表す。　　　　　　　　　　　　　　　　　　　　　　　　　　　　解答　(1)

一般構造

1 鉄筋コンクリート構造

出題頻度 ★★★

▶ 鉄筋コンクリート構造の特徴

　耐久性、耐火性に富み、造形的にも自由度が高いが、自重が大きく各部材断面が大断面となり、工期も長くなる傾向にある。

▶ 柱

[柱の小径]　柱の小径は、その構造耐力上主要な支点間距離の1/15以上とする。軽量コンクリートの場合は1/10以上とする。

[主筋]　主筋は、異形鉄筋D13以上とし、配置は4本以上とする。主筋断面積の和はコンクリート全断面積の0.8%以上とする。ただし、引張鉄筋比が大きくなると付着割裂破壊が生じやすくなる。

[せん断補強筋（帯筋またはフープ）]

- 帯筋の径は、丸鋼9φ以上または異形鉄筋D10以上とする。
- 帯筋比（せん断補強筋比）は0.2%以上とする。帯筋比が大きくなると、せん断耐力も向上する。
- 帯筋間隔は、100mm以下とする。ただし、柱の上下端部から柱の最大径×1.5倍または最小径×2倍のいずれか大きいほうの範囲外は150mm以下とすることができる。
- 柱の靭性確保には、帯筋の径を太くすることより帯筋間隔を小さくしたり中子筋を用いるほうが有効である。

[柱梁接合部の帯筋]

- 帯筋比は0.2%以上とする。
- 帯筋間隔は150mm以下かつ、隣接する柱の帯筋間隔の1.5倍以下とする。
- 接合部内の帯筋形状は、鉄筋の末端を135°以上折り曲げ、コンクリート内

に十分定着するか、末端どうしを溶接する。

[柱の靱性確保・脆性破壊の防止]　各柱に作用する短期軸方向力を柱のコンクリート全断面積で除した値（軸方向圧縮応力度）はコンクリートの設計基準強度の1/3以下とし、柱の靱性を確保する。柱の脆性破壊の防止策として、軸方向圧縮応力度を小さくすると有効である。

　柱のせん断強度が曲げ降伏強度を上回るように設計し、柱の変形能力を向上させ、柱の靱性を確保する。

[同一階における長柱と短柱の混在]　同一階に長柱と短柱が混在する場合、剛性の違いにより、地震時に短柱に応力集中が生じてせん断破壊が起こりやすくなる。垂れ壁や腰壁などにより短柱となる場合は、構造スリットなどにより柱と壁の縁を切ることは有効である。

▶ 梁

[主筋]
- 構造上主要な梁は、複筋梁とする。
- 主筋は、異形鉄筋D13以上とする。主筋の配置は、原則として2段以下とする。
- 長期許容応力度で梁の引張鉄筋量（断面積）が決まる場合、長期荷重時に正負最大曲げモーメントを受ける部分は、引張鉄筋量（断面積）をコンクリート有効断面積の0.4％（引張鉄筋比）または存在応力により必要とする鉄筋量の4/3倍のうち、小さいほうの値以上とする。

[せん断補強筋（あばら筋またはスターラップ）]
- あばら筋の径は、丸鋼9φ以上または異形鉄筋D10以上とする。
- あばら筋比（せん断補強筋比）は0.2％以上とする。あばら筋比が大きくなると、せん断耐力も増加する。
- あばら筋の間隔は、梁成の1/2以下かつ250mm以下とする。

[梁貫通孔]　梁に貫通孔を設けた場合、構造耐力の低下はせん断耐力のほうが曲げ耐力より著しく、せん断破壊が生じやすくなる。貫通孔の直径は梁成の1/3以下とし、梁端部や梁下端付近の配置は避ける。1の梁に複数の貫通孔を設ける場合の孔の中心間隔は、隣り合った孔径の平均値の3倍以上とする。

［その他の留意事項］

- 大梁は原則として、せん断破壊型より曲げ降伏先行型として設計し、建物の靭性を確保する。
- 圧縮鉄筋は、靭性確保、クリープによるたわみ防止などに有効に機能する。

▶ 耐震壁

［壁の厚さ、配筋］

- 耐震壁の壁厚は120mm以上とし、かつ壁内法高さの1/30以上とする。
- 壁筋は縦筋、横筋とも異形鉄筋D10以上とし、間隔は300mm以下とする。複筋配置で千鳥配筋とする場合の間隔は片側450mm以下とする。
- 壁厚が200mm以上の場合は複筋配置とする。
- 耐震壁のせん断補強筋比は、直交する各方向に対し、それぞれ0.25%以上とする。

［開口付き耐震壁］ 設置された開口が小さい場合、その壁は耐震壁として扱うことができる。

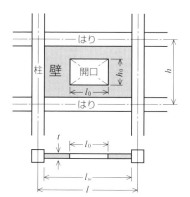

$\sqrt{\dfrac{h_0 \times l_0}{h \times l}}$ ：開口周比

$\dfrac{l_0}{l}$ ：壁長に対する開口幅の比

l：壁長、　h：壁の高さ
l_0：開口幅、h_0：開口高さ

$\sqrt{\dfrac{h_0 \times l_0}{h \times l}} \leq 0.4$ … 開口付き耐震壁とみなせる

$\sqrt{\dfrac{h_0 \times l_0}{h \times l}} \leq 0.05,\ \dfrac{l_0}{l} \leq 0.05$ かつ応力の小さな箇所に分散配置
… 無開口の場合と同等の剛性および耐力を有する開口付き耐震壁とみなせる

出典：2015年版 建築物の構造関係技術基準解説書、p.378

● 開口付き耐震壁

開口付き耐震壁となる場合は、適切な開口補強筋を配置する。開口部を設けた場合、開口部の隅角部には斜め引張力、開口部の周囲には縁応力が生じるため次のように補強する。

- 隅角部（斜め引張力）⇒斜め筋を配置し補強する（斜め補強筋）。
- 周囲（縁応力）⇒縦筋および横筋を配置し補強する（縦および横補強筋）。

［その他の留意事項］

- 耐震壁は高い剛性と強度を有し、地震力に対して有効である。
- 耐震壁の配置は地震時にねじれ変形が生じないように、建物の重心と剛心間の距離が小さくなるように計画する。
- 耐震壁は、設計時において、曲げ変形、せん断変形、回転変形などに対する剛性評価が重要となる。

床スラブ

［床スラブの厚さ］　床スラブの厚さは80 mm以上かつ短辺方向の内法幅の1/40以上とする。床スラブの厚さが小さいと剛性不足となり、床のたわみやひび割れおよび振動などの要因となる。

［床スラブの配筋］

- スラブ筋は、異形鉄筋D10以上とする。
- 普通コンクリートを用いた場合のスラブ筋（D10以上）の間隔は、短辺方向を200 mm以下、長辺方向を300 mm以下とする。
- 各方向ともスラブ筋量は、床スラブの各方向の全幅に対して、鉄筋全断面積のコンクリート全断面積に対する比を0.2%以上とする。

［その他の留意事項］

- 床スラブは鉛直荷重を支持し、鉛直荷重および水平力を梁などの横架材を介して柱壁などの鉛直部材に円滑に伝達できるものとする。
- 地震力に対して同一階の水平変位を等しく保たなければならない床スラブの面内剛性は高いほどよい。

その他

　腰壁、垂壁、そで壁の取り付く柱および梁は剛性、剛域などにそれらを考

慮して設計を行う。

　鉄筋コンクリート構造の建物は、平面的に長大になると乾燥収縮、不同沈下などが生じやすくなる。その場合、エキスパンションジョイントを設けることは有効な手段である。建物間にエキスパンションジョイントを設ける場合、あき寸法は各建物の高さおよび変形量を考慮して計画する。

　各階の剛性は大きな偏りがないようにする。ある階だけ階高が高いと、その階の剛性が上階または下階に比べ小さくなり剛性の不連続が生じる場合があり、対策として、その階に耐震壁を増やすなどは剛性増加に有効である。

　建物の重心と剛心の距離（偏心距離）は小さくなるように計画する。

　重心と剛心が一致しない場合、地震時にねじれ変形が生じ、剛心から離れている構面ほど層間変形が大きくなる。

2 鉄骨構造　　　　　　　　　　　　　　　出題頻度 ★★★

▶ 鉄骨構造の特徴

　鉄骨構造は鋼材の強度が大きく粘りもあるので、靭性に富んだ構造を構築できるが、耐火性、耐錆性に欠ける。

　各部材はスパンに対して細長く、肉厚も薄くできるが変形や座屈が生じやすくなる。座屈などに対する検討が必要となる。

▶ H形鋼

　H形鋼はH形断面をした形鋼で柱、梁などに使用される代表的な鋼材である。

　H形鋼のフランジは主に曲げモーメント、ウェブはせん断力を負担する。

　H形鋼のフランジおよびウェブの板要素の幅厚比は、板幅／板厚により求めることができ、幅厚比が大きいと局部座屈が生じやすくなる。

• 板幅に対して板厚が厚い⇒幅厚比が小
• 板幅に対して板厚が薄い⇒幅厚比が大⇒局部座屈が生じやすい

　H形鋼で局部座屈の影響がない場合、梁のウェブの幅厚比は柱のウェブの幅厚比より大きい。

梁材

［梁のたわみ］　一般に梁のたわみは荷重や外力および梁の長さに比例し、鋼材のヤング係数および梁の断面二次モーメントに反比例する。

　梁の部材断面および荷重条件が同じ場合、材質をSN400AからSN490Bのように強度を向上させてもたわみは変わらない。たわみの算定に強度は関連しない。

［梁の座屈防止］　一般にH形鋼の梁は、曲げ応力を受けると単純梁は上端のフランジ、固定梁は上端および下端のフランジが圧縮となり横座屈が生じる。横座屈の防止として、圧縮側のフランジを拘束する必要があり、鉄筋コンクリート造のスラブやデッキ床とH形鋼をシアコネクタで結合して合成梁とする、圧縮側のフランジに小梁などの補剛材を設けるなどがある。

　ウェブプレートの座屈防止として用いられる鋼板をスチフナーという。

- 中間スチフナー：せん断座屈に対して用い、材軸に直角に設ける。
- 水平スチフナー：曲げ圧縮座屈に対して用い、材軸に平行に設ける。

柱材

［柱の座屈長さ］　柱の座屈長さは材長、柱頭および柱脚の固定度、水平移動に対する拘束度により求められる。

　材長が同じで材端の水平移動が拘束された柱の場合、柱頭柱脚の両端がピン支持の柱の座屈長さは材長と等しくなり、一端ピン他端固定支持、両端固定支持の順に短くなる。

水平移動	拘束			自由	
支持条件	両端ピン	両端固定	一端ピン他端固定	両端固定	一端ピン他端固定
座屈状態					
座屈長さ (lk)	1	0.51	0.71	1	21

　節点の水平移動が拘束されているラーメン構造の柱の座屈長さは材長より短くなるが、設計上、支点間距離と等しくとることは安全側の設計となる。

　構造耐力上主要な部分である圧縮材の細長比は上限値があり、柱は200以下、柱以外の圧縮材は250以下と定められている。

［柱梁接合部］　角形鋼管柱とH形鋼梁を用いた場合、剛接合となる仕口部（柱梁接合部）に力を円滑に伝達するためにダイアフラムを設け、接合形式には通しダイアフラム、内ダイアフラム、外ダイアフラムがある。内ダイアフラムは柱に梁せいの異なる梁が複数接続するなどに用いられる。

▶ 接合

［高力ボルト摩擦接合］

- 高力ボルト摩擦接合は、高張力の高力ボルトで継手部の部材相互を締め付け、接触面に生じる摩擦力により応力を伝達する接合方法である。
- 高力ボルト相互間の中心距離はその公称軸径の2.5倍以上とする。
- 摩擦面はすべり係数を0.45以上とし、赤錆状態またはショットブラストなどの表面処理を行う。
- 高力ボルト摩擦接合は二面摩擦と一面摩擦があり、二面摩擦の場合の許容せん断力は一面摩擦の2倍となる。
- 高力ボルト摩擦接合は普通ボルト接合に比べ、部材の引張力によりボルト孔周辺に生じる応力集中が少ない。
- 引張材の接合を高力ボルト摩擦接合とする場合は、引張応力度の計算に母材のボルト孔による欠損を考慮する。
- 高力ボルト摩擦接合の場合、せん断力のみを受ける高力ボルトは繰返し応力による疲労の影響を考慮しなくてよい。
- 引張力とせん断力が同時に作用する高力ボルト摩擦接合部の高力ボルトの軸断面に対する許容せん断応力度は、引張力を受けない場合より低減した値としなければならない。このとき、引張力およびせん断力の作用する方向は関係しない。
- 引張力を負担する筋かいは、筋かい軸部（母材）の降伏以前に接合部を破断させてはならない。筋かい軸部の降伏耐力≦接合部の破断耐力とする。

［普通ボルト摩擦接合］　構造耐力上主要な部分に普通ボルト接合を用いる

場合には、軒の高さが9m以下、梁間が13m以下、延べ床面積が3,000m²以下などの制限がある。

　延べ床面積が3,000m²を超える建物で、構造耐力上主要な部分に普通ボルト接合を用いるには、ボルトのゆるみが生じないようにボルトをコンクリート内に埋め込む、ナットの溶接、2重ナットの使用、十分な効力を有する戻り止めの設置などの補強が必要である。

［溶接接合］ 応力を伝達させる溶接継目の主な形式には完全溶け込み溶接、部分溶け込み溶接、隅肉溶接の3種類の形式がある。

溶接継目		形　式	
完全溶け込み溶接（突合せ溶接）	接合面の全断面において、完全に溶け込ませて接合する。	 (a) T継手　(b) 突合せ継手	十分な管理が行われる場合は、接合される母材の許容応力度とすることができる。 余盛りは、応力集中の防止のため滑らかに仕上げる。余盛り高さは、突合せ継手の場合0mm以上、T継手は板厚の1/4とし、板厚が40mmを超える場合は10mmとする。
部分溶け込み溶接	接合面の全断面ではなく、一部分だけ溶け込ませて接合する。		溶接線を軸とした曲げが作用する箇所、溶接線に対して直角方向に引張力を受ける箇所には用いてはならない。
隅肉溶接	隅角部に用い、溶接部が三角形断面をもつ接合方法		接合される母材間の角度が60°以下または120°以上となる場合は、応力を負担させてはならない。 端部は回し溶接とする。

　溶接部の基準強度Fは溶接される母材の種類および品質に応じて定められている。溶接継目ののど断面に対する材料強度、許容応力度は下表による。

溶接継目形式	材料強度〔N/mm²〕	
	圧縮・引張・曲げ	せん断
突合せ溶接	F	$\dfrac{F}{\sqrt{3}}$
突合せ溶接以外	$\dfrac{F}{\sqrt{3}}$	$\dfrac{F}{\sqrt{3}}$

溶接継目形式	長期許容応力度〔N/mm²〕		短期許容応力度〔N/mm²〕
	圧縮・引張・曲げ	せん断	圧縮・引張・曲げ・せん断
突合せ溶接	$\dfrac{F}{1.5}$	$\dfrac{F}{1.5\sqrt{3}}$	各長期許容応力度の1.5倍
突合せ溶接以外	$\dfrac{F}{1.5\sqrt{3}}$	$\dfrac{F}{1.5\sqrt{3}}$	

　完全溶込み溶接を用いたT継手の余盛は、溶接部近傍への応力集中を緩和するうえで重要である。

〔併用継手〕　高力ボルトと溶接を併用した継手形式を併用継手という。併用継手とする場合は、溶接で全応力を負担しなければならない。ただし、高力ボルトが先に施工された場合は、応力を分担できる。

〔スカラップ〕　溶接線が交差する場合、交差部の溶接欠陥などを残さないために一方の部材に扇形の切欠きを設ける。これをスカラップという。

▶ 柱脚

〔露出柱脚〕　アンカーボルトとベースプレートにより基礎と鉄骨柱を接合した柱脚をいう。脚部に作用する軸力と曲げモーメントはベースプレートとアンカーボルトにより基礎に伝達し、せん断力はベースプレート下面の摩擦力により伝達する。

〔根巻き柱脚〕　鉄骨柱を鉄筋コンクリート構造の柱で包み込んだ形状の柱脚をいう。軸力はベースプレートとアンカーボルトにより伝達し、曲げモーメントとせん断力は鉄筋コンクリート柱により伝達する。根巻き部分の高さは、柱せいの2.5倍以上とする。

〔埋込み柱脚〕　鉄骨柱を鉄筋コンクリート構造の基礎などに埋め込んだ形状の柱脚をいう。軸力はベースプレートで基礎に伝達し、曲げモーメントとせん断力は鉄骨柱と基礎のコンクリートとの間の支圧により伝達する。埋込み長さは、柱せいの2倍以上とする。

〔柱脚の固定度〕　柱脚の固定度（回転拘束力）は形式により異なり、次のようになる。

　　　埋込み柱脚 ＞ 根巻き柱脚 ＞ 露出柱脚

　部材相互をピン接合により三角形に組み合わせた骨組で、大スパン構造などに用いられる。各構成部材には、材軸方向の軸方向力のみが作用するため、比較的細長い部材とすることができる。

　梁としてトラス構造を用いた場合、各構成部材は小さくできるが、一般的なラーメン構造の単材の梁（H形鋼など）と比較して梁せいが大きくなるので、住宅など階高の低い建物には適さない。

3　基礎構造　　　　出題頻度 ★★★

▶ 基礎構造の特徴

　基礎は上部構造物からの荷重および外力を安全に支持し、建物に沈下等の障害を生じさせずに地盤に伝達させなければならない。

　基礎はその性能により、荷重を基礎スラブから直接地盤に伝える直接基礎と杭の周面摩擦や先端抵抗により建物を支持する杭基礎に分類できる。

　建物規模、用途、敷地および地盤条件、工期、コストなどを考慮して適切な形式および工法を選択する。

▶ 直接基礎

　支持地盤が比較的浅く、建物荷重に対し十分な支持力を有する場合、直接基礎が用いられる。

[直接基礎の種類]

- フーチング基礎：フーチングにより荷重を支持する基礎。支持する柱（荷重）の本数および基礎形状により独立、複合、連続フーチング基礎に分類される。
- 独立フーチング基礎：1つの柱荷重を1つのフーチングで支持する形式。
- 複合フーチング基礎：複数の柱荷重を1つのフーチングで支持する形式。
- 連続フーチング基礎：連続した帯状のフーチングで支持する形式。
- べた基礎：建物の荷重を単一の基礎スラブにて支持する基礎。

● 基礎の種類

　建物重量と基礎部の掘削による排土重量とを釣り合わせることにより、地中応力の増加がなく、有害な沈下が生じないようにした基礎形式をフローティング基礎といい、軟弱地盤などに用いられる。

［ 基礎の設計 ］　基礎の形状や大きさは、接地圧が地盤の許容支持力（度）を超えず、基礎の沈下量が許容沈下量以内で、かつ一様となるように計画する。

　地盤の許容支持力（度）および沈下量は、土質試験結果または載荷試験結果などから算定する。土質試験結果による支持力算定式（告示式、H13国告1113号）は次のとおり。

　　　長期　$q_\alpha = 1/3\,(i_c\alpha CN_c + i_\gamma\beta\gamma_1 BN_\gamma + i_q\gamma_2 D_f N_q)$

　　　短期　$q_\alpha = 2/3\,(i_c\alpha CN_c + i_\gamma\beta\gamma_1 BN_\gamma + i_q\gamma_2 D_f N_q)$

　　　　C：基礎底面下の地盤の粘着力

　　　　$i_c,\ i_\gamma,\ i_q$：荷重の傾斜に対する補正係数

　　　　γ_1：基礎底面下の地盤の単位体積重量

　　　　γ_2：基礎底面より上方の地盤の単位体積重量

　　　　$\alpha,\ \beta$：形状係数　　　　$N_c,\ N_\gamma,\ N_q$：支持力係数

　　　　B：基礎底面の最小幅　　　　D_f：基礎の根入れ深さ

　形状係数（α、β）を次表に示す。底面積が同じでも形状によって形状係数が異なる。

例）正方形2.0m×2.0m＝4.0m²、長方形1.0m×4.0m＝4.0m²の場合

　　正方形の形状係数　$\alpha = 1.0,\ \beta = 0.5$

　　長方形の形状係数　$B = 1.0,\ L = 4.0$ より、$\alpha = 1.0 + 0.2(1.0/4.0) = 1.05$

　　　　　　　　　　　　　　　　　　　$\beta = 0.5 - 0.2(1.0/4.0) = 0.45$

基礎形状	連　続	正方形	長方形	円　形
α	1.0	1.3	$1.0 + 0.2\,B/L$	1.2
β	0.5	0.4	$0.5 - 0.2\,B/L$	0.3

※長方形　B：短辺の長さ　　L：長辺の長さ

地盤の許容地耐力は算定によらない場合、常用地耐力表または載荷試験結果などから推定する。常用地耐力表を次に示す。

地　盤	長期〔kN/m²〕	短　期
岩盤	1,000	長期の数値の2倍
固結した砂	500	
土丹盤	300	
密実な礫層	300	
密実な砂質地盤	200	
砂質地盤（地震時に液状化のないもの）	50	
堅い粘土質地盤	100	
粘土質地盤	20	
堅いローム層	100	
ローム層	50	

地下水位が浅く、砂粒子の径が均一なゆるい砂地盤で、地震時に大きな揺れにより繰り返しせん断を受けると地中の間隙水圧が**上昇**し、水中の砂粒子が浮遊状態となり、地盤がせん断抵抗を失い、地上に噴出してくる現象を地盤の液状化現象という。

直接基礎の沈下量は即時沈下量と圧密沈下量の和により求められる。

• 即時沈下：載荷と同時に沈下が生じるもので、砂質地盤に起こる。

• 圧密沈下：粘性土は、建物などの荷重がかかると土粒子間の間隙水が排出されるとともに体積の減少が起こり沈下を生じる。この現象を圧密沈下という。圧密沈下の場合の総沈下量の限界値の例（基礎構造設計指針より）を次表に示す。

構造種別	コンクリートブロック造	鉄筋コンクリート造		
基礎形式	布基礎	独立基礎	布基礎	べた基礎
標準値〔cm〕	2.0	5.0	10.0	10.0〜（15.0）
最大値〔cm〕	4.0	10.0	20.0	20.0〜（30.0）

建物に水平力が作用するときは、**基礎の滑動**に対する検討を行う。

point　ワンポイントアドバイス

剛性の高い基礎梁をバランスよく配置することにより、基礎フーチングの沈下を平均化する。

◉ 杭基礎

　建物重量が大きい、支持地盤が深いなど、直接基礎では上部構造を支持するのが適切ではない場合は、杭基礎とする。杭基礎は支持形式により、支持杭と摩擦杭に分類できる。

[支持杭]　杭先端を堅固な地盤まで到達させ、先端支持力で建物を支持させる。

[摩擦杭]　杭の周面摩擦力により支持させる。

[併用基礎]　1つの建物において、異なる複数の基礎形式を用いた基礎を併用基礎という。直接基礎と杭基礎を併用したものを異種基礎という。各基礎により沈下量の違いによる不同沈下が生じるおそれがあるので、原則として異種基礎は行わない。

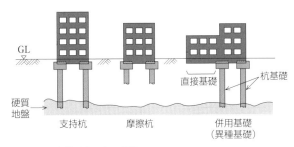

● 杭基礎の支持形式による分類

[杭の種類]

- 既製杭：工場生産による杭。PC杭、RC杭、鋼管杭などの種類がある。打込み工法と埋込み工法があり、騒音や振動の少ない埋込み工法が主に用いられている。鋼管杭は、曲げや引張力に対して強度や変形性能に優れ、コンクリート杭のようなひび割れによる曲げ剛性の低下もない。既製杭の継手には、溶接継手および接合金具による機械式の無溶接継手がある。

- 場所打ちコンクリート杭：地盤を支持層まで掘削し、鉄筋かごの挿入、コンクリートを打設することで築造する。工法としては、アースドリル工法、オールケーシング工法、リバース工法および深礎工法などがある。

[杭の鉛直支持力]　杭の支持力は、地盤の許容支持力と杭材から決まる許容耐力のうち、いずれか小さい値とする。杭の許容支持力は、一般的に基礎

スラブにおける地盤の支持力は考慮しない。

　杭先端の地盤の許容応力度の大きさは、打込み杭、セメントミルク工法による埋込み杭、アースドリル工法などによる場所打ちコンクリート杭で異なる。杭先端の地盤の許容応力度の大小関係は、下記となる。

　　　　打込み杭＞埋込み杭＞場所打ちコンクリート杭

　杭の極限鉛直支持力は、極限先端支持力と極限周面摩擦力の和となる。

　杭の引抜き方向において、地盤から求める杭の引抜き抵抗力に杭の自重を加える場合、杭の自重は地下水位以下の部分の浮力を減じたものとする。

　一般に埋込み杭は、杭先端の支持地盤がゆるめられ、極限支持力に達するまでの沈下量が打込み杭より大きくなる。

［負の摩擦力］　地盤沈下の可能性がある地盤では、負の摩擦力（ネガティブフリクション：下向きに作用する摩擦力）を考慮して設計を行う。支持杭に負の摩擦力が生じると、支持方向とは逆の下向きの力が作用するため、杭先端の圧縮軸力が大きくなる。杭の周辺地盤に地盤沈下が生じた場合、杭に作用する負の摩擦力の大きさは、一般に支持杭＞摩擦杭となる。

［地震時］　地震時に杭に生じる曲げモーメントの大きさは、一般に「杭頭部＞地中部」となり、曲げ破壊は杭上部に発生しやすい。

　基礎梁の設計では、杭頭の曲げモーメントを考慮した梁断面とする。

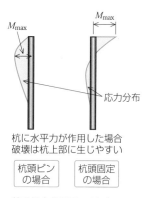

● 杭の最大曲げモーメント

杭の種類		最小中心間隔（d：軸部径、D：拡底径）
打込み杭		2.5d以上かつ75cm以上
埋込み杭		2d以上
場所打ち杭	一般杭	2d以上かつ（$d+1$m）以上
	拡底杭	（$d+D$）以上かつ（$D+1$m）以上

［**腐食代**］ 鋼管杭や外殻鋼管付きコンクリート杭の鋼管では、有効な防錆処理を行わない場合、鋼管の外側に厚さ1mm以上の腐食代を考慮する。

4 免震構造 　出題頻度 ★★★

● 免震構造の特徴

免震構造は、一般に建築物の上部構造を鉛直方向に支持する機構と水平方向に追従し適切な復元力をもつ機構、および建築物に作用するエネルギーを吸収する機構から構成される。

免震構造とした建築物の固有周期は免震構造としない建築物より長くなる。

免震構造では、適切な免震部材の配置計画を行い、上部構造の重心と免震層部分の剛心とのずれを極力なくすことでねじれの影響（ねじれ応答）を低減できる。

地下部分に免震層を設ける場合および基礎免震構造の場合、建築物と周囲地盤との間にクリアランスを設け、地震時の免震層の変形に支障がでないようにする。

地震時の免震層の変形に対して、昇降設備や設備配管などが追従できるように配慮する。

免震構造の建築物は、水平方向に対する応答加速度の低減に効果を発揮するが、上下方向に対する応答加速度の低減には有効ではない。

軟弱地盤は強固な地盤に比べて、地盤の周期が長くなり応答加速度が増加するため、免震の効果も低下する。

▶ 免震部材

アイソレータには一般に積層ゴムが多く用いられ、上部構造の重量を支持し、地震時の水平方向の変形に追従し、適切な復元力をもつ構造となっている。ダンパーは、地震時の振動エネルギーを吸収して水平方向の揺れを減衰させ、アイソレータの過大な変形を抑制する役割をもつ。

免震層を中間階に設置する中間層免震構造の免震部材は耐火構造とし、特に積層ゴムなどのアイソレータは火災に対して耐火被覆などにより保護する必要がある。基礎免震構造の場合は耐火構造としなくてもよい。

5 木質構造 出題頻度 ★★★

▶ 木質材料

主に構造耐力上主要な部分に使用する材料は以下のとおり。

[構造用製材] 針葉樹の原木などから必要な寸法に切削加工したもの。

[構造用合板] 単板の繊維方向を交互にほぼ直交方向に積層接着したもの。

[構造用単板積層材（LVL）] 単板の繊維方向をほぼ同じ方向に積層接着したもの。

[構造用集成材] ひき板（ラミナ）または小角材を繊維方向がほぼ同じ方向に集成接着したもの。

[直交集成板（CLT）] ひき板（ラミナ）または小角材を幅方向に並べ、その繊維方向がほぼ直交するように積層接着したもの。

▶ 木質構造の構造形式

[在来軸組工法] 柱、梁および筋かいなどの単一の部材を組み合せて構築していく工法。

[枠組壁工法] 木材を用いた枠組に構造用合板などの面材を打ち付けた壁や床を組上げていく工法。枠組壁工法における枠組壁（耐力壁）は、鉛直力と水平力を同時に負担することができる構造とする。

▶ 土台

　最下階において構造耐力上主要な部分の柱や耐力壁の下部には土台を設けなければならない。ただし、木材の耐久性上の対策を行ったうえで柱や耐力壁を基礎に直接緊結した場合は、土台を設けなくてもよい。

　土台は軸組や耐力壁からの鉛直力および水平力を確実に基礎に伝達できる構造とし、アンカーボルトを用いて基礎に緊結しなければならない。

　アンカーボルトの設置位置は、約2m程度の間隔で設置し、特に筋かい端部、土台の端部および継手部などの近くには必ず設置する。

▶ 柱

　柱の小径は、座屈防止として建物規模や柱間隔などに応じて最小寸法が規定されている。

　地上の階数が2を超える建築物の場合、1階部分の構造耐力上主要な柱の小径は、原則として13.5cm以上とする。

　2階建て以上の建築物の隅柱およびこれに準ずる柱は、通し柱とするか、接合部を通し柱と同等以上の耐力を有するように補強しなければならない。

　構造耐力上主要な柱の有効細長比は150以下とする。

▶ 燃えしろ設計

　通常の火災により建築物全体が一定時間以上倒壊しないように燃えしろ設計を行い、構造耐力上主要な柱および梁は、燃えしろ部分を除いた断面として構造計算を行う。

　柱および梁の部材表面から内部に向かって除かれる部分を燃えしろという。日本農林規格に適合した集成材・単板積層材・製材を用いた場合の燃えしろ寸法（次表）が規定されている。

柱および梁に用いる木材	燃えしろ寸法		
	耐火時間		
	30分	45分	60分
構造用集成材 構造用単板積層材	25 mm 以上	35 mm 以上	45 mm 以上
構造用製材	30 mm 以上	45 mm 以上	60 mm 以上

　燃えしろ設計では、所定の燃えしろ寸法を除いた断面を用いて、長期荷重による長期応力度が短期許容応力度を超えないことを検証する。

▶ 大断面集成材を用いた木造建築物

[各部材の許容誤差]
- 柱材、梁材の長さ：±3 mm 以内
- 柱材の曲がり：材長の 1/1,500 以下
- 梁材の曲がり：材長の 1/1,000 以下

[ボルトなどの許容誤差]
- ボルト径が 16 mm 未満の場合のボルト孔：公称軸径 +1 mm
- ボルト径が 16 mm 以上の場合のボルト孔：公称軸径 +2 mm
- ドリフトピンの孔径：±0 mm（使用するドリフトピンと同径とする。）
- 孔の芯ずれ：±2 mm 以内（ボルト、ドリフトピン共通）
- 孔の間隔のずれ：±2 mm 以内（ボルト、ドリフトピン共通）

[接合金物にあけるボルトなどの大きさ]
- 呼び名が M16 未満の場合のボルト孔：径 +1 mm
- 呼び名が M16 以上の場合のボルト孔：径 +1.5 mm
- 径が φ16 未満の場合のドリフトピンの孔：径 +1 mm
- 径が φ16 以上の場合のドリフトピンの孔：径 +1.5 mm
- アンカーボルトの孔：径 +5 mm

6 構造計画

建物の規模、形状および用途や荷重、地盤構成などの諸条件を基に、構造種別、架構形式、基礎形式、構造部材の配置などを安全性、施工性、経済性を考慮して計画することを構造計画という。

建物の構造

平面・立面的に複雑な形状を避け、力学的に明解となるよう計画する。複雑な平面形状となる建物は、エキスパンションジョイントを設け、構造的に分離して計画する。エキスパンションジョイントのあき寸法検討には建物の高さを考慮する。

耐震壁

建物にねじれ変形が生じないよう、重心と剛心間の距離が小さくなるようにバランスのよい配置とする。建物の構造種別により、耐震壁とみなされない非構造壁も地震時に耐震壁と同様に働くことがあるので注意を要する。

その他の注意点

各階間で高さ方向の剛性に偏りがないように計画する。
非構造部材や建築設備等の機能にも支障をきたさないように計画する。

問1　1　鉄筋コンクリート構造

鉄筋コンクリート構造に関する記述として、最も不適当なものはどれか。

(1)　柱の主筋はD13以上の異形鉄筋とし、その断面積の和は、柱のコンクリート断面積の0.8％以上とする。

(2)　柱のせん断補強筋の間隔は、柱の上下端から柱の最大径の1.5倍または最小径の2倍のいずれか大きいほうの範囲内を150mm以下とする。

(3)　梁の主筋はD13以上の異形鉄筋とし、その配置は、特別な場合を除き2段以下とする。

(4)　梁のせん断補強筋にD10の異形鉄筋を用いる場合、その間隔は梁せいの1/2以下、かつ、250mm以下とする。

> **解説**　柱のせん断補強筋の間隔は、<u>100mm以下</u>とする。
> ただし、柱の上下端から柱の最大径の1.5倍または最小径の2倍のいずれか大きいほうの<u>範囲外</u>は150mm以下とすることができる。　　　**解答**　(2)

問2　1　鉄筋コンクリート構造

鉄筋コンクリート構造に関する記述として、最も不適当なものはどれか。

(1)　床スラブは、地震力に対し同一階の水平変位を等しく保つ役割を有する。

(2)　柱の靱性を確保するため、短期軸方向力を柱のコンクリート全断面積で除した値は、コンクリートの設計基準強度の1/2以下とする。

(3)　壁板のせん断補強筋比は、直交する各方向に関して、それぞれ0.25％以上とする。

(4)　梁に貫通孔を設けた場合、構造耐力の低下は、曲げ耐力よりせん断耐力のほうが著しい。

解説 柱の靱性を確保するため、短期軸方向力を柱のコンクリート全断面積で除した値は、コンクリートの設計基準強度の1/3以下とする。

解答 (2)

問3 **1 鉄筋コンクリート構造**

鉄筋コンクリート構造に関する記述として、最も不適当なものはどれか。

(1) 柱のせん断補強筋の間隔は、柱の上下端から柱の最大径の1.5倍または最小径の2倍のいずれか大きい範囲を100mm以下とする。

(2) 柱および梁のせん断補強筋は、直径9mm以上の丸鋼またはD10以上の異形鉄筋とし、せん断補強筋比は0.2%以上とする。

(3) 一般の梁で、長期許容応力度で梁の引張鉄筋の断面積が決まる場合、原則として引張鉄筋の断面積はコンクリート断面積の0.2%以上とする。

(4) 貫通孔の中心間隔は、梁に2個以上の円形の貫通孔を設ける場合、両孔径の平均値の3倍以上とする。

解説 一般の梁で、長期許容応力度で梁の引張鉄筋の断面積が決まる場合、原則として引張鉄筋の断面積はコンクリート断面積の0.4%以上とする。
　長期許容応力度で梁の引張鉄筋量（断面積）が決まる場合、梁の引張鉄筋量（断面積）は、次の①、②のうち小さいほうの値以上とする。
　①コンクリート有効断面積の0.4%
　②存在応力により必　となる鉄筋　の4/3倍

解答 (3)

問4 **2 鉄骨構造**

鉄骨構造に関する記述として、最も不適当なものはどれか。

(1) H形鋼は、フランジおよびウェブの幅厚比が大きくなると局部座屈を生じやすい。

(2) 部材の引張力によってボルト孔周辺に生じる応力集中の度合いは、普通ボルト接合より高力ボルト摩擦接合のほうが大きい。

(3) シヤコネクタでコンクリートスラブと結合された鋼製梁は、上端圧縮となる曲げ応力に対して横座屈が生じにくい。

(4) H形鋼における、局部座屈の影響を考慮しなくてもよい幅厚比については、柱のウェブプレートより梁のウェブプレートのほうが大きい。

解説　部材の引張力によってボルト孔周辺に生じる応力集中の度合いは、普通ボルト接合より高力ボルト摩擦接合のほうが<u>小さい</u>。　　解答　(2)

問5　2　**鉄骨構造**

鉄骨構造に関する記述として、最も不適当なものはどれか。

(1) 梁の材質をSN400AからSN490Bに変えても、部材断面と荷重条件が同一ならば、梁のたわみは同一である。

(2) トラス構造は、部材を三角形に組み合わせた骨組で、比較的細い部材で大スパンを構成することができる。

(3) 節点の水平移動が拘束されているラーメン構造では、柱の座屈長さは、設計上、節点間の距離に等しくとることができる。

(4) 構造耐力上主要な部分である圧縮材については、細長比の下限値が定められている。

解説　構造耐力上主要な部分である圧縮材については、細長比の<u>上限値</u>が定められている。柱の細長比は200以下、柱以外の圧縮材の細長比は250以下。　　解答　(4)

問6　2　**鉄骨構造**

鉄骨構造に関する記述として、最も不適当なものはどれか。

(1) 高力ボルト摩擦接合におけるボルト相互間の中心距離は、公称軸径の2.5倍以上とする。

(2) 鉄骨造におけるトラス構造の節点は、構造計算上、すべてピン接合とし

て扱う。

(3) 材端の移動が拘束された材長が同じ場合、両端固定材の座屈長さは、両端ピン支持材の座屈長さより短い。

(4) 柱脚に高い回転拘束力をもたせるために、根巻き形式ではなく露出形式とする。

> 解説 柱脚に高い回転拘束力をもたせるためには、露出形式ではなく根巻き形式とする。鉄骨柱脚の固定度（回転拘束力）の大小関係は下記となる。
> （大）埋込み形式＞根巻き形式＞露出形式（小）　　解答 (4)

問7　3 基礎構造

杭基礎に関する記述として、最も不適当なものはどれか。

(1) 杭の先端の地盤の許容応力度は、セメントミルク工法による埋込み杭の場合より、アースドリル工法による場所打ちコンクリート杭のほうが大きい。

(2) 杭の極限鉛直支持力は、極限先端支持力と極限周面摩擦力との和で表す。

(3) 地盤から求める杭の引抜き抵抗力に杭の自重を加える場合、地下水位以下の部分の浮力を考慮する。

(4) 杭の周辺地盤に沈下が生じたときに杭に作用する負の摩擦力は、一般に摩擦杭の場合より支持杭のほうが大きい。

> 解説 杭の先端の地盤の許容応力度は、セメントミルク工法による埋込み杭の場合のほうが、アースドリル工法による場所打ちコンクリート杭より大きい。杭先端の地盤の許容応力度の大小関係は下記となる。
> （大）打込み杭＞埋込み杭＞場所打ちコンクリート杭（小）　　解答 (1)

地盤および基礎構造に関する記述として、最も不適当なものはどれか。

(1) 直接基礎における地盤の許容応力度は、基礎荷重面の面積が同一ならば、その形状が異なっても同じ値となる。

(2) 直接基礎下における粘性土地盤の圧密沈下は、地中の応力の増加により長時間かかって土中の水が絞り出され、間隙が減少するために生じる。

(3) 圧密による許容沈下量は、独立基礎のほうがべた基礎に比べて小さい。

(4) 基礎梁の剛性を大きくすることにより、基礎の沈下量を平均化できる。

> 解説　直接基礎における地盤の許容応力度は、基礎荷重面の面積が同一でも、その形状が異なると同じ値にはならない（基礎荷重面の形状により形状係数が異なるため）。
>
> 解答　(1)

杭基礎に関する記述として、最も不適当なものはどれか。

(1) 支持杭を用いた杭基礎の許容支持力には、基礎スラブ底面における地盤の支持力は加算しない。

(2) 杭と杭の中心間隔は、杭径が同一の場合、打込み杭のほうが埋込み杭より小さくすることができる。

(3) 杭の極限鉛直支持力は、極限先端支持力と極限周面摩擦力との和で表す。

(4) 地盤から求める杭の引抜き抵抗力に杭の自重を加える場合は、地下水位以下の部分の浮力を考慮する。

> 解説　杭と杭の中心間隔は、杭径が同一の場合、打込み杭より埋込み杭のほうを小さくすることができる。杭の中心間隔は次のとおり。
> ・打込み杭：杭径の2.5倍以上かつ75cm以上
> ・埋込み杭：杭径の2.0倍以上

・場所打ち杭（拡底杭は除く）：杭径の2.0倍以上かつ杭径1,000mm以上

解答　(2)

問10　4　免震構造

積層ゴムを用いた免震構造の建築物に関する記述として、最も**不適当な**ものはどれか。

(1)　免震構造とした建築物は、免震構造としない場合に比べ、固有周期が短くなる。

(2)　免震部材の配置を調整し、上部構造の重心と免震層の剛心を合わせることで、ねじれ応答を低減できる。

(3)　免震層を中間階に設置する場合、火災に対して積層ゴムを保護する必要がある。

(4)　免震構造は、建築物を鉛直方向に支える機構、水平方向に復元力を発揮する機構および建築物に作用するエネルギーを吸収する機構から構成される。

解説　免震構造とした建築物は、免震構造としない場合に比べ、固有周期が長くなる。

解答　(1)

問11　5　木質構造

木質構造に関する記述として、最も**不適当な**ものはどれか。

(1)　枠組壁工法は、木材を使用した枠組に構造用合板その他これに類するものを打ち付けることにより、壁および床を設ける工法で、枠組壁は水平力と鉛直力を同時に負担することはできない。

(2)　2階建の建築物における隅柱は、接合部を通し柱と同等以上の耐力を有するように補強した場合、通し柱としなくてもよい。

(3)　燃えしろ設計は、木質材料の断面から所定の燃えしろ寸法を除いた断面に長期荷重により生じる応力度が、短期の許容応力度を超えないことを検

証するものである。

(4) 構造耐力上主要な部分である柱を基礎に緊結した場合、当該柱の下部に土台を設けなくてもよい。

解説　枠組壁工法は、木材を使用した枠組に構造用合板その他これに類するものを打ち付けることにより、壁および床を設ける工法で、枠組壁は水平力と鉛直力を同時に負担することができる。　　　　　　　解答　(1)

第3章 構造力学

1 静定構造物の応力算定 出題頻度 ★★★

▶ 安定構造物・不安定構造物

　構造物に力を加えたときに、移動したり、その形が崩れたりしない構造物を安定構造物という。構造物に力を加えたときに、移動したり、その形が崩れたりする構造物を不安定構造物という。

▶ 静定構造物・不静定構造物

［静定構造物］　安定構造物のうち、任意の作用荷重、外力に対して、力のつり合い条件によりすべての反力、応力が求められる構造物。

［不静定構造物］　力のつり合い条件だけでなく、変形の適合条件も併せて考慮しないとすべての反力、応力を求められない構造物。

［静定および不静定の判別式］　$m = n + s + a - 2k$

　n：総反力、s：部材総数、a：剛接合材数、k：総節点数

　$m < 0$　不安定

　$m = 0$　安定、静定

　$m > 0$　安定、不静定

$a = 3$　　$a = 2$　　$a = 1$　　$a = 1$　　$a = 1$　　$a = 0$

● 剛接合材数 (a)

▶ 応力の種類

［軸方向力 N］
- 引張力：部材を材軸方向に引き伸ばそうとする力
- 圧縮力：部材を材軸方向に圧縮しようとする力

［せん断力 Q］　部材軸と直角に作用し、部材を断ち切ろうとする力

［曲げモーメント M］　部材を曲げようとする力

▶ 応力の算定

作用荷重	応力図の一般的な形状	
	曲げモーメント図（M図）	せん断力図（Q図）
集中荷重	三角形勾配をもつ直線となる。	材軸に平行な直線となる。
等分布荷重	放物線を描く。	三角形勾配をもつ直線となる。
等変分布荷重（三角形分布）	放物線を描く。	二次曲線となる。

【片持ち梁（静定梁）の応力】

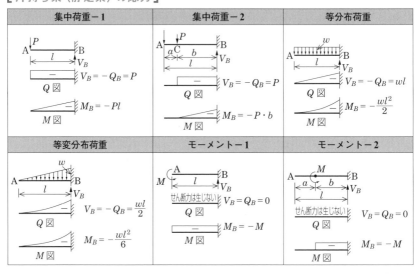

【単純梁（静定梁）の応力】

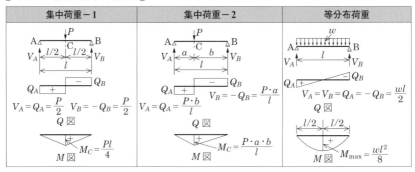

等変分布荷重	モーメントー1	モーメントー2

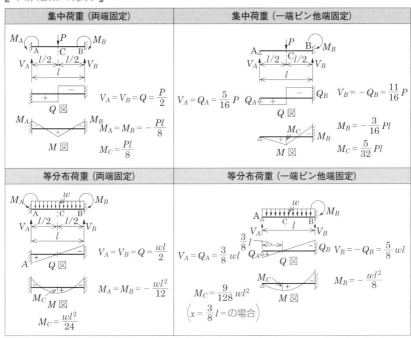

[不静定梁の応力]

集中荷重（両端固定）	集中荷重（一端ピン他端固定）
等分布荷重（両端固定）	等分布荷重（一端ピン他端固定）

一般的な形状だが、覚えておくとよい。

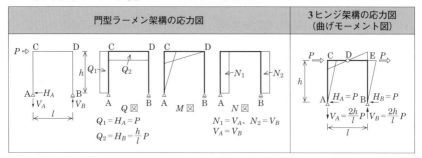

門型ラーメン架構の応力図	3ヒンジ架構の応力図 （曲げモーメント図）

2 断面の性質と応力度

▶ 断面性能

［断面一次モーメント］ 断面の図心（重心）を求めるために必要な断面性能。S〔cm^3〕で表す。

$$S = A \times y$$

A：断面積

y：図心から$X \cdot Y$軸までの距離

［断面二次モーメント］ 部材の断面形状および大きさにより求められ、曲げモーメントに対する部材の曲げにくさを表す断面性能をいう。I〔cm^4〕で表す。

［断面係数］ 断面の図心を通る断面二次モーメントIを図心軸から断面の縁までの距離で割ったもの。Z〔cm^3〕で表す。

$$Z = I/y$$

I：断面二次モーメント

y：図心軸から断面の縁までの距離

［断面二次半径］ 断面の図心を通る断面二次モーメントIを断面積で割り、平方根で閉じたもの。i〔cm〕で表す。

$$i = \sqrt{I/A}$$

I：断面二次モーメント

A：断面積

平面図形の性質を次表に示す。

断面	断面積 A 〔mm²〕	重心軸（回転軸）より縁までの距離 γ 〔mm〕	断面二次モーメント I 〔mm⁴〕	断面係数 Z 〔mm³〕	断面二次半径 i 〔mm〕
	bh	$\dfrac{h}{2}$	$\dfrac{bh^3}{12}$	$\dfrac{bh^2}{6}$	$\dfrac{h}{\sqrt{12}}=0.289\,h$
	bh	h	$\dfrac{bh^3}{3}$	$\dfrac{bh^2}{3}$	$\dfrac{h}{\sqrt{3}}=0.577\,h$
	h^2	$\dfrac{\sqrt{2}\,h}{2}$	$\dfrac{h^4}{12}$	$\dfrac{\sqrt{2}\,h^3}{12}=0.118\,h^3$	$\dfrac{h}{\sqrt{12}}=0.289\,h$
	$b(H-h)$	$\dfrac{H}{2}$	$\dfrac{b}{12}(H^3-h^3)$	$\dfrac{b}{6H}(H^3-h^3)$	$\sqrt{\dfrac{H^2+Hh+h^2}{12}}$
	$BH-bh$	$\dfrac{H}{2}$	$\dfrac{1}{12}(BH^3-bh^3)$	$\dfrac{b}{6H}(BH^3-bh^3)$	$\sqrt{\dfrac{BH^3-bh^3}{12(BH-bh)}}$

出典：建築構造ポケットブック、共立出版、p.28

▶ 応力度

［軸方向力による応力度］ 材質が一様な断面をもつ直線部材に軸方向力 N が作用したとき、材軸に直角な断面には、一様な垂直応力度が生じる。
軸方向力の向き（圧縮または引張り）により圧縮応力度または引張応力度という。

$$\sigma = N/A$$

　　　σ：垂直応力度、N：軸方向力、A：部材の断面積

［曲げモーメントによる応力度］ 曲げモーメント M が作用した部材断面には、曲げによる変形（湾曲することによる伸びと縮み）が起き、部材の圧縮側に圧縮応力度、引張側に引張応力度が生じる（曲げ応力度）。

$$\sigma_{\max} = M/Z$$

　　　M：曲げモーメント、Z：断面係数

［せん断力による応力度］ 部材に作用するせん断力 Q により、断面に沿って平行に生じる応力をせん断応力度という。

$$\tau = Q/A$$

　　　Q：せん断力、A：部材の断面積

▶ 部材の変形

[梁のたわみ δ] 代表的な梁のたわみを下表に示す（部材長は l とする）。

片持ち梁	単純梁	両端固定
$\delta_A = \dfrac{Pl^3}{3EI}$	$\delta_C = \dfrac{Pl^3}{48EI}$	$\delta_C = \dfrac{Pl^3}{192EI}$
$\delta_A = \dfrac{wl^4}{8EI}$	$\delta_{\max} = \dfrac{5wl^4}{384EI}$ （梁の中央部）	$\delta_C = \dfrac{wl^4}{384EI}$

[座屈長さ lk]

水平移動	拘束			自由	
支持条件	両端ピン	両端固定	一端ピン他端固定	両端固定	一端ピン他端固定
座屈状態					
座屈長さ (lk)	l	$0.5l$	$0.7l$	l	$2l$

3 荷重・外力

出題頻度 ★★☆

　建物には、建物自体の重量、風、地震などによる水平力などの荷重および外力が作用している。構造設計は、これらの荷重や外力に対し安全を確保するよう行われる。

▶ 固定荷重

　建物を構成する柱、梁、屋根、床、壁と仕上材および建築設備などの各自重を**固定荷重**という。作り付けの家具なども含む。

▶ 積載荷重

　積載荷重は人や家具などの荷重で、実況に応じて算出する。建築基準法施行令では用途によりその最小値を規定している。積載荷重は、その集中度により各部位の値が異なる。一般的には、床用荷重＞柱、大梁などの架構用荷重＞地震時荷重となる。

　倉庫業を営む倉庫の床の積載荷重は実況に応じて計算する場合、3,900 N/m²以上としなければならない。

　積載荷重（建築基準法施工令第85条）を次表に示す。

室の種類	構造計算の対象		床の構造計算をする場合〔N/m²〕	大梁・柱または基礎の構造計算をする場合〔N/m²〕	地震力を計算する場合〔N/m²〕
(1)	住宅の居室、住宅以外の建築物における寝室または病室		1,800	1300	600
(2)	事務室		2,900	1,800	800
(3)	教室		2,300	2,100	1,100
(4)	百貨店または店舗の売場		2,900	2,400	1,300
(5)	劇場、映画館、演芸場、観覧場、公会堂、集会場その他これらに類する用途に供する建築物の客席または集会室	固定席の場合	2,900	2,600	1,600
		その他の場合	3,500	3,200	2,100
(6)	自動車車庫および自動車通路		5,400	3,900	2,000
(7)	廊下、玄関または階段		(3)から(5)までに掲げる室に連絡するものにあっては、(5)の「その他の場合」の数値による。		
(8)	屋上広場またはバルコニー		(1)の数値による。ただし、学校または百貨店の用途に供する建築物にあっては、(4)の数値による。		

▶ 積雪荷重

　積雪荷重は、積雪1cmあたりの単位荷重（積雪単位荷重）に屋根の水平投影面積と各地方における垂直積雪量を乗じて求める。

　　　積雪荷重＝積雪単位重量×屋根水平投影面積×積雪量

　積雪量は各地方により異なるので、設計前に各特定行政庁などに確認する必要がある。多雪区域の指定のない区域の積雪単位荷重は（積雪量1cmにつき）20N/m²以上とする。多雪区域においては、長期荷重時、短期荷重時に積雪荷重を低減できる。

　屋根に雪止めがなく勾配が60°以下の場合の積雪荷重は、次式により軽減できる（β：屋根勾配）。

屋根形状係数 $\mu_b = \sqrt{\cos(1.5\beta)}$

60°を超える勾配の場合は、積雪荷重を0とすることができる。

▶ 風圧力

風圧力Pは、速度圧qに風力係数C_fを乗じて算出する。

$P = q \times C_f$　　P：風圧力〔N/m²〕、q：速度圧〔N/m²〕、C_f：風力係数

風力係数は、建物形状および風向きに応じて定められている。

$C_f = C_{pe} - C_{pi}$　　C_{pe}：建築物の外圧係数、C_{pi}：建築物の内圧係数

速度圧qは、その地方における基準風速Voと高さ方向の分布を考慮して算出する。基準風速Voとは、その地方の再現期間50年の10分間平均風速値に相当し、地域により30m/s〜46m/sの範囲で定められている。

ほかの建築物や防風林などにより、風を有効に遮ることができる場合、その方向の風圧力の算定に用いる速度圧qを低減することができる。

屋根葺き材および外壁に面する帳壁に作用する風圧力は、平均速度圧にピーク風力係数を乗じて求める。

▶ 地震力

［設計用地震力Q_i］　$Q_i = C_i \times W_i$

　　C_i：i階の地震層せん断力係数

　　W_i：最上階からi階までの建物総重量（固定荷重＋積載荷重）

［層せん断力係数C_i］　$C_i = Z \times R_t \times A_i \times C_o$

　　Z：地震地域係数（地震頻度を考慮した地域による低減係数）

　　R_t：振動特性係数（建築物の弾性域における固有周期および地盤種別により決まる数値）

　　A_i：層せん断力分布係数（高さ方向の分布を示す係数）

　　C_o：標準せん断力係数またはベースシア係数（一次設計用：0.2以上、保有水平耐力用：1.0以上）

［地下部分に作用する地震力］　当該部分の重量に水平震度（k）を乗じて算出する。

　　$k \geqq 0.1\,(1 - H/40)\,Z$　　H：地下部分の地盤面からの深さ〔m〕

ただし、深さが 20 m を超えるときは $H=20$ とする。

［水平震度］ 屋上から突出する水槽、煙突などの水平震度（k）は次式による（H12建告第1389号）。

$$k \geqq 1.0Z$$

ただし、転倒、移動などに対し有効な措置が講じられている場合は、$k \geqq 0.5Z$ とすることができる。

● 荷重の組合せ

荷重状態		一般	多雪区域	備考
長期	常　時	$G+P$	$G+P$	ー
	積雪時		$G+P+0.7S$	
短期	積雪時	$G+P+S$	$G+P+S$	ー
	暴風時	$G+P+W$	$G+P+W$	建築物の転倒、柱の引抜などを検討する場合は、P は実況を考慮して減じた数値とする。
			$G+P+0.35S+W$	
	地震時	$G+P+K$	$G+P+0.35S+K$	ー

G：固定荷重により生じる力、P：積載荷重により生じる力、K：地震力により生じる力

W：風圧力により生じる力、S：積雪荷重により生じる力

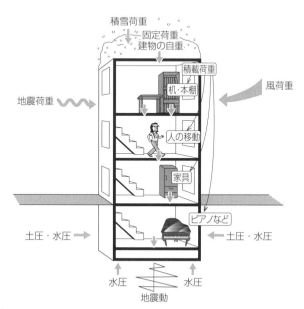

● 荷重と外力

4 反力の算定

▶ 支点と節点

[支点] 構造物を支持する点を支点という。支持条件により、移動端（ローラー）、回転端（ピン、ヒンジ）、固定端の3種類に分かれる。

支点	拘束および反力数	
移動端 （ローラー）	水平方向の移動および回転は自由にでき、鉛直方向の移動は拘束される支点。 反力数は、鉛直方向のみの1成分である。	反力数＝1
回転端 （ピン、ヒンジ）	回転は自由にでき、水平方向と鉛直方向の移動は拘束される支点。 反力数は、水平方向と鉛直方向の2成分である。	反力数＝2
固定端	水平方向および鉛直方向の移動、回転のすべてにおいて拘束される支点。 反力数は、水平方向、鉛直方向、回転（曲げモーメント）の3成分となる。	反力数＝3

[節点] 構造物を構成する各部材どうしの接合点を節点という。

節点	拘束および反力数	
滑節点 （ピン節点）	接合された部材が節点（接合点）を中心に自由に回転できるものをいう。 軸方向力およびせん断力を伝達することができる。	応力数＝2
剛節点	部材相互が剛に接続された節点で、変形により部材相互間の角度（θ）が変わらないものをいう。 軸方向力、せん断力および曲げモーメントを伝達することができる。	応力数＝3

▶ 反力

　梁や構造物を支持する各支点に荷重が加わると、各支点には作用荷重とつり合う力（反力）が生じる。

　支点反力は次のように算定する。

　①支点の種類により反力を仮定する。

　　ローラー：反力数1、鉛直方向（V）

　　ピン：反力数2、鉛直方向（V）、水平方向（H）

固定：反力数3、鉛直方向（V）、水平方向（H）、回転方向（M）

※反力の向きは、一般に鉛直方向は上向き、水平方向は右向き、回転方向は時計回りを正とする。

②作用している荷重と各反力による、つり合い条件式（連立方程式）をたてて各支点反力（未知数）を求める。

力のつり合い条件　$\Sigma X = 0$、$\Sigma Y = 0$、$\Sigma M = 0$

③求められた反力の符号（＋－）が（－）の場合は、実際の反力の向きが仮定した反力と逆向きであることを示している。

例1　図に示す梁の支点反力を求めよ。

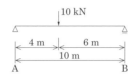

解説　①各支点の反力を仮定する。

A点はピン支点より、水平方向：H_A、鉛直方向：V_Aとする。

B点はローラー支点より、鉛直方向：V_Bとする。

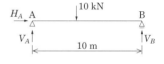

②力のつり合い条件より、次のように求める。

$\Sigma X = 0$ より、$H_A = 0$　　　　　　　　　　…式①

$\Sigma Y = 0$ より、$V_A + V_B = 10$　　　　　　　…式②

$\Sigma M_B = 0$ より、$V_A \times 10\,\mathrm{m} - 10\,\mathrm{kN} \times 6\,\mathrm{m} = 0$　　…式③

式③より、$V_A = 6\,\mathrm{kN}$

式②より、$V_A + V_B = 6 + V_B = 10$

　∴　$V_B = 4\,\mathrm{kN}$

以上より、各支点反力は、$H_A = 0$、$V_A = 6\,\mathrm{kN}$、$V_B = 4\,\mathrm{kN}$ となる。

反力の向きは、各反力とも仮定した向き（正）となる。

例2 図に示す構造物の反力を求めよ。

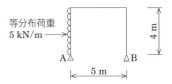

解説 ①等分布荷重を合力（集中荷重として）に置き換えて、A支点から高さ2mの位置に作用させる。

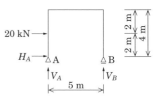

合力＝5kN/m×4m＝20kN

②各支点反力を右図のように仮定する。

③つり合い条件より、次のように求める。

$\Sigma X = 0$ より、$H_A + 20 = 0$

∴ $H_A = -20\,\mathrm{kN}$（反力の向き：←）

$\Sigma Y = 0$ より、$V_A + V_B = 0$

$\Sigma M_B = 0$ より、$5\,\mathrm{m} \times V_A + 2\,\mathrm{m} \times 20\,\mathrm{kN} = 5V_A + 40 = 0$

∴ $V_A = -8\,\mathrm{kN}$（反力の向き：↓）

∴ $V_A + V_B = 0$ より　$V_B = 8\,\mathrm{kN}$（反力の向き：↑）

演習問題チャレンジ（章末問題）✏

1 静定構造物の応力算定

　図に示す単純梁**AB**において、**CD**間に等分布荷重wが作用したときの曲げモーメント図として、正しいものはどれか。ただし、曲げモーメントは材の引張側に描くものとする。

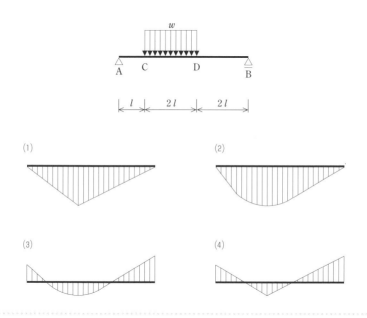

(1)

(2)

(3)

(4)

　解説　①支点Aはピン支点⇒支点Aに曲げモーメントは生じない。②支点Bはローラー支点⇒支点Bに曲げモーメントは生じない。③CD間に等分布荷重が作用している⇒応力図は放物線形状になる（直線にはならない）。(3)(4)は支点A、Bに曲げモーメントが生じているので誤り。(1)は勾配をもつ直線状で集中荷重が作用した場合の応力図となっているので誤り。(2)が正しい応力図（曲げモーメント図）となる。　　　　　　　　解答　(2)

　図に示すラーメン架構に集中荷重$3P$および$2P$が同時に作用したときの曲げモーメント図として、正しいものはどれか。ただし、曲げモーメントは材の引張り側に描くものとする。

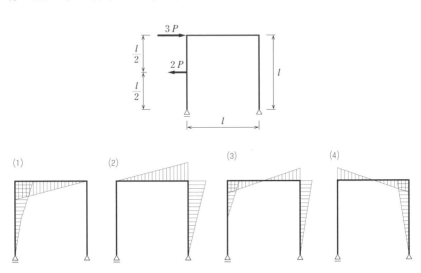

(1)　　　　(2)　　　　　　(3)　　　　　　　(4)

解説　設問で曲げモーメントの値を求められていないので、外力が作用した場合の架構の変形を考えてみると、図の青線のような形状に変形する。このとき、A点はローラー支点なので水平移動が拘束されていないため、外力の作用方向に移動する。また、曲げモーメントは部材が変形した方向に生じる。

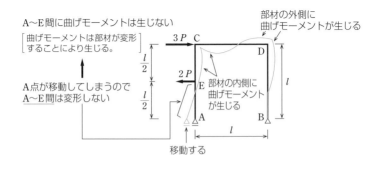

A〜E間に曲げモーメントは生じない

［曲げモーメントは部材が変形することにより生じる。］

A点が移動してしまうのでA〜E間は変形しない

移動する

部材の外側に曲げモーメントが生じる

部材の内側に曲げモーメントが生じる

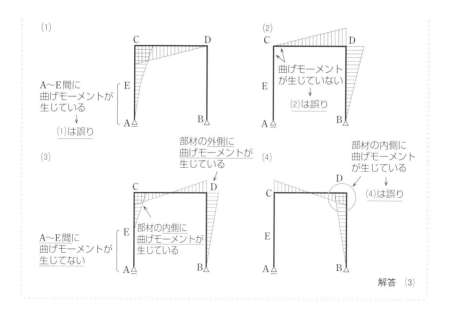

解答 （3）

---

1 静定構造物の応力算定

図に示す梁のAB間に等分布荷重 w が、点Cに集中荷重 P が同時に作用したときの曲げモーメント図として、正しいものはどれか。ただし、曲げモーメントは材の引張り側に描くものとする。

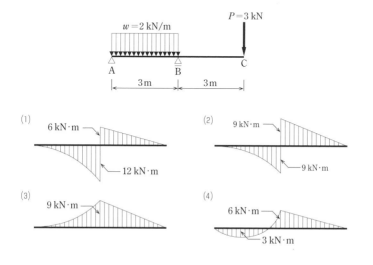

解説 ① まず設問の荷重図を分解してみる。

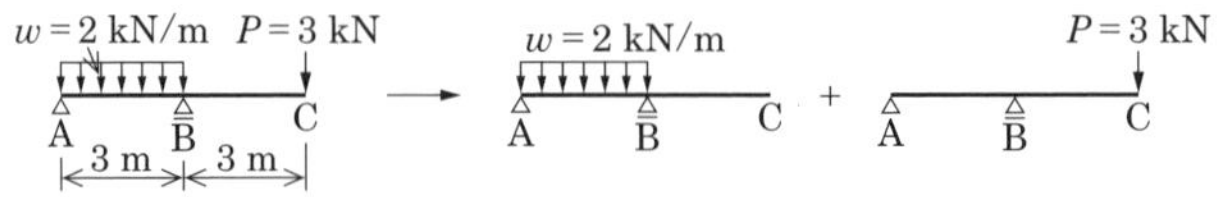

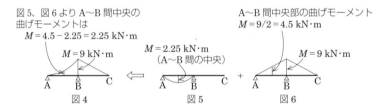

図1　　　　　　　　　　　　図2　　　　　　　　　図3

② それぞれの応力図（曲げモーメント図）を作成する。

図2について、A〜B間の曲げモーメントは$M_{max}=wl^2/8$となる（A〜B間の中央部）。

　$w=2$ kN/m、$l=3$ m より

$$M_{max}=\frac{2\times3^2}{8}=2.25 \text{ kN·m} \left(\begin{array}{l}\text{このとき、A〜B間は単純梁のため、}\\ \text{A・B端には曲げモーメントは生じない}\end{array}\right)$$

図3について、B〜C間は片持ち梁となっているので、B端の曲げモーメントは$M_B=Pl$となる。

　$P=3$ kN、$l=3$ m より

　$M_B=3\times3=9$ kN·m

③ ②に関する曲げモーメント図を作成し、それらの曲げモーメント図を合成したものが、図1に関する曲げモーメント図になる。各曲げモーメント図を示すと、

図5、図6よりA〜B間中央の
曲げモーメントは
$M=4.5-2.25=2.25$ kN·m

A〜B間中央部の曲げモーメント
$M=9/2=4.5$ kN·m

$M=9$ kN·m

$M=2.25$ kN·m
(A〜B間の中央)

$M=9$ kN·m

図4　　　　　　　　図5　　　　　　　図6

となる。よって、(3)の曲げモーメント図が正しい。

解答　(3)

図に示す断面の X-X 軸に対する断面二次モーメントの値として、正しいものはどれか。

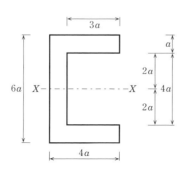

(1)　$56a^3$

(2)　$56a^4$

(3)　$72a^3$

(4)　$72a^4$

解説　下図のように、断面二次モーメントを求めようとする軸（X-X軸）が断面の図心を通っている場合の断面二次モーメント（I_X）は、幅を B、せい（高さ）を H とした断面の断面二次モーメント（I_{X0}）から点線で囲まれた部分（白色部分、幅を b、せいを h）の断面二次モーメント（I_{X1}）を減じることで求めることができる。

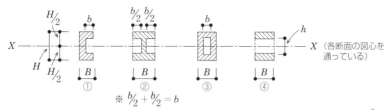

ここで、長方形断面の X-X 軸に対する断面二次モーメントは、$I = \dfrac{BH^3}{12}$ または $\dfrac{bh^3}{12}$ となるので、各斜線部分の断面二次モーメント（I_X）は次のようになる。

①～③の場合：$I_X = \dfrac{BH^3}{12} - \dfrac{bh^3}{12}$　　　④の場合：$I_X = \dfrac{BH^3}{12} - \dfrac{Bh^3}{12}$

よって、設問の断面二次モーメント (I_X) は $B=4a$、$H=6a$、$b=3a$、$h=4a$ より

$$I_X = \frac{BH^3}{12} - \frac{bh^3}{12} - \frac{4a \times (6a)^3}{12} - \frac{3a \times (4a)^3}{12} = 72a^4 - 16a^4 = 56a^4$$

解答 (2)

問5 **2** **断面の性質と応力度**

図に示す長方形断面部材の図心軸（X軸）に対する許容曲げモーメントの値として、正しいものはどれか。ただし、許容曲げ応力度 f_b は $9.46\,\text{N/mm}^2$ とする。

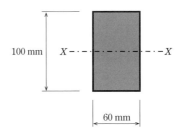

(1) $9.46 \times 10^5\,\text{N·mm}$

(2) $5.68 \times 10^5\,\text{N·mm}$

(3) $4.73 \times 10^5\,\text{N·mm}$

(4) $2.84 \times 10^5\,\text{N·mm}$

解説 曲げ応力度 (σ) は次式により求めることができる。

$$\sigma = \frac{M}{Z} \quad (M: 曲げモーメント、Z: 断面係数) \rightarrow \underline{M = \sigma \times Z} \cdots ①$$

長方形断面の X 軸に対する断面係数は次のようになる。

$$Z = \frac{BH^2}{6} = \frac{60 \times 100^2}{6} = 100,000\,\text{mm}^3$$

設問では許容曲げ応力度 f_b が与えられており、許容曲げモーメント M_X を問われているので、$\sigma = f_b = 9.46\,\text{N/mm}^2$、$M = M_X$、$Z = 100,000\,\text{mm}^3$ として①式に代入すると

$$M_X = f_b \times Z = 9.46 \times 100,000 = \underline{9.46 \times 10^5\,\text{N·mm}}$$

解答 (1)

問6　3　荷重・外力

床の構造計算をする場合の積載荷重として、最も不適当なものはどれか。

(1)　店舗の売場の積載荷重は $2,900 \, \mathrm{N/m^2}$ とすることができる。

(2)　集会場の客席が固定席である集会室の積載荷重は $2,900 \, \mathrm{N/m^2}$ とすることができる。

(3)　倉庫業を営む倉庫の積載荷重は $2,900 \, \mathrm{N/m^2}$ とすることができる。

(4)　百貨店の屋上広場の積載荷重は $2,900 \, \mathrm{N/m^2}$ とすることができる。

> 解説　倉庫業を営む倉庫の積載荷重は実況に応じて計算しなければならない。かつ、計算した数値が $3,900 \, \mathrm{N/m^2}$ 未満の場合でも $3,900 \, \mathrm{N/m^2}$ としなければならない。
>
> 解答　(3)

問7　3　荷重・外力

荷重および外力に関する記述として、最も不適当なものはどれか。

(1)　教室に連絡する廊下と階段の床の構造計算用の積載荷重は、実況に応じて計算しない場合、教室と同じ積載荷重の $2,300 \, \mathrm{N/m^2}$ とすることができる。

(2)　保有水平耐力計算において、多雪区域の積雪時における長期応力度計算に用いる荷重は固定荷重と積載荷重の和に、積雪荷重に 0.7 を乗じた値を加えたものとする。

(3)　必要保有水平耐力の計算に用いる標準せん断力係数は 1.0 以上としなければならない。

(4)　速度圧の計算に用いる基準風速 V_0 はその地方の再現期間 50 年の 10 分間平均風速値に相当する。

> 解説　教室に連絡する廊下と階段の床の構造計算用の積載荷重は実況に応じて計算しない場合は $3,500 \, \mathrm{N/m^2}$ とする。教室に連絡する廊下または階段の積載荷重は劇場や映画館などの客席（その他の場合（固定席でない場合））の積載荷重と同じとする。
>
> 解答　(1)

　図に示す静定の山形ラーメン架構の**AC**間に等分布荷重wが作用したとき、支点**B**に生じる鉛直反力V_Bと点**D**に生じる曲げモーメントM_Dの値の大きさの組合せとして、正しいものはどれか。

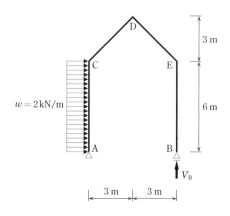

(1)　$V_B = 6\,\text{kN}$,　$M_D = 0\,\text{kN·m}$

(2)　$V_B = 6\,\text{kN}$,　$M_D = 18\,\text{kN·m}$

(3)　$V_B = 12\,\text{kN}$,　$M_D = 0\,\text{kN·m}$

(4)　$V_B = 12\,\text{kN}$,　$M_D = 18\,\text{kN·m}$

解説　支点**A**の水平反力をH_A、鉛直反力をV_A、支点**B**の鉛直反力をV_Bと仮定する。支点**B**はローラー支点のため水平反力は生じない。また、AC間に作用している等分布荷重wを部材ACの中心に集中荷重として置き換える。つり合い条件式を用いて各支点反力を求める。このとき、反力の向きは上向き、右向きを「＋」とする。

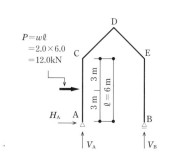

　　$\Sigma X = 0$より、$H_A + 12.0 = 0$　　$\therefore H_A = -12.0\,\text{kN}$（左向き）

　　$\Sigma Y = 0$より、$V_A + V_B = 0$

$\sum M_B = 0$ より、$V_A \times 6\,\text{m} + 12.0 \times 3\,\text{m} = 6V_A + 36.0 = 0$ ∴$V_A = -6.0\,\text{kN}$（下向き）、$V_B = 6.0\,\text{kN}$（上向き）

点Dの曲げモーメントをM_Dを求める。

$M_D - V_B \times 3\,\text{m} = M_D - 18.0 = 0$ ∴$M_D = 18.0\,\text{kN·m}$ 解答 (2)

問9 4 反力の算定

図に示す**3ヒンジラーメン架構のAD間に等分布荷重**が、**CE間に集中荷重**が同時に作用したとき、支点**AおよびB**に生じる水平反力（H_A、H_B）、鉛直反力（V_A、V_B）の値として、正しいものはどれか。ただし、反力は右向きおよび上向きを「＋」、左向きおよび下向きを「－」とする。

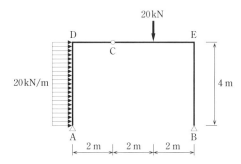

(1) $H_A = -40\,\text{kN}$

(2) $H_B = +40\,\text{kN}$

(3) $V_A = -20\,\text{kN}$

(4) $V_B = +20\,\text{kN}$

解説 支点A、Bの水平反力および鉛直反力をH_A、H_B、V_A、V_Bと仮定する。また、AD材に作用している等分布荷重をAD材の中心に集中荷重として置き換える。

つり合い条件式より各支点反力を求める。

$\sum X = 0$ より、$H_A + H_B + 80\,\text{kN} = 0$

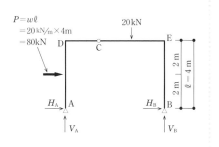

$\Sigma Y = 0$ より、$V_A + V_B - 20\,\text{kN} = 0$

$\Sigma M_B = 0$ より、$V_A \times 6\,\text{m} + 80\,\text{kN} \times 2\,\text{m} - 20\,\text{kN} \times 2\,\text{m} = 6V_A + 120 = 0$

∴ $V_A = -20\,\text{kN}$、$V_B = 40\,\text{kN}$

$\Sigma M_{C左} = 0$ より、$V_A \times 2\,\text{m} - H_A \times 4\,\text{m} - 80\,\text{kN} \times 2\,\text{m} = 0$

∴ $H_A = -50\,\text{kN}$、$H_B = -30\,\text{kN}$

解答 (3)

問10 **4 反力の算定**

　図に示す3ヒンジラーメン架構のDE間に等変分布荷重が、AD間に集中荷重が同時に作用したとき、支点AおよびBに生じる水平反力（H_A、H_B）、鉛直反力（V_A、V_B）の値として、正しいものはどれか。ただし、反力は右向きおよび上向きを「＋」、左向きおよび下向きを「－」とする。

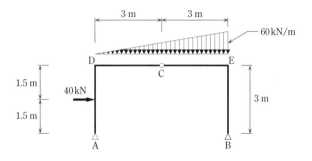

(1)　$H_A = +15\,\text{kN}$

(2)　$H_B = -60\,\text{kN}$

(3)　$V_A = +60\,\text{kN}$

(4)　$V_B = +120\,\text{kN}$

解説 ①架構に作用している等変分布荷重を次図のように集中荷重に置き換える。

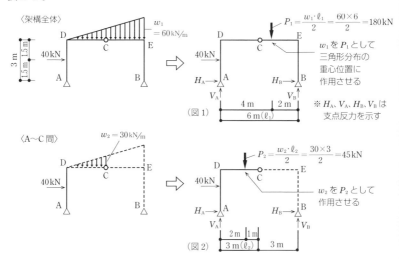

②つり合い条件により各支点反力を求める。

$\Sigma X = 0$ より、$H_A + H_B + 40\,\text{kN} = 0$

$\Sigma Y = 0$ より、$V_A + V_B - 180\,\text{kN} = 0$ → $180\,\text{kN} = P_1$（図1より）

$\Sigma M_B = 0$ より、$V_A \times 6\,\text{m} + 40\,\text{kN} \times 1.5\,\text{m} - P_1 \times 2\,\text{m} = 6V_A + 60 - 360 = 0$

$\therefore V_A = 50\,\text{kN}$（上向き）、$V_B = 130\,\text{kN}$（上向き）

C点はピン接合のため曲げモーメントは生じない（$M_C = 0$）。C点より左側（A〜C間、図2参照）および$M_C = 0$を用いて、H_A、H_Bを求める。

$\Sigma M_{C左} = 0$ より、$V_A \times 3\,\text{m} - H_A \times 3\,\text{m} - 40\,\text{kN} \times 1.5\,\text{m} - P_2 \times 1\,\text{m} = 150 - 3H_A - 60 - 45 = 0$ $\therefore \underline{H_A = 15\,\text{kN}（右向き）}$、$H_B = -55\,\text{kN}$（左向き）

解答 (1)

図に示す荷重が作用する片持ち梁の支点Cに生じるモーメント反力M_Cの値の大きさとして、正しいものはどれか。

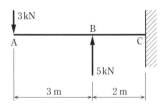

```
3kN
 ↓          B            C
 A                       ▨
           ↑
          5kN
   |← 3 m →|← 2 m →|
```

(1)　$M_C = 1\ \mathrm{kN \cdot m}$

(2)　$M_C = 4\ \mathrm{kN \cdot m}$

(3)　$M_C = 5\ \mathrm{kN \cdot m}$

(4)　$M_C = 9\ \mathrm{kN \cdot m}$

解説　①図のように支点Cの各支点反力（H_C、V_C、M_C）を仮定する（右向き、上向き、時計回りを「＋」とする）。

②各支点反力を求める。

　$\Sigma X = 0$より、$H_C = 0$（水平方向の外力が作用していない）

　$\Sigma Y = 0$より、$V_C + 5\mathrm{kN} - 3\mathrm{kN} = 0$　∴$V_C = -2\mathrm{kN}$（下向き）

　$\Sigma M_C = 0$より、$M_C - 3\mathrm{kN} \times 5\mathrm{m} + 5\mathrm{kN} \times 2\mathrm{m} = M_C - 5 = 0$

∴$M_C = 5\mathrm{kN}$（時計回り）

解答　(3)

建築材料

1 防水材料・シーリング材 出題頻度 ★★★

▶ アスファルト防水に関する材料

[**アスファルトルーフィング**] フェルトにアスファルトをしみ込ませたシート状の防水紙。アスファルトルーフィング940やアスファルトルーフィング1500があり、それぞれの数値は単位面積質量を表している。

[**ストレッチルーフィング**] 伸びやすい素材である合成繊維不織布にアスファルトを浸透させたアスファルトルーフィング。ストレッチルーフィング1000やストレッチルーフィング1800があり、それぞれの数値は製品の抗張積（引張強さと最大荷重時の伸び率との積）を表している。

[**改質アスファルトルーフィング**] 合成ゴムまたはプラスチックを添加したアスファルトルーフィングで、強度や耐久性をもたせたもの。温度特性によりI類とII類があり、II類のほうが低温時の耐折り曲げ性が高い。

[**アスファルトプライマー**] アスファルトを揮発性溶剤に融解したもの。防水層の下地とアスファルトの接着効果を上げるために使用する。

▶ 塗膜防水に関する材料

[**ウレタンゴム系**] 主剤と硬化剤を現場で混合、かくはんして反応硬化させる（2成分形）。屋根用塗膜防水材は高伸長形（旧I類）と、屋上駐車場防水、屋上緑化防水などに用いる高機能高強度の高強度形に区分される。1成分形は空気中の水分が反応して塗膜を形成する。

[**ゴムアスファルト系**] アスファルトと合成ゴムを主原料とした防水材で、ゴムアスファルトエマルションだけで乾燥造膜するものと、硬化剤を用いて反応硬化させるものがある。

[**アクリルエマルション系**] ストレートアスファルトのエマルション（乳

剤）と合成ゴムのラテックス混合液を材料とした防水材。水性であるため毒性、引火性がないので室内での作業に適している。

［補強布］ 必要な塗膜厚さの確保と、立上り部や傾斜面における防水材の垂れ下がり防止に有効。

［通気緩衝シート］ 塗膜防水層の破断やふくれの発生を低減させるために用いる。

▶ シーリングに関する材料

［不定形シーリング材］ 粘着性のあるペースト状のシーリング材。

［定形シーリング材］ あらかじめ成形されたものをはめ込むシーリング材。ガスケットとも呼ばれる。

［1成分形シーリング材］ 空気中の水分や酸素と反応して硬化する。

［2成分形シーリング材］ 基剤と硬化剤の2成分を施工直前に練り混ぜて使用する。

［1成分形高モジュラス形シリコーン系シーリング材］ 耐熱性、耐寒性に優れ、防かび剤を添加したものは、浴槽や洗面化粧台などの水まわりの目地に用いられる。

［1成分形低モジュラス形シリコーン系シーリング材］ 耐光接着性に優れ、ガラスマリオン方式のカーテンウォールの目地に用いられる。

［1成分形変成シリコーン系シーリング材］ 耐候性、耐久性が良好で、プレキャストコンクリートカーテンウォールの部材間の目地に用いられる。

［2成分形ポリウレタン系シーリング材］ 耐候性に劣る。塗装などの仕上げ下地などには適している。

［グレイジング］ ガラスを固定すること。JISの用途区分により、タイプG を用いる。

> **point** **ワンポイントアドバイス**
>
> クレージング➡風雨などによって生じたシーリング材表面の細かい亀甲状のひび割れ。

2 セメント・コンクリート

▶ セメントの種類

セメントの種類を次表に示す。

分類	種別	特徴
ポルトランドセメント	普通	標準的に用いられるセメント。一般的なコンクリート工事で多量に使用される。
	早強	比表面積を大きくすることで早期強度を高めたセメント。材齢3日で普通ポルトランドセメントの7日強度を出す。 水和熱が高いため、寒中工事に適す。
	超早強	超短期間で強度を出すセメント。材齢1日で普通ポルトランドセメントの7日強度を出す。
	中庸熱	水和熱を低く抑えたセメント。短期材齢の強度は普通ポルトランドセメントよりやや劣るが、長期材齢においては優れる。ダムなどの容量の大きいコンクリート（マスコンクリート）に適している。
	低熱	混合剤を全く使用することなく、発熱が低く抑えられたセメント。水和発熱量が小さいので、温度応力によるひび割れ抑制に有効。
混合セメント	高炉	高炉スラグを混合したセメント。短期材齢の強度は普通ポルトランドセメントよりやや劣るが、長期材齢においては優れる。水密性、耐熱性が高く、海水・下水などに対する耐浸食性も大きい。
	シリカ	シリカ質混合材を混合したセメント。短期材齢の強度は普通ポルトランドセメントよりやや劣るが、長期材齢において強度はかなり大きい。水密性、化学的抵抗性に優れる。
	フライアッシュ	フライアッシュ（石炭灰）を混合したセメント。水密性、耐海水性に優れる。水和熱が小さいのでダムなどのマスコンクリートに適している。

▶ セメントの性質

［水和熱］ セメントは水と反応して熱を発熱する（水和反応）が、水を加えてから、ある材齢までの一定期間に発生した熱量の総和を水和熱という。

［風化］ セメントが大気中の水分や二酸化炭素と反応して、軽微な水和反応と炭酸カルシウムをつくる現象。風化すると、比重が低下、水和反応が阻害され、強度も低下する。

［比表面積（ブレーン値）］ セメント1gあたりの粒子の全表面積でセメント粒子の細かさを示す。表皮面積が大きいほど水和熱が高く、初期の強度発現を早めることができる。

▶ コンクリートの種類

　コンクリートはセメント、骨材、水および混和材料を均一に練り混ぜてつくられたものである。

　使用骨材によって普通コンクリート、軽量コンクリートなどに、また施工条件によって暑中コンクリート、寒中コンクリートなどに分類されることがある。

▶ コンクリートの性質

［骨材］　骨材は粒径によって細骨材と粗骨材に区別される。
- 細骨材（砂）：10mmのふるいをすべて通過し、5mmのふるいを重量で85％以上通過する骨材。
- 粗骨材（砂利）：5mmのふるいに重量で85％以上とどまる骨材。

［強度］
- 圧縮強度：一般にコンクリートは圧縮強度が大きい材料である。
- 引張強度：圧縮強度の約$1/10 \sim 1/13$
- 曲げ強度：圧縮強度の約$1/5 \sim 1/8$
- せん断強度：圧縮強度の約$1/4 \sim 1/7$

　木材やコンクリートなどの材料によって異なる、材料の変形しにくさを表す係数を**ヤング係数**という。材料密度、質量などによって変化し、**数値が大きいほど、たわみにくい材**ということになる。

［アルカリ骨材反応］　反応性鉱物（アルカリシリカゲル）の生成物が水分を吸収することに伴い容積膨張を生じ、コンクリートにひび割れが発生する現象のこと。抑制対策としては、**反応性の骨材の排除、総アルカリ量の低減、高炉スラグやフライアッシュなどの混用**などがある。

［単位水量］　コンクリート$1m^3$中に含まれる水量のことで、**上限185kg/m^3**と定められている。単位水量が大きいと**乾燥収縮によるひび割れやブリージングが大きくなる**。ブリージングとは骨材に比べて比重の小さい水がコンクリート上方面に浮き出てくることをいう。

［単位セメント量］　コンクリート$1m^3$中に含まれるセメントの重量のことで、**最小値が270kg/m^3**と定められている。単位セメント量が小さすぎると

ワーカビリティが低下するおそれがある。ワーカビリティとは材料分離を生じることなく、運搬、打込み、締固め、仕上げなどの施工が容易にできることをいう。

［水セメント比］ コンクリートの配合における使用水量のセメント量に対する重量比のこと。一般に水セメント比が大きくなると圧縮強度は低下する。

［AE剤］ コンクリート中に気泡を発生させる混和剤。コンクリートのワーカビリティを改善し、凍結融解作用に対する抵抗性が大きくなる。

［減水剤］ 所要のスランプ（コンクリートの軟らかさの程度を示す数値）を得るのに必要な単位水量を減少させるための混和剤。

---

point **ワンポイントアドバイス**

- 単位水量が大きいと乾燥収縮が大きくなる。
- 空気量が多くなると圧縮強度は低下する。
- ヤング係数は圧縮強度が大きくなるほど大きくなる。
- 水セメント比が大きくなると圧縮強度は低下する。

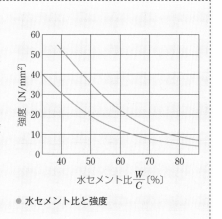

● 水セメント比と強度

---

3 鋼材

▶ 鋼材の主な種類

種別	特徴
SS鋼（一般構造用圧延鋼材）	一般に広く用いられている鋼材。通常溶接はしない。
SM鋼（溶接構造用圧延鋼材）	溶接に適した鋼材。
SN鋼（建築構造用圧延鋼材）	SM鋼をベースに、鉄骨建築に求められる強度や伸びなどの特性が強化された鋼材。 B種およびC種は炭素当量の上限を規定して溶接性を改善した鋼材。

種別	特徴
TMCP鋼	熱加工制御により製造された、高靭性で溶接に優れた鋼材。
FR鋼（耐火鋼）	モリブデン、バナジウムなどの元素を添加することで耐火性を高めた鋼材。
低降伏点鋼	添加元素を極力低減した純鉄に近い鋼で、強度を低くし、延性を高めた鋼材。

▶ 鋼材の特徴

［降伏点］ 材料が弾性域を超え、応力は上昇せず、ひずみだけが進行する、すなわち塑性し始めたことを示す変極点のこと。特に弾性域の最大の応力を上降伏点、上降伏点を過ぎて若干応力が低下し、応力一定でしばらくひずみが進行する部分の平均応力を下降伏点と呼ぶ。

［降伏比］ 引張強さに対する降伏点の割合。一般に高張力鋼になるとその値は大きくなる。

［引張強さ］ 200〜300℃で最大となり、それ以上温度が上がると急激に低下する。

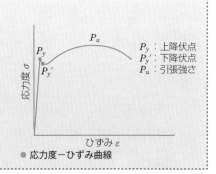

point ワンポイントアドバイス

・SN材にはSN400A、SN490Bなどの種別があり、それぞれの数値は引張強さの下限値を示している。

P_y：上降伏点
P_y'：下降伏点
P_u：引張強さ

● 応力度−ひずみ曲線

［ヤング係数］ 2.05×10^5 N/mm^{2}でコンクリートの約10倍。

［炭素量］ 炭素量が増加すると、引張強さや硬度は増加するが、伸びや靭性は低下する。

［添加元素］

・銅を添加すると、耐候性が向上する。

・クロムを添加すると、耐食性が向上する。

・モリブデンを添加すると、高温時の強度低下が少なくなる。

4 内装材料

● 床材料

［ビニル床タイル・リノリウム・ゴム床タイルなど］

種類	特徴
ビニル床タイル	塩化ビニルに可塑剤、石粉、顔料などを加え、タイル状に成形した床タイル。一般にPタイルとも呼ばれる。耐水性、耐摩耗性、耐久性に優れる。バインダー（ビニル樹脂、可塑剤、安定剤）の量によってホモジニアスビニル床タイル（バインダー含有率30％以上）とコンポジションビニル床タイル（バインダー含有率30％未満）に区別される。
ビニル床シート	塩化ビニルに充填材と顔料を加えてロール成形した床シート。耐薬品性、耐摩耗性、耐水性に優れるが、熱に弱い。
リノリウムシート	あまに油、松脂、コルク粉、木粉、炭酸カルシウムなどを練り込んで、麻布を裏打ち材として成形した床シート。耐水性、耐久性、弾力性、抗菌性などに優れていて、火災などによって燃焼しても有害物質が排出されない。
ゴム床タイル	天然ゴム、合成ゴムなどを主原料とした弾性質の床タイル。耐摩耗性に優れるが耐油性に劣る。
コルク床タイル	天然コルク外皮を主原料として、必要に応じてウレタン樹脂などで加工した床タイル。断熱性、保湿性、弾力性に優れる。

［カーペット類］

製法による主な分類	特徴
タフテッド	いわゆる無地カーペット。下地となる布に多数のミシン針でパイルを植え付ける、いわば刺繍方式で、パイルの抜けを防ぐために、裏面に接着剤をコーティングし、パイルを裏面から固定している。
織物	機械織：基布になる経（タテ）糸と緯（ヨコ）糸とをパイル糸と同時に機械で織り上げる。ウィルトン織やジャガード織などが有名。
	手織：だんつう（経糸にパイルを結び、これを1本1本手作業で、カットしながら織る）は手織の高級品とされる。
	平織：基布になる経糸と緯糸とを組み合わせたパイルのないカーペット。
圧縮（フェルト）	パイル糸を使用せず、短い繊維を薄く重ね、多数の針（ニードル）のついた機械で圧縮してフェルト状にしたカーペットをニードルパンチという。

 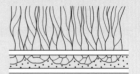
［合成樹脂塗床］

材料	特徴	主な用途
エポキシ樹脂系	○接着性、耐薬品性 △低温硬化性（5℃以下）、耐候性	各種工場、実験室、厨房
ウレタン樹脂系	○弾力性、衝撃性、耐摩耗性 △高湿度下で発泡しやすい	一般事務所、学校、病院
ポリエステル樹脂系	○耐酸性、速硬化性 △硬化収縮性がある	化学工場、食品工場
ビニルエステル樹脂系	○耐薬品性、耐熱性、耐食性 △施工時に臭気がある	化学工場、めっき工場
アクリル樹脂系	○速乾性、耐候性 △耐溶剤性	一般事務所、一般倉庫
メタクリル樹脂系	○速硬化性（2時間以内）、　低温硬化性（−20℃まで可能）、耐薬品性 △施工時に臭気がある	厨房、冷凍倉庫、食品工場

［フローリング］　根太に直接張る根太張用と、根太の上に張り付けた下地材に直接張る直張用がある。

• 単層フローリング：1つの層でつくられたフローリング。一般的には無垢材でつくられたものをいい、乾燥収縮による狂いが生じやすいので注意を要する。

• 複合フローリング：2つ以上の層でつくられたフローリング。複合1種は合板のみを基材とする。複合2種は集成材または単板積層材のみを基材とする。複合3種は上記2種以外の材料（MDF、パーティクルボードなど）を基材とする。

● 天井および壁材

[せっこうボード]　せっこうを芯材として、その両面を厚い紙などで被覆したボード。一般的にプラスターボードと呼ばれる。耐火性、遮音性、加工性に優れ、内外装下地材に用いられる。

主な種類	特徴
シージングせっこうボード （耐水せっこうボード）	せっこうボードに防水処理を施し、吸水時の強度低下を抑えたもの。台所や洗面室など湿気の多いところで用いられる。
強化せっこうボード	せっこうボードの芯にガラス繊維などを混入して耐火性、耐衝撃性を向上させたもの。防火壁などに用いられる。
せっこうラスボード	せっこうボードの表面に浅い溝がつけられたもの。塗り壁の下地材として用いられる。

[木質系ボード]

主な種類	特徴
合板	木材を薄くむいた単板を互いに繊維方向が直交するように接着したもの。一般的にベニヤと呼ばれている。接着の程度によって特類、1類、2類に分類されており、耐水性は特類＞1類＞2類となっている。
パーティクルボード	木材の小片を接着剤と混合し、熱圧成形したもの。断熱性や遮音性に優れる。
MDF（中質繊維板）	木材繊維を接着剤と混合し、熱圧成形したもの。加工がしやすく、家具や造作材などに適している。
OSB （配向性ストランドボード）	薄い木片を向きをそろえて積層し、それを直交するように重ねて接着、成形したもの。
LVL（単板積層材）	単板を繊維方向が平行になるように積層、接着したもの。
集成材	製材した板を繊維方向をそろえて平行に接着したもの。

[セメント系ボード]

主な種類	特徴
フレキシブル板	繊維強化セメント板の1つ。セメントと無機繊維などを混合、加圧成形したもの。耐衝撃性・耐火性に優れる。
けい酸カルシウム板	繊維強化セメント板の1つ。けい酸カルシウム化合物と消石灰や無機質繊維などを混合、加圧成形したもの。軽量で加工がしやすく、耐火性、断熱性に優れる。
木毛セメント板	木材を薄く長いリボン状に削った木毛とセメントを混合、加圧成形したもの。壁や天井の下地材として用いられる。
木片セメント板	薄い木片とセメントを混合、加圧成形したもの。壁や天井の下地材として用いられる。

さまざまな木質材料の製造工程

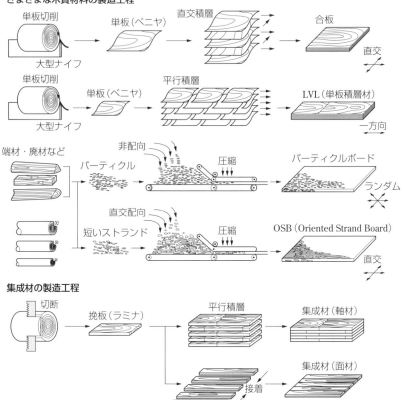

● 木質材料の製造工程

5 ガラス・建具材

ガラスの種類と特徴

種類	特徴
フロート板ガラス	一般的な透明ガラス。表面が平滑。
型板ガラス	2本の水冷ロールの間に溶融ガラスを通過させて、型模様をつけたもの。
すりガラス	フロートガラスの片面をけい砂や金属砂、金属ブラシなどで、すり加工し半透明にしたもの。
網入り板ガラス	ガラスの中に金属網もしくは線材を入れ、火災時にガラスの破片が飛散しないようにしたもの。防火性に優れる。

種類	特徴
合わせガラス	2枚または3枚の板ガラスの間に樹脂の膜を挟んで、高温高圧で接着したもの。割れても破片が飛散せず、防犯に効果がある。
強化ガラス	ガラスを熱処理することで約3〜5倍の静的破壊強度を有したもの。割れた場合でも破片は粒状となるため安全性にも富む。
複層ガラス（ペアガラス）	2枚または3枚の板ガラスの間に乾燥した空気を密閉したもの。断熱性、遮音性に優れ、結露防止に効果がある。
熱線吸収ガラス	ガラスの原料に微量の金属を添加して着色したもの。可視光線や太陽光輻射熱を吸収し、冷房負荷を軽減できる。熱割れしやすい。
熱線反射ガラス	ガラスの表面に金属酸化被膜をコーティングしたもの。太陽光輻射熱を反射、吸収するので冷房負荷を軽減できる。

建具に求められる主な性能

	スイングドアセット	スライディングドアセット	スイングサッシ	スライディングサッシ
開閉力	◎	◎	◎	◎
開閉繰り返し	◎	◎	◎	◎
耐風圧性	○	○	◎	◎
気密性	○	○	◎	◎
水密性	○	○	◎	◎
ねじり強さ	◎	—	—	—
鉛直荷重強さ	◎	—	—	—
耐衝撃性	◎	—	—	—

◎…必須性能　○…選択性能

熱線吸収ガラス
ガラス組成の中に微量の金属成分を加え着色した板ガラス

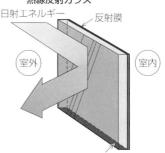

熱線反射ガラス
表面に金属酸化物を焼きつけた板ガラス

● 熱線吸収ガラスと熱線反射ガラス

6　屋根材

屋根に用いる材料には、次のようなものがある。

▶ 粘土がわら

［製法による区分］
- ゆう薬がわら：ゆう薬をかけたもの。耐寒性、耐水性に富む。
- いぶしがわら：焼き上げたかわらの上にすすをすり込んだもの。
- 無ゆうがわら：素焼きのもの。耐寒性に優れる。

［形状による区分］
- J形かわら：日本がわらともいう。
- S形かわら：西洋がわらともいう。
- F形かわら：全体的に丸みのない直線的なもの。

▶ プレスセメントがわら

　セメントと細骨材を主原料として、加圧脱水成形してつくられたもの。形状および塗装の有無で区分される。

▶ 住宅屋根用化粧スレート

　セメント、繊維質などを主原料とし、オートクレーブまたは常圧養生してつくられる。平形屋根用と波形屋根用があるが、吸水率の条件は同じ。

▶ 繊維強化セメント板（スレート波板）

　屋根材として用いるのは波板形をしたもので、小波板（谷の深さが15mm）、中波板（25mm以上）、大波板（35mm以上）があり、曲げ破壊強度は大波板のほうが大きい。

▶ 金属製折板

金属板をV字形の断面に加工したものを用いる。

[結合形式による区分] 重ね形／はぜ締め形／かん合形

[耐力による区分] 1種〜5種（耐力1種＜5種）

[材料による区分] 鋼板製／アルミニウム合金板製

---

point **ワンポイントアドバイス**

・曲げ破壊強度は小波板よりも大波板のほうが大きい。

---

7 左官材料　出題頻度 ★★

左官材料について、主な材料と特徴を次表に示す。

硬化性	主な材料	特徴
気硬性 （空気中の炭酸ガスと反応して硬化する）	消石灰	しっくい壁に使用。表面が硬く、強度は弱いがひび割れが分散し目立たない。アルカリ性で耐水性に劣る。
	ドロマイトプラスター	粘性が高く糊が不要。しっくいより施工が簡単で経済的であるが、収縮および強度が大きく、ひび割れが生じやすい。
水硬性 （水と反応して硬化する）	せっこうプラスター	糊や継ぎ材を必要としない。弱酸性で防火性あり。ドロマイトプラスターに比べ、乾燥収縮が小さい。
	セメント	モルタルとして使用。耐火性は大きいがアルカリ性なので、塩酸、硫酸などの酸に弱い。

8 石・タイル材　出題頻度 ★

▶ 石材の主な種類と特徴

種類	主な石材名	吸水性	耐火性	耐候性	圧縮強さ （硬さ）	特徴
花崗岩	本みかげ 木曽石	△	△	○	○	磨くと光沢が出る
安山岩	鉄平石 小松石	△	○	○	○	―
砂岩	和泉砂岩 インド砂岩	△	○	△	△	―

種類	主な石材名	吸水性	耐火性	耐候性	圧縮強さ (硬さ)	特徴
凝灰岩	大谷石 貴船石	○	○	△	△	風化しやすい
大理石	トラバーチン ビアンコカララ	△	△	△	○	風化しやすい 磨くと光沢が出る

▶ タイルの主な種類と特徴

種類	特徴
磁器質タイル	吸水性はほとんどなく、極めて堅硬。内装、外装、床などに用いられる。
せっ器質タイル	吸水性は極めて小さく、堅硬。内装、外装、床などに用いられる。
陶器質タイル	堅硬であるが吸水性あり。主に内装タイルに用いられる。

point ワンポイントアドバイス
・安山岩（鉄平石・小松石など）は耐火性、耐候性ともに大きい。

9 非鉄金属材

出題頻度

非鉄金属材の主な種類と特徴を、次表に示す。

金属名	特徴
アルミニウム	軽量で強度があり、加工性に富む。 耐食性、耐摩耗性は大きい。 酸やアルカリに弱い。 融点が低く（660℃）火災に弱い。 熱伝導率が高く、結露しやすい。 線膨張係数は約2.4×10^{-5}（1/℃）で鋼の約2倍。
ステンレス	鉄鋼にクロムやニッケルを加えてつくられる。 さびに強い。 加工はしにくい。 SUS304は非磁性であるが、SUS430には磁性がある。
銅	加工性に富む。 表面に酸化による緑青が生じ、耐食性に優れる。
真ちゅう（黄銅）	銅と亜鉛の合金。 加工が容易で、耐食性あり。
青銅（ブロンズ）	銅と錫（すず）の合金。 鋳造性に富み、耐食性に優れている。
鉛	比重の大きな金属。 やわらかく加工がしやすい。 酸に対する耐食性は大きいが、アルカリに弱い。

金属名	特徴
溶融亜鉛めっき鋼	鋼材に亜鉛をめっきした鋼板。亜鉛の腐食生成物が保護膜となって表面を覆うことによって耐食性を高めている。

point ワンポイントアドバイス

・ステンレス鋼は炭素量が少ないものほど耐食性に優れている。

10 木材

▶ 年輪

　春材と秋材の一組を年輪といい、秋材と次の春材の境界が年輪の境界となる。

[**春材**]　春から夏にかけての生長期。組織は粗大で軟らかい。

[**秋材**]　秋から冬にかけての休止期。組織は緻密で硬い。

▶ 心材・辺材

[**心材**]　樹木の中心に近く、濃い色の部分。赤味材ともいう。水分が少なく、辺材に比べ硬く、耐久性も大きい。

[**辺材**]　心材を取り囲む淡い色の部分。白太（しらた）ともいう。心材に比べて軟らかい。

▶ 小口面・柾目面・板目面

[**小口面**]　樹幹の軸方向に対して、垂直に切断した面。

[**柾目面**]　年輪に対して直角に切断した面。

[**板目面**]　年輪に対して平行に切断した面。

[**木裏**]　板目材の、樹心に近いほうの面。

[**木表**]　板目材の、樹心から遠いほうの面。

[**木理（木目）**]　木材の表面に現れる模様をいう。木理が不規則に美しい模様になっているものを紋理または杢という。

▶ 膨張・収縮

［含水状態］ 木材中の水分は結合水（細胞膜に吸着される水分）と自由水（細胞内腔および細胞間隙に含まれる水分）とに分けられる。

［繊維飽和状態（繊維飽和点）］ 木材中の細胞膜の自由水がすべて蒸発した後に結合水で満たされた状態。このときの含水率は樹種にかかわらず重量比で約30%。

［絶乾状態］ 木材中の水分がすべて蒸発した状態。

［乾燥収縮］ 木材の収縮および膨張は繊維飽和点から絶乾状態までの含水率に影響される。

［伸縮率］ 辺材＞心材、板目幅＞柾目幅＞樹幹方向、木表＞木裏となる。

▶ 強度

含水率30%以下の場合、含水率が小さいほど、木材の強度は大きくなる。繊維方向の強さは、曲げ＞圧縮＞引張＞せん断。

同じ含水率の場合、比重の大きいものほど強度は大きい。

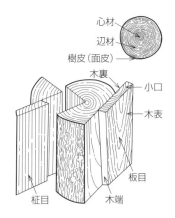

● 木材の部位

演習問題チャレンジ（章末問題）

問1　1　防水材料・シーリング材

防水材料に関する記述として、最も不適当なものはどれか。

(1)　ストレッチルーフィング1000の数値1000は、製品の抗張積（引張強さと最大荷重時の伸び率との積）を表している。

(2)　改質アスファルトルーフィングには、Ⅰ類とⅡ類があり、Ⅰ類のほうが低温時の耐折り曲げ性がよい。

(3)　塗膜防水に用いる補強布は、必要な塗膜厚さの確保と立上り部や傾斜面における防水材の垂れ下がりの防止に有効である。

(4)　通気緩衝シートは、塗膜防水層の破断やふくれの発生を低減するために用いる。

　　解説　低温時の耐折り曲げ性はⅠ類よりⅡ類のほうが優れる。　　　解答　(2)

問2　1　防水材料・シーリング材

建築用シーリング材に関する記述として、最も不適当なものはどれか。

(1)　日本工業規格（JIS）による建築用シーリング材のタイプFは、グレイジング以外に使用するシーリング材である。

(2)　不定形シーリング材とは、施工時に粘着性のあるペースト状のシーリング材のことである。

(3)　2成分形不定形シーリング材は、空気中の水分や酸素と反応して表面から硬化する。

(4)　クレージングとは、ウェザリングなどによって生じたシーリング材表面の細かい亀甲状のひび割れをいう。

問3　2 セメント・コンクリート

セメントに関する記述として、最も不適当なものはどれか。

(1)　中庸熱ポルトランドセメントは、水和熱の発生を少なくするようにつくられたセメントである。

(2)　早強ポルトランドセメントは、セメント粒子の細かさを示す比表面積（ブレーン値）を小さくして、早期強度を高めたセメントである。

(3)　高炉セメントB種を用いたコンクリートは、普通ポルトランドセメントを用いたものに比べ、化学的な作用や海水に対する耐久性が高い。

(4)　フライアッシュセメントB種は、普通ポルトランドセメントに比べて、水和熱が小さく、マスコンクリートに適している。

問4　2 セメント・コンクリート

コンクリートに関する記述として、最も不適当なものはどれか。

(1)　単位水量の小さいコンクリートほど、乾燥収縮が小さくなる。

(2)　コンクリートにAE剤を混入すると、凍結融解作用に対する抵抗性が改善される。

(3)　空気量が1％増加すると、コンクリートの圧縮強度は4〜6％低下する。

(4)　コンクリートのヤング係数は、圧縮強度が大きくなるほど、小さくなる。

問5 3 鋼材

鋼材に関する記述として、最も不適当なものはどれか。

(1) SN鋼のB種およびC種は、炭素当量の上限を規定して溶接性を改善した鋼材である。

(2) TMCP鋼は、熱加工制御により製造された、高靱性で溶接性に優れた鋼材である。

(3) SM鋼は、モリブデンなどの元素を添加することで耐火性を高めた鋼材である。

(4) 低降伏点鋼は、添加元素を極力低減した純鉄に近い鋼で、強度を低くし、延性を高めた鋼材である。

解説 SM鋼は溶接構造用圧延鋼材のこと。耐火性を高めた鋼材はFR鋼（耐火鋼）。

解答 (3)

問6 4 内装材料

床材料に関する記述として、最も不適当なものはどれか。

(1) コンポジションビニル床タイルは、ホモジニアスビニル床タイルよりバインダー量を多くした床タイルである。

(2) リノリウムシートは、あまに油、松脂、コルク粉、木粉、炭酸カルシウムなどを練り込んで、麻布を裏打ち材として成型した床シートである。

(3) ゴム床タイルは、天然ゴム、合成ゴムなどを主原料とした弾性質の床タイルである。

(4) コルク床タイルは、天然コルク外皮を主原料として、必要に応じてウレタン樹脂などで加工した床タイルである。

解説 コンポジションビニル床タイルはバインダー含有率が30％未満のもの。30％以上のものはホモジニアスビニル床タイル。

解答 (1)

日本工業規格（JIS）に規定されるボード類に関する記述として、最も不適当なものはどれか。

(1) けい酸カルシウム板は、断熱性、耐火性に優れ、タイプ2は内装用として、タイプ3は耐火被覆用として使用される。

(2) パーティクルボードは、木片などの木質原料およびセメントを用いて圧縮成形した板で、下地材、造作材などに使用される。

(3) 構造用せっこうボードは、強化せっこうボードの性能を満たした上で、くぎ側面抵抗を強化したもので、耐力壁用の面材などに使用される。

(4) インシュレーションボードは、主に木材などの植物繊維を成形した繊維板の一種で、用途による区分により畳床用、断熱用、外壁下地用として使用される。

> 解説　パーティクルボードは、木材の小片を接着剤を用いて板状に成形したもので、木片とセメントを混ぜて加圧成型したものは木片セメント板。
>
> 解答　(2)

建築用ガラスに関する記述として、最も不適当なものはどれか。

(1) 複層ガラスは、2枚のガラスの間に乾燥空気層を設け、密封したもので、結露防止に効果がある。

(2) 合わせガラスは、2枚以上のガラスをプラスチックフィルムで張り合わせたもので、防犯に効果がある。

(3) 強化ガラスは、板ガラスを熱処理してガラス表面に強い圧縮応力層を形成したもので、衝撃強度が高い。

(4) 熱線吸収板ガラスは、板ガラスの表面に金属皮膜を形成したもので、冷房負荷の軽減の効果が高い。

解説 (4)の記述は熱線反射ガラスのこと。熱線吸収板ガラスは、ガラスの原料に微量の金属を添加して着色したもの。 解答 (4)

問9 6 屋根材

日本工業規格（JIS）に規定される屋根材料に関する記述として、最も不適当なものはどれか。

(1) 粘土がわらの製法による区分は、ゆう薬がわら（塩焼がわらを含む）、いぶしがわら、無ゆうがわらである。
(2) 繊維強化セメント板（スレート波板）について規定されている曲げ破壊荷重は、大波板より小波板のほうが大きい。
(3) 住宅屋根用化粧スレートについて規定されている吸水率は、平形、波形とも同じである。
(4) プレスセメントがわらの種類は、形状および塗装の有無によって区分されている。

解説 小波板1,470 N以上、大波板3,920 N以上（JIS）。 解答 (2)

問10 7 左官材料

左官材料に関する記述として、最も不適当なものはどれか。

(1) せっこうプラスターは気硬性であり、しっくいは水硬性である。
(2) ポルトランドセメントは練り混ぜ後にアルカリ性を示し、せっこうプラスターは弱酸性を示す。
(3) せっこうプラスターは、ドロマイトプラスターに比べ、硬化に伴う乾燥収縮が小さい。
(4) ドロマイトプラスターは、しっくいに比べ、粘度が高く粘性がある。

解説 せっこうプラスターは水硬性、しっくいは気硬性。 解答 (1)

第 5 章

外構・測量

1 舗装

出題頻度 ★★★

▶ アスファルト舗装の構成

［舗装］ 舗装は一般に表層、基層および路盤（上層・下層）からなり、路床の上に築造する。

- 路床：舗装するときに掘り下げ、地ならしをして硬くなった地盤。路盤の下、約1mの部分。路床が軟弱な場合は、良質土との置き換えや安定処理を行い、通常は現地盤をそのまま締め固める。安定処理には、一般的に砂質土にはセメントが、シルト質土、粘性土には石灰が適している。
- 路盤：舗装された表面と路床との間の、砕石や砂を敷き詰めた部分。下層路盤の一層の仕上がり厚さは20cm以下、上層路盤は15cm以下を標準として締め固める。アスファルトと一体となって混合物の安定性、耐久性を向上させるためにフィラーを用いる。フィラーには一般的に石灰岩を粉砕した石粉、消石灰、セメントなどが用いられる。

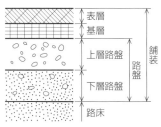

● アスファルト舗装の断面構成

［遮断層］ 軟弱な路床土が路盤面に侵入してくる現象（パンピング）を防止するために、路盤の下に設ける砂などの層。

［CBR］ 路床、路盤の支持力を表す指数をCBR（California Bearing Ratio）という。

- 設計CBR：舗装厚さを決定するために使用する路床材のCBR。数値が小さいほど舗装の総厚は厚くしなければならない。
- 修正CBR：施工時の締固め状態を考慮して求めた粒状路盤材料のCBR。

［コートの種類と特徴］

種類	特徴
シールコート	表層の水密性の増加、老化防止、ひび割れ防止のために施す。 滑り止めにも効果がある。
タックコート	アスファルト混合物からなり、基層と表層の接着をよくするために施す。
プライムコート	路盤の上に散布されるもので、路盤の仕上がり面を保護し、その上のアスファルト混合物層との接着をよくするために施す。

［舗装の種類］

項目	特徴
透水性舗装	路面の水を路盤以下に浸透させる舗装。 集中豪雨の洪水緩和、ヒートアイランド現象の緩和、水たまり防止などを目的に都市部で適用される。 騒音の低減にも効果がある。
排水性舗装	透水性のある表層の下に不透水層を設けて、雨水を路肩、路側に排水することで路盤以下に浸透させない舗装。 騒音の低減にも効果がある。

● 透水性舗装と排水性舗装

▶ 施工上の留意点

- アスファルト混合物の敷均し時の温度の下限値は110℃とする。
- 舗装に用いるストレートアスファルトは、一般地域では主として針入度が60〜80の範囲のものを使用する。
- アスファルト混合物の締固め作業は、一般に継目転圧、初転圧、2次転圧、仕上げ転圧の順に行う。
- アスファルト舗装終了後の交通開放は、舗装表面の温度が50℃以下になってから行う。

2 植栽

▶ 樹木の寸法

[樹高] 樹木の樹冠の頂端から根鉢の上端までの垂直高。株立数（株立の根元近くから分岐している幹、枝の数）が2本立ちの場合の樹高は1本が所要の樹高に達していて、他は所要の樹高の70％以上に達していなければならない。

[枝張（葉張り）] 樹木の四方面に伸長した枝の幅。測定方法により長短がある場合は、最長と最短の平均値とする。

[幹周（幹回り）] 幹の周長のことで、根鉢の上端より1.2m上がりの位置を測定する。幹が2本以上の場合はおのおのの周長の総和の70％とする。

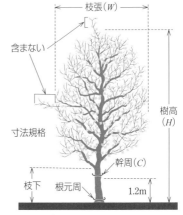

● 樹木の寸法

▶ 樹木の植栽・移植

[根回し] 溝掘り式と断根式がある。

- 溝掘り式：幹の根元直径の3～5倍程度の鉢径と支持根（太根）を三～四方に残して掘り下げる方法。ほかの根と直根は断根し、荒めの根巻きをした後に埋め戻す。
- 断根式：幹の根元直径の3～5倍程度の鉢径を残して掘り回し、側根を切断する方法。モッコク、サザンカなどの比較的浅根性、または非直根性の樹種に用いる。

[根巻き] 根鉢の土が崩れて根を傷めないように、幹の根元直径の3～5倍程度の鉢土をつける。

[幹巻き] 移植後の樹木の幹から水分の蒸発防止と幹焼け防止、防寒のために行う。

[芝張り] 一般的に平地は目地張り、切土法面はベタ張り、盛土法面は筋芝張りとする。法面では縦目地を通してはならない。

目地張り

ベタ張り

筋芝張り

● 芝張り

3 屋外排水

出題頻度 ★★

▶ 排水管

　材料は遠心力鉄筋コンクリート管、硬質塩化ビニル管、配管用炭素鋼鋼管などを用いる。

　遠心力鉄筋コンクリート管の排水管は、一般に埋設は下流部より上流部に向けて行い、勾配は1/100以上とする。

　排水管を給水管と平行にして埋設する場合は、原則として両配管の間隔を500mm以上とし、排水管は給水管の下方に埋設する。

▶ ます

　埋設排水管路の直線部のますは、埋設管の内径の120倍以内ごとに設ける。

　管きょの排水方向や管径が変化する箇所および管きょの合流箇所には、排水ますまたはマンホールを設ける。

　雨水用排水ますおよびマンホールの底部には、排水管などに泥が詰まらないように深さ15cm以上の泥だめを設ける。

　汚水ますにはインバート（汚物による管の詰まりを避け、汚水が流れやすいように、ますの底面に管の半分が食い込むように彫り込まれた溝）を設ける。

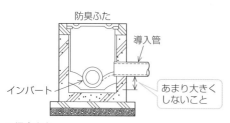

防臭ふた

導入管

あまり大きく
しないこと

インバート

● 汚水ます

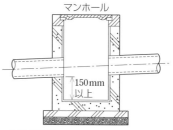

マンホール

150mm
以上

● 雨水ます

4 測量

出題頻度 ★☆☆

主な種類	特徴
水準測量	レベル（水準儀）や標尺を用いて各測点の標高や高低差を求める方法。水準測量の測点を水準点という。
平板測量	アリダードと巻尺で測量した結果を平板上で直接作図していく方法。
三角測量	測量区域を三角形で区分けして、三角形の辺長と内角を測定することにより各点の位置を求める方法。
トラバース測量（多角測量）	ある点から順に次の点への方向角と距離を測定して、各点の位置を測定する方法。
スタジア測量	2点間の距離と高低差をトランシットと標尺により測定する方法。

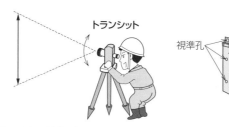

トランシット

前視準板

引き出し板

視準糸

視準孔

後視準板

気泡管

常規縁

アリダード

● トランシットとアリダード

演習問題チャレンジ（章末問題）

問1 **1 舗装**

舗装に関する記述として、最も不適当なものはどれか。

(1) プライムコートは、路盤の仕上がり面を保護し、その上のアスファルト混合物層との接着をよくするために施す。

(2) フィラーは、アスファルトと一体となって、混合物の安定性、耐久性を向上させるために施す。

(3) タックコートは、アスファルト混合物からなり、基層と表層の接着をよくするために施す。

(4) シールコートは、路床の水分が凍結しないように路床の上に施す。

> 解説　シールコートは表層の水密性の増加、老化防止、ひび割れ防止のために施す。
>
> 解答　(4)

問2 **2 植栽**

植栽に関する記述として、最も不適当なものはどれか。

(1) 法面の芝張りは、目地張りとし、縦目地が通るように張り付ける。

(2) 樹木の掘取りにより根鉢側面に現れた根は、鉢に沿って鋭利な刃物で切断する。

(3) 根巻きを行う場合は、樹木の根元直径の3～5倍程度の鉢土をつける。

(4) 断根式根回しは、モッコク、サザンカなどの比較的浅根性または非直根性の樹種に用いる。

> 解説　法面の芝張りは、通常ベタ張りで縦目地を通してはならない。
>
> 解答　(1)

屋外排水設備に関する記述として、最も不適当なものはどれか。

(1) 排水管を給水管と平行にして埋設する場合は、原則として両配管の間隔を500mm以上とし、排水管は給水管の下方に埋設する。

(2) 遠心力鉄筋コンクリート管の排水管は、一般に、埋設は下流部より上流部に向けて行い、勾配は1/100以上とする。

(3) 管きょの排水方向や管径が変化する箇所および管きょの合流箇所には、ますまたはマンホールを設ける。

(4) 雨水用排水ますおよびマンホールの底部には、排水管などに泥が詰まらないように深さ50mm以上の泥だめを設ける。

解説　泥だめの深さは15cm以上必要。　　　　　　　　　　　解答　(4)

測量に関する記述として、最も不適当なものはどれか。

(1) スタジア測量は、レベルと標尺によって2点間の距離を正確に測定する方法である。

(2) トラバース測量は、測点を結んでできた多角形の各辺の長さと角度を、順次測定していく方法である。

(3) 水準測量は、レベルと標尺によって高低を測定する方法である。

(4) 平板測量は、アリダードと巻尺で測量した結果を、平板上で直接作図していく方法である。

解説　スタジア測量は2点間の距離と高低差をトランジットによって測定する方法。レベルや標尺を用いて各測点の標高や高低差を求める方法は水準測量。　　　　　　　　　　　　　　　　　　　　　　　　　　解答　(1)

建築設備

1 電気設備　出題頻度 ★★★

◯ 電圧の種別

	直流	交流
低圧	750 V 以下	600 V 以下
高圧	750 V を超えて 7,000 V 以下	600 V を超えて 7,000 V 以下
特別高圧	7,000 V を超えるもの	

◯ 電気方式と電圧

電気方式	主な用途
単相2線式　100 V	負荷が小容量の回路。白熱灯、蛍光灯、コンセントなど。
単相2線式　200 V	負荷が小容量の回路。単相電動機、大型電熱器など。
単相3線式　100 V/200 V	住宅、ビルなどの電力使用量の大きい回路。 100 V：電灯、コンセントなど。 200 V：エアコン、IHクッキングヒーターなど。
三相3線式　200 V	一般低圧電動機、大型電熱器などの回路。大型空調機、ポンプ、昇降機など。
三相4線式　240 V/415 V	大規模な建築で負荷が大きい回路。

◯ 配線工事

［配管の種類］

種類	特徴
金属管	外圧による損傷を受けにくく、電気災害のおそれが少ない。 低圧屋内配線のための金属管の厚さはコンクリートに埋め込む場合、1.2 mm 以上とする。
合成樹脂管	耐食性、絶縁性に優れ、軽量かつ施工性がよい。硬化ビニル管、合成樹脂可とう管（PF管）、CD管の3種類がある。 PF管は自己消火性があり、CD管は自己消火性がない。
金属ダクト	厚さ1.2 mm 以上の鋼板でつくられたダクト内に配線する方式。

種類	特徴
バスダクト	金属製のダクト内部に帯状の銅またはアルミの導体を絶縁材で固定して配線する方式。電流の容量の大きな幹線に使用される。
フロアダクト	床内に厚さ2mm以上の鋼板でつくられたダクトを格子状に埋設する配線方式。使用電圧が300V以下で、屋内の乾燥した場所の床埋込み配線に用いられる。
セルラダクト	床の構造体として使用されるデッキプレートの波形空間を閉鎖して、配線スペースとして使用できるようにしたダクトによる配線方式。

［施工上の留意点］

- 合成樹脂管内、金属管内および金属製可とう電線管内では、電線に接続点を設けてはならない。
- ライティングダクトは壁や天井などを貫通して設置してはならない。
- 地中電線路ではビニル電線（IV）を使用してはならない。

▶ 接地工事

　感電、漏電、絶縁破壊などから人体や建物、設備を保護するため、電路などを大地に接続することを接地工事という。アース工事ともいう。

工事種別	接地線の太さ（直径）	対象
A種接地工事	2.6mm以上	高圧用または特別高圧用の機械器具の鉄台および金属製外箱。
B種接地工事	4.0mm以上	高圧電路または特別高圧電路と低圧電路とを結合する変圧器の低圧側の中性点。
C種接地工事	1.6mm以上	300Vを超える低圧用の機械器具の鉄台、金属製外箱。
D種接地工事	1.6mm以上	300V以下の低圧用の機械器具の鉄台、金属製外箱。

▶ 照明設備

　［白熱電球］　熱放射が多く、赤味のある光色を有し、温かみがある。住宅や店舗の全般照明に使用される。

　［蛍光ランプ］　輝度が低く、熱放射が少ない。長寿命。住宅や事務所、学校などの全般照明に使用される。

　［ハロゲンランプ］　光色や演色性がよく、広場や店舗のスポット照明、スタジオなどに使用される。

　［高圧水銀ランプ］　演色性はよくないが、ランプの光束が大きく、長寿命。

屋外の競技場、公園、庭園などに使用される。点灯後最大光度になるまで5〜10分を要する。

［高圧ナトリウムランプ］ 黄白色の光を発する。演色性はよくない。道路やトンネル、工場、体育館などに使用される。

［低圧ナトリウムランプ］ 橙黄色の単一光で高圧のタイプよりもさらに演色性に劣るが、霧の中をよく通す光なので、自動車専用道路などに使用される。

［LEDランプ］ 白熱電球や蛍光ランプに比べて省電力、長寿命。指向性が高い。

point ワンポイントアドバイス

・高圧水銀ランプは長寿命。
・ナトリウムランプは演色性に劣る。

2 給排水設備

出題頻度 ★★★

給水設備

給水方式の種類と特徴を次表に示す。

給水方式	特徴
直結直圧方式	上水道本管より引き込み、直接建物の各給水栓に接続し、水道の水圧により給水する方式。 一般に戸建て住宅や小規模建築に適する。 停電による断水の心配はない。
増圧直結方式	上水道本管の水圧を増圧ポンプで高めて給水する方式。 受水タンクが不要。 中規模のマンションやビルで用いられる。
高置タンク方式	受水槽に貯水された水道水を、揚水ポンプにより高置水槽へ揚水し、重力により各所へ給水する方式。 大型マンションなどで多く用いられる。 停電、断水時はタンク内の残存水量が利用可能。
圧力タンク方式	受水層の水を給水ポンプで圧力タンクに送り、タンク内の空気をコンプレッサーで圧縮加圧して、その圧力で給水する方式。
ポンプ直送方式	受水槽の水を加圧給水ポンプを連続運転することにより直送給水する方式。 高置水槽が不要。 マンションに多く用いられる。

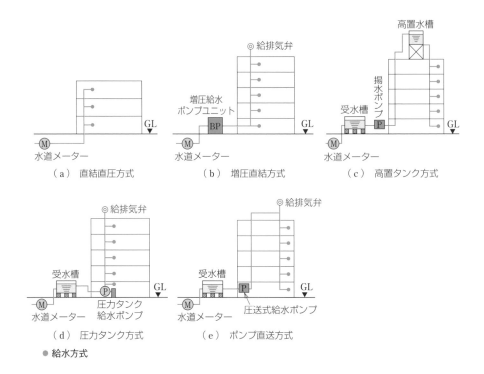

● 給水方式

　給水設備の留意点は以下のとおり。

［ウォーターハンマー］ 　水道管内の圧力の急激な変動のために生じる騒音や振動をいう。配管の破損、漏水の原因ともなる。水道管内の水圧が高い、配管の曲がりが多い、配管の固定が不十分などという場合に起こりやすい。防止策として水撃圧を吸収するエアーチャンバーの設置などがある。

［クロスコネクション］ 　水道管とその他の目的の管（井戸水、工業用水、冷却水など）とが直接接続されていることをいい、水道にその他の水が混入する危険があるため禁止されている。

［円形マンホールの内法］ 　給水タンクの内部に入って保守点検を行うために設ける円形マンホールの内法は**直径60cm以上**とする。

◗ 排水設備

　排水設備の留意点は以下のとおり。

［排水トラップ］ 排水管や排水槽からの廃ガスや臭気、害虫などが排水口から室内に侵入するのを防ぐため、衛生器具や排水器具の下端部の水たまり封水部を有する装置を排水トラップという。封水深は5cm以上10cm以下とする。通気を阻害するので同一排水配管系統に2個以上のトラップを直列に設けてはならない（二重トラップの禁止）。

［通気管］ 排水系統内の排水の流れを円滑にし、排水トラップの封水部の気圧変動による封水切れを防止するための配管。

［排水管の勾配］

管径	勾配
65mm以下	1/50以上
75〜100mm	1/100以上
125mm	1/150以上
150mm以上	1/200以上

［誤飲・誤使用の防止］ 雨水、再生水、循環利用水などの給水栓には誤飲、誤使用を防止するため、その旨を表示する。

［雨水立管］ 雨水立管は汚水、雑排水、通気管と兼用したり、接続したりしてはならない。

3 避雷設備

 出題頻度 ★★

▶ 避雷設備の設置義務

以下の建築物などには避雷設備を設置しなければならない。

- 高さ20mを超える建築物。
- 指定数量の10倍以上の危険物を取り扱う製造所、屋内貯蔵所、屋外タンク貯蔵所など。
- 100kgを超える火薬類一時置場や火薬庫。

▶ 避雷設備の留意点

受電部は保護しようとする建築物などの種類、重要度などに対応した4段階の保護レベルに応じて配置する。

引下げ導線を構造体の鉄骨や鉄筋で代用することも可能である。

4 消火設備

▶ 消火設備の種類と特徴

[**屋内消火栓設備**] 屋内に設置され、人が操作することによって火災を消火する設備。消火ポンプ、屋内消火栓、ホース、非常電源などから構成されている。

[**屋外消火栓設備**] 建物の周囲に設置され、人が操作することによって火災を消火する設備。消火ポンプ、屋外消火栓、ホース、非常電源などから構成されている。

[**スプリンクラー設備**] 水を消火剤とし、天井または屋根下部分に配置されたスプリンクラーヘッドにより火災感知（感熱）から放水までを自動的に行う設備。

[**水噴霧消火設備**] 噴霧ヘッドから微細な霧状の水を噴霧することにより、冷却作用と窒息作用により消火する設備。

[**泡消火設備**] 消火用の水に泡消火薬剤を混合させ、泡による冷却作用と窒息作用により消火する設備。引火点の低い油類を扱う場所（駐車場、飛行機の格納庫など）に設置される。

[**不活性ガス消火設備**] 二酸化炭素などの消火剤を放出することにより、酸素濃度の希釈作用と気化するときの熱吸収による冷却作用によって消火する設備。博物館や美術館、電気通信機室などに設置される。

[**ハロゲン化物消火設備**] ハロゲン化物の消火剤を放出し、燃焼の連鎖反応を抑制する負触媒効果により消火する設備。消火剤であるハロンが「オゾン層の保護に関する法律」により規制されたため、設置については極めて限定的である。

[**粉末消火設備**] 炭酸水素ナトリウム、りん酸塩類などの粉末消火剤を放出し、燃焼の連鎖反応を抑制する負触媒効果により消火する設備。消炎作用が大きく、油などの表面火災に適している。

▶ 消防活動上必要な設備

[**連結送水管設備**] 火災の際に消防ポンプ自動車から送水口を通じて送水

し、消防隊が放水口にホースを接続すれば消火できるようにした設備。中高層建物や大規模な地下街などに設置する。

［連結散水設備］ 火災の際に消防ポンプ自動車から送水口を通じて送水し、散水ヘッドから放水することによって消火活動を支援できるようにした設備。煙が充満すると消火活動が困難になる地下、地下街に設置する。

point ワンポイントアドバイス

・屋内消火栓設備は、主に施設の利用者などによる初期消火に利用される。
・連結送水管設備は消火活動上必要な消防隊専用の施設。

5 昇降機設備

出題頻度 ★

● エレベーターの管制運転

［火災時管制運転装置］ 火災時にエレベーターを避難階に呼び戻すもの。

［自家発電管制運転装置］ 停電時に自家発電源でエレベーターを各グループ単位に順次避難階に帰着させるもの。

［浸水時管制運転装置］ 地盤面より下に着床階がある場合で、洪水などにより浸水するおそれがあるときにエレベーターを避難階に帰着させるもの。

［地震時管制運転装置］ 地震感知器との連動によって地震時にエレベーターを最寄りの階に停止させるもの。

● エレベーター設置の留意事項

乗用エレベーターにあっては1人あたりの体重を65kgとして計算した最大定員を明示した標識を掲示する。

乗用エレベーターの昇降路の出入口の床先とかごの床先との水平距離は4cm以下とする。

エレベーターの昇降路内には、原則として、エレベーターに必要な配管以外の配管設備を設けてはならない。

非常用エレベーターにはかごの戸を開いたままかごを昇降させることができる装置を設ける。

▶ エスカレーター

エスカレーターの踏段の幅は1.1m以下とし、踏段の両側に手すりを設ける。

エスカレーターの定格速度は、勾配が8°以下のものは50m/分、勾配が8°を超え30°以下のものは45m/分とする。

6 空気調和設備

出題頻度 ★☆☆

▶ 空調方式の種類と特徴

空調方式		概要
中央熱源方式	単一ダクト方式	中央の空調機で給気の温度、湿度を制御して1本の主ダクトで送風する。 各室へ常時一定風量で送風する方式（CAV方式）と、室内熱負荷の変動に応じて送風量を調整する方式（VAV方式）がある。
	二重ダクト方式	中央の空調機でつくられた冷風と温風を2系統のダクトで送風し、末端の混合ユニット負荷に応じて混合して吹き出す方式。
	ファンコイルユニット方式	中央の機械室でつくられた冷水と温水を各室のファンコイルユニットに送り、送風する方式。配管方式により2管、3管および4管式がある。 2管式：コイルが1つしかないもの。暖房期、冷房期で冷温水を切り替えて使用される。 4管式：冷水コイルと温水コイルをもつもの。冷房、暖房を1日の間で切り替える必要のある部屋に使用される。
個別分散熱源方式	パッケージユニット方式	冷凍機、ファン、エアフィルタなどを内蔵したパッケージユニットで各階ごとに空調を行う方式。

> point ⌐♪ ワンポイントアドバイス
> ・CAV方式：各室へ常時一定風量で送風する方式
> ・VAV方式：室内熱負荷の変動に応じて送風量を調整する方式

演習問題チャレンジ（章末問題）

問1 1 電気設備

電気設備に関する記述として、最も不適当なものはどれか。

(1) 電圧の種別で低圧とは、直流にあっては600 V以下、交流にあっては400 V以下のものをいう。

(2) フロアダクトは、使用電圧が300 V以下で、乾燥した場所の屋内隠ぺい配線に用いられる。

(3) 低圧屋内配線の使用電圧が300 Vを超える場合、金属製の電線接続箱には接地工事を施す。

(4) フロアダクト内やセルラダクト内では、原則として、電線に接続点を設けない。

解説 正しくは、直流では750 V以下、交流では600 V以下。 　解答 (1)

問2 2 給排水設備

給水設備の給水方式に関する記述として、最も不適当なものはどれか。

(1) ポンプ直送方式は、水道引込み管に増圧ポンプを接続して、各所に給水する方式である。

(2) 圧力水槽方式は、受水槽の水をポンプで圧力水槽に送水し、圧力水槽内の空気を圧縮加圧して、その圧力によって各所に給水する方式である。

(3) 高置水槽方式は、受水槽の水をポンプで建物高所の高置水槽に揚水し、この水槽から重力によって各所に給水する方式である。

(4) 水道直結直圧方式は、上水道の配水管から引き込み、直接各所に給水する方式である。

解説 ポンプ直送方式は受水層の水を加圧給水ポンプを連続運転すること

問3 3 避雷設備

避雷設備に関する記述として、最も不適当なものはどれか。

(1) 高さが15mを超える建築物には、原則として避雷設備を設ける。

(2) 指定数量の10倍以上の危険物を貯蔵する倉庫は、高さにかかわらず、原則として避雷設備を設ける。

(3) 受雷部は、保護しようとする建築物などの種類、重要度などに対応した4段階の保護レベルに応じて配置する。

(4) 鉄筋コンクリート造の鉄筋は、構造体利用の引下げ導線の構成部材として利用することができる。

解説 高さが20m以上の建物に避雷設備が必要。 解答 (1)

問4 4 消火設備

消火設備に関する記述として、最も不適当なものはどれか。

(1) 泡消火設備は、特に引火点の低い油類による火災の消火に適し、主として泡による窒息作用により消火する。

(2) スプリンクラー設備は、スプリンクラーヘッドの吐水口が煙を感知して自動的に開き、散水し消火する。

(3) 不活性ガス消火設備は、二酸化炭素などの消火剤を放出することにより、酸素濃度の希釈作用と、気化するときの熱吸収による冷却作用により消火する。

(4) 水噴霧消火設備は、噴霧ヘッドから微細な霧状の水を噴霧することにより、冷却作用と窒息作用により消火する。

解説 スプリンクラー消火設備は熱を感知して散水する。 解答 (2)

問5 5 昇降機設備

エレベーター設備に関する記述として、最も不適当なものはどれか。

(1) 浸水時管制運転装置は、地盤面より下に着床階がある場合で、洪水などにより浸水するおそれがあるときに、エレベーターを避難階に帰着させるものである。

(2) 自家発電管制運転装置は、停電時に自家発電源でエレベーターを各グループ単位に順次避難階に帰着させるものである。

(3) 火災時管制運転装置は、火災時にエレベーターを避難階に呼び戻すものである。

(4) 地震時管制運転装置は、地震感知器との連動によって地震時にエレベーターを避難階に停止させるものである。

> 解説 地震時管制運転は、地震時にエレベーターを最寄りの階に停止させるもの。　　　　　　　　　　　　　　　　　　　　解答 (4)

問6 6 空気調和設備

空気調和設備に関する記述として、最も不適当なものはどれか。

(1) 空気調和機は、一般にエアフィルタ、空気冷却器、空気加熱器、加湿器および送風機で構成される。

(2) 二重ダクト方式は、2本のダクトで送風された温風と冷風を、末端の混合ユニットで負荷に応じて混合して吹き出す方式である。

(3) 冷却塔は、冷凍機内で温度上昇した冷却水を空気と直接接触させて、気化熱により冷却する装置である。

(4) 単一ダクト方式におけるCAV方式は、負荷変動に対して風量を変える方式である。

> 解説 負荷変動に対して風量を変える方式はVAV方式。CAV方式は常時一定風量を送風する方式。　　　　　　　　　　　　　　　解答 (4)

第 7 章　積算・契約

1 請負契約

出題頻度 ★★★

公共工事標準請負契約約款の主な内容は以下のとおり。

項目	内容
一括委任または 一括下請負の禁止 [第6条]	受注者は、工事の全部もしくはその主たる部分または他の部分から独立してその機能を発揮する工作物の工事を一括して第三者に委任し、または請け負わせてはならない。
特許権等の使用 [第8条]	受注者は、特許権、実用新案権、意匠権、商標権その他日本国の法令に基づき保護される第三者の権利の対象となっている工事材料、施工方法等を使用するときは、その使用に関する一切の責任を負わなければならない。
現場代理人および 主任技術者等 [第10条]	受注者は、現場代理人、主任技術者（監理技術者）、専門技術者を定めて工事現場に設置し、設計図書に定めるところにより、その氏名その他必要な事項を発注者に通知しなければならない。 現場代理人、主任技術者（監理技術者）および専門技術者は、これを兼ねることができる。
条件変更等 [第18条]	受注者は、工事の施工にあたり、次のいずれかに該当する事実を発見したときは、その旨を直ちに監督員に通知し、その確認を請求しなければならない。 ・図面、仕様書、現場説明書および現場説明に対する質問回答書が一致しないこと（これらの優先順位が定められている場合を除く）。 ・設計図書に誤謬または脱漏があること。 ・設計図書の表示が明確でないこと。 ・工事現場の形状、地質、湧水等の状態、施工上の制約等設計図書に示された自然的または人為的な施工条件と実際の工事現場が一致しないこと。 ・設計図書で明示されていない施工条件について予期することのできない特別な状態が生じたこと。
賃金または物価の変動に 基づく請負代金額の変更 [第25条]	発注者または受注者は、工期内で請負契約締結の日から12か月を経過した後に日本国内における賃金水準または物価水準の変動により請負代金額が不適当となったと認めたときは、相手方に対して請負代金額の変更を請求することができる。
検査および引渡し [第31条]	発注者は、工事完成の通知を受けたときは、通知を受けた日から14日以内に受注者の立会いの上、設計図書に定めるところにより、工事の完成を確認するための検査を完了し、当該検査の結果を受注者に通知しなければならない。この場合において、発注者は、必要があると認められるときは、その理由を受注者に通知して、工事目的物を最小限度破壊して検査することができる。
部分使用 [第33条]	発注者は、引渡し前においても、工事目的物の全部または一部を受注者の承諾を得て使用することができる。

項目	内容
瑕疵担保 ［第44条］	発注者は、工事目的物に瑕疵があるときは、受注者に対して相当の期間を定めてその瑕疵の修補を請求し、または修補に代えもしくは修補とともに損害の賠償を請求することができる。ただし、瑕疵が重要ではなく、かつ、その修補に過分の費用を要するときは、発注者は、修補を請求することができない。
発注者の解除権 ［第47条］	発注者は以下の1つに該当するとき、契約を解除することができる。 ・正当な理由なく工事に着手すべき期日を過ぎても工事に着手しないとき。 ・工期内に完成しないときまたは工事経過後相当の期間内に工事が完成する見込みがないと認められるとき。 ・主任技術者（監理技術者）を設置しなかったとき。
受注者の解除権 ［第49条］	受注者は以下の1つに該当するとき、契約を解除することができる。 ・設計図書を変更したため請負代金額が2/3以上減少したとき。 ・天災等による工事の施工の中止期間が相当期間を超えたとき。

2 積算

出題頻度 ★★

公共建築数量積算基準の主な内容は、次のとおりである。

▶ 土工・地業

［土工］

- 根切りの数量は根切り面積と根切り深さとによる体積とする。
- 作業上のゆとり幅は0.5mを標準とする。ただし、土間、犬走りなどの作業上のゆとり幅は0.1mを標準とする。

［地業］

- 場所打ちコンクリート杭に用いる鉄筋の所要数量を求める場合は設計数量に対し、3％増を標準とする。
- 杭径が600mm未満の杭部分の砂利地業および捨コンクリートの欠除はないものとする。

▶ 駆体

［コンクリート］

- 鉄筋および小口径管類によるコンクリートの欠除はないものとする。
- 窓、出入口などの開口部によるコンクリートの欠除は、原則として建具類などの開口部の内法寸法とコンクリートの厚さとによる体積とする。ただ

し、開口部の内法の見付面積が1か所あたり0.5m²以下の場合は、原則として開口部によるコンクリートの欠除はないものとする。

［型枠］

- 窓、出入口などの開口部による型枠の欠除は、原則として建具類などの内法寸法とする。なお、開口部の内法の見付面積が1か所あたり0.5m²以下の場合は、原則として型枠の欠除はないものとする。
- 開口部の見込部分の型枠は計測の対象としない。

［鉄筋］

- フープ、スターラップの長さは、それぞれ柱、基礎梁、梁、壁梁のコンクリートの断面の設計寸法による周長を鉄筋の長さとし、フックはないものとする。
- 圧接継手の加工のための鉄筋の長さの変化はないものとする。
- 窓、出入口などの開口部による鉄筋の欠除は、原則として建具類など開口部の内法寸法による。ただし、1か所あたり内法面積0.5m²以下の開口部による鉄筋の欠除は原則としてないものとする。なお、開口補強筋は設計図書により計測、計算する。

［鉄骨］

- 溶接は原則として種類に区分し、溶接断面形状ごとに長さを求め、隅肉溶接脚長6mmに換算した延べ長さを数量とする。
- ボルト類のための孔あけ、開先き加工、スカラップおよび柱、梁などの接続部のクリアランスなどによる鋼材の欠除は原則としてないものとする。1か所あたり面積0.1m2以下のダクト孔などによる欠除もこれに準ずる。

▶ 仕上

- 仕上の数量は、原則として躯体または準躯体表面の設計寸法による面積から、建具類など開口部の内法寸法による面積を差し引いた面積とする。ただし、開口部の面積が1か所あたり0.5m²以下のときは、開口部による仕上の欠除は原則としてないものとする。
- 各部分の仕上の凹凸が0.05m以下のものは、原則として凹凸のないものとみなす。ただし、折板など凹凸による成型材については、その凹凸が0.05mを超える場合においても設計寸法による見付面積を数量とする。

演習問題チャレンジ（章末問題）

問1 **1 請負契約**

「公共工事標準請負契約約款」に関する記述として、誤っているものはどれか。

⑴ 発注者は、工事の完成を確認するために必要があると認められるときは、その理由を受注者に通知して、工事目的物を最小限度破壊して検査することができる。

⑵ 受注者は、特許権、その他第三者の権利の対象となっている施工方法を使用するときは、原則として、その使用に関する一切の責任を負わなければならない。

⑶ 発注者は、工事用地その他設計図書において定められた工事の施工上必要な用地を、受注者が必要とする日までに確保しなければならない。

⑷ 発注者は、引渡し前に、工事目的物の全部または一部を受注者の承諾を得ることなく使用することができる。

> 解説　請負者の承諾を得なければ使用することはできない。　　　解答　⑷

問2 **2 積算**

数量積算に関する記述として、「公共建築数量積算基準（国土交通省制定）」上、誤っているものはどれか。

⑴ 開口部の内法の見付面積が1か所あたり$0.5\,\mathrm{m}^2$以下の場合は、原則として、型枠の欠除はないものとする。

⑵ フープ（帯筋）の長さは、柱のコンクリート断面の設計寸法による周長を鉄筋の長さとする。

⑶ 溶接は原則として、種類に区分し、溶接断面形状ごとに長さを求め、隅肉溶接脚長9mmに換算した延べ長さとする。

⑷ 仕上げの凹凸が0.05m以下のものは、原則として、凹凸のない仕上と
みなした面積とする。

解説 溶接は、原則として、種類に区分し、溶接断面形状ごとに長さを求
め、隅肉溶接脚長6mmに換算した延べ長さとする。 　　　　　解答 ⑶

躯体施工（1）
仮設工事

1 足場・乗入れ構台・荷受け構台 　出題頻度 ★★★

▶ 足場

　工事現場において作業者が地上または床上より高い所の作業を行うために組み立てられた作業床および作業通路を主目的とする仮設構造物である。

［単管足場］ 直径48.6mmの単管パイプを用い、建地、根がらみ、布、腕木、筋かいなどで構成された足場をいう。

- 建地間隔は、桁行方向は1.85m以下、梁間方向は1.5m以下とする。
- 建地の脚部は、ベース金具を使用し、沈下、滑動および倒壊防止として敷板や敷角、根がらみなどを設ける。
- 建地間の積載荷重は3,923N（400kg）以下とし、見やすい位置に表示する。
- 建地の高さが31mを超える場合は、最高部から31mを超える部分の建地を2本組みとする。
- 布は、桁行方向のつなぎ材で、地上第一の布の高さは地上2m以下の位置とする。
- 壁つなぎは、足場と建物をつなぐ水平材で、間隔は垂直方向は5m以下、水平方向は5.5m以下に配置する。
- 作業床は、幅を40cm以上とし、床材どうしのすき間は3cm以内とする。転位脱落防止のため2か所以上の支持物に堅結する。
- 墜落防止のため、高さ85cm以上の手すりおよび中さんを設ける。

［枠組み足場］ 鋼管を門形に溶接した建枠と、ジャッキベース、布枠、交差筋かいなどの基本部材を組み合わせて構成した仮設構造物である。高さは原則として45m以下とする。

- 高さが20mを超える場合および重量物の積載を伴う作業の場合は、主枠の高さを2m以下、間隔を1.85m以下とする。
- 建地の脚部は、ベース金具を使用し、沈下、滑動および倒壊防止として敷

板や敷角、根がらみなどを設ける。

- 壁つなぎは、垂直方向は9m以下、水平方向は8m以下の間隔に配置する。
- 最上層および5層以内ごとに水平材を設ける。
- 作業床は、幅を40cm以上とし、床材どうしのすき間は3cm以内とする。転位脱落防止のため2か所以上の支持物に堅結する。

[吊り足場] 主に鉄骨造や鉄骨鉄筋コンクリート造の梁の接合などに用いられ、梁などから吊り下げられた足場をいう。鋼管と足場板を組みチェーンなどで吊ったものや、製品化された吊り枠などがある。

- 足場上は不安定なため、梯子や脚立などを用いた作業を行ってはならない。
- 墜落時の安全対策として設置する安全ネットの網目は10cm以下とする。

[移動式足場]

- 作業中は不意の移動や転倒を避けるため、足場の一部を建築物に固定させ、ブレーキなどで車輪を固定するなどの措置をとる。
- 作業床上では、梯子や脚立などを用いた作業を行ってはならない。

● 乗入れ構台

　乗入れ構台は根切り、地下工事、建方などの各種工事や資材の搬出入における機械や車両のための通路、および各資材の仮置き場などとして使用する。

[乗入れ構台の構造] 各種施工機械などの重量および走行時や作業時の衝撃荷重、また、自重、仮置き資材の重量、地震や風などの荷重に対して十分安全なものとする。

[乗入れ構台の幅員] 一般に6～8m程度だが、使用する施工機械や車両の幅および動線などの使用条件に応じて決定される。構台に曲がりや交差部がある場合は、車両の回転半径を考慮した幅員や形状 (隅切りなど) を検討する。

[乗入れ構台の高さ] 大引きの下端は1階スラブ上端より20～30cm程度高くして、コンクリート打設時に大引き下での床の均し作業が行えるようにする。乗込みスロープの勾配は、一般に1/6～1/10程度とする。急勾配になると施工機械や車両の出入りに支障が生じるおそれがある。

［作業床］ 作業床のすき間は3cm以下とする。高さが2m以上となる作業床の端部は、高さ85cm以上の手摺りを設ける。作業床の最大積載荷重は、構台の構造や材料に応じて定め、見やすい位置に表示する。

［乗入れ構台の支柱］ 支柱の配置は、主要構造部（基礎、柱、梁、耐力壁など）を避けた位置とし、3～6m程度の間隔とする。乗入れ構台の支柱と山留めの切梁支柱は、作用荷重に対して十分な安全性を確認できた構造であれば兼用してもよい。

［水平つなぎ鉛直ブレース］ 水平つなぎおよび鉛直ブレースは構台の構面保持に必要な構造部材で、掘削の各段階ごとにできるだけ早い時期に取り付けるように計画する。水平つなぎや鉛直ブレースを取り付けない状態の構台上で作業を行う場合は、別途、構造検討が必要である。鉛直ブレースを撤去する場合は、支柱が貫通する床の開口部にくさびを設け、確実に支柱が拘束できたことを確認してから行う。

［乗込みスロープ］ 出入口が近いために、どうしても乗込みスロープが躯体に当たる場合は、該当箇所を後施工とするなどの対応策を検討する。

［乗入れ構台の構造設計］ 固定荷重、積載荷重、積雪荷重、地震力、風圧力およびその他の荷重を外力として計算する。積載荷重は、使用期間中における最も不利な組合せ荷重の値とする。地震力は、震度法により静的水平力として構造計算を行う場合は、水平震度を0.2とする。根太や大引きの検討は、単純梁として応力算定を行い、作用応力に対して安全な断面とする。また、たわみ量が使用上支障ないか検討を行う。

◗ 荷受け構台の構造計算

荷受け構台は一般に施工に必要な工事用材料の取込みに用いられる。

荷受け構台の構造計算には鉛直荷重と水平荷重を適切に考慮する。

- 鉛直荷重：構台の自重、積載荷重、積雪荷重、施工時の荷重など
- 水平荷重：地震、風圧力、揚重機械の移動など

荷受け構台の積載荷重は偏りを考慮し、構台の全スパンの60％にわたり積載荷重が分布するものとする。

作業荷重は構台の自重と積載荷重の合計の10％とする。

材料の取込みと材料置き場を兼用する荷受け構台の場合は、積載荷重に留

めておく材料の必要量を考慮する。

　荷受け構台を支持する足場の検討を行う場合、同時に複数の荷受け構台が使用されているものとして検討を行う必要がある。

2　墨出し

　墨出しとは、工事の進捗に合わせて、建物の各部分の水平方向や鉛直方向の基準位置や寸法を建物の所定の位置に表示する作業をいう。

墨の種類

種類	用途・特徴
基準墨	基準となる墨で、柱や壁などの中心線を示す墨は心墨という。基準墨を上階に移す場合、一般に建物の四隅の床に孔をあけ、下げ振りなどにより1階からの基準墨を上階に移していく。
逃げ墨（返り墨）	障害物などがあり正規の位置に墨出しができない場合に一定の距離（0.5mや1.0mなどきりのよい寸法）をとって引く墨。一般に床面の通り心などの基準墨は1m離れた位置に返り墨を設けておく。
地墨・陸墨	地墨は、床面などの平面に示す墨をいい、陸墨は水平を出すために壁面に示す墨で、床仕上げや開口高さおよび天井などの高さの基準となる。 仕上げ部材取付けのための墨は、地墨や陸墨などの基準墨を基準として墨出しを行う。

鉄骨鉄筋コンクリート造の場合

　一般的に鉄骨柱に躯体工事用の基準高さを示し、これによりレベルの墨出しを行う。

演習問題チャレンジ（章末問題）

問1　1　足場・乗入れ構台・荷受け構台

乗入れ構台および荷受け構台の計画に関する記述として、最も不適当なものはどれか。

(1)　クラムシェルが作業する乗入れ構台の幅は、ダンプトラック通過時にクラムシェルが旋回して対応する計画とし、8mとした。

(2)　乗入れ構台の高さは、大引下端が床スラブ上端より30cm上になるようにした。

(3)　荷受け構台への積載荷重の偏りは、構台全スパンの60％にわたって荷重が分布するものとした。

(4)　荷受け構台の作業荷重は、自重と積載荷重の合計の5%とした。

解説　荷受け構台の作業荷重は、構台の自重と積載荷重の合計の<u>10％</u>とする。　　　　　　　　　　　　　　　　　　　　　解答　(4)

問2　1　足場・乗入れ構台・荷受け構台

乗入れ構台の計画に関する記述として、最も不適当なものはどれか。

(1)　乗入れ構台の支柱と山留めの切梁支柱は、荷重に対する安全性を確認したうえで兼用した。

(2)　道路から乗入れ構台までの乗込みスロープは、勾配を1/8とした。

(3)　幅が6mの乗入れ構台の交差部は、使用する施工機械や車両の通行の安全性を高めるため、隅切りを設置した。

(4)　乗入れ構台の支柱は使用する機械や車両の配置により、位置を決めた。

解説　乗入れ構台の支柱は<u>主要構造部を避けた位置</u>に配置する。　解答　(4)

乗入れ構台の計画に関する記述として、最も不適当なものはどれか。

(1)　乗入れ構台の支柱の位置は、基礎、柱、梁および耐力壁を避け、5m間隔とした。
(2)　乗入れ構台の幅は、車の通行を2車線とするため、5mとした。
(3)　垂直ブレースおよび水平つなぎの設置は、所定の深さまでの掘削ごとに行うこととした。
(4)　垂直ブレースの撤去は、支柱が貫通する部分の床開口部にパッキング材を設けて、支柱を拘束した後に行うこととした。

> 解説　乗入れ構台の幅は、車の通行を2車線とする場合、一般に6m以上必要となる。　　　　　　　　　　　　　　　　　　解答　(2)

墨出しに関する記述として、最も不適当なものはどれか。

(1)　建物四隅の基準墨の交点を上階に移す場合、間違いや誤差を避けるために4点とも下げ振りで移す。
(2)　床面の通り心などの基準墨は一般に1m離れた位置に返り墨を設ける。
(3)　仕上げ部材を取り付けるための墨は、近接する既に出されたほかの部材の仕上げ墨を基準として墨出しを行う。
(4)　鉄骨鉄筋コンクリート造では、一般に鉄骨柱を利用して躯体工事用の基準高さを表示し、これによりレベルの墨出しを行う。

> 解説　ほかの部材の仕上げ墨に誤差が生じていた場合に、その墨を基準として墨出しを行うと誤差が大きくなるおそれがあるため、地墨や陸墨などの基準墨から墨出しを行う。　　　　　　　　　　　　　　解答　(3)

躯体施工（2）
土工事・地盤調査

1 山留め工事　　出題頻度 ★★★

◉ 山留め壁工法

[**山留め壁背面に作用する**側圧（土圧、水圧）]　深さに比例して増大していくため、山留め壁の根入れ長さの検討が必要である。

[**山留め壁**]　背面側の側圧（転倒モーメント）に対して掘削側の側圧（抵抗モーメント）が十分安全側となるように根入れ長さを確保する。

工法	留意点
親杭横矢板工法 親杭横矢板水平切梁工法	比較的硬い地盤でも施工可能だが、止水性がないため地下水位が高い場合は排水工法などの対策が必要である。 親杭の精度について、親杭の設置では、所定の深度までねじれや変形が生じないように施工する。プレボーリング工法、圧入工法の場合、間隔保持材を用いたガイド定規などを用いて親杭の通りを確認する。 プレボーリング工法により親杭を設置する場合、親杭の根入れ部分は、セメントベントナイト液を注入するか、打込みや圧入による設置などにより親杭の受動抵抗が十分に発揮できるようにする。 横矢板の設置は各段階の掘削完了後速やかに行い、矢板の設置後は、矢板の裏側に裏込め材を十分に充填し、親杭と横矢板のすき間にくさびを打ち込んで安定させる。 山留めの存置期間中は、打診や矢板のすき間に棒などを差込むなどにより裏込め材の充填状況を確認し、充填不良による周辺地盤の沈下や山留め壁の変形などの障害を防止する。 また、横矢板のすき間やすき間からの裏込め材のこぼれなどがないよう管理する。 水平切梁工法の場合、腹起しは連続設置とし、山留め壁からの水平荷重（側圧）を確実に切梁に伝達するため、山留め壁または親杭と腹起しの間に既製品やコンクリートの裏込め材を設置する。
鋼矢板工法	鋼板の矢板を連結させながら地中に設置する工法。 止水性が高く、軟弱地盤に適しているが、礫層などの固い地盤への打込みは困難である。
ソイルセメント 柱列山留め壁 （SMW）	土中に土とセメントを混合したソイルセメント柱に、心材としてH形鋼などを挿入し、柱列状の山留め壁を構築する工法。 壁の剛性が高く、止水性があり、山留め壁の構造材の一部として使用される場合がある。 根切り時に発見したソイルセメントの硬化不良部分は、モルタル充填や背面地盤への薬液注入などの処置を行い、止水性を確保する。 N値50以上の地盤や大口径の玉石や礫が混在している地盤では、先行削孔方式を用いエレメント間の連続性を確保する。

工法	留意点
	既存建物の基礎を先行解体するためのロックオーガーの径は、ソイルセメントの施工径より大きい径とする。 掘削土が粘性土の場合の掘削撹拌速度は、砂質土の場合より遅くする。
法付け オープンカット工法	掘削面積が大きく、深度が浅い場合に有効である。 掘削法面の安定性(円弧すべり)の検討を行い、安全な傾斜を確保した山留め工法。 法面の崩壊防止として、法面保護(モルタル吹付け、シート張りなど)を行い、排水溝および集水溝を設置する。 モルタル吹付けによる法面保護の場合は、水抜き孔を設ける。

● 山留め支保工

　土圧や水圧などによる山留め壁の変形を抑制し、背面地盤の崩壊を防止する。水平切梁工法は山留め壁に作用する土圧や水圧などの側圧に対して、切梁、腹起し、火打などで支持する工法で、最も一般的な工法である。

[格子状切梁方式(井形式)]　切梁を格子状に組んで平面内座屈を防止し、交差部付近に支柱を設置して面外方向の座屈を防止する。腹起し側に火打を設け、切梁間隔を確保することが多い。最も一般的な方式で経済的であるが、複雑な掘削平面には適していない。掘削機械の作業範囲が制限される、切梁長が長くなると変形が大きくなるなどの欠点がある。

[集中切梁方式]　複数の切梁を組み合わせて切梁間隔を大きくすることにより、根切りおよび躯体の施工能率の向上に有効である。切梁に作用する荷重(土圧、水圧など)のバランスに注意が必要で、切梁の加工にコストがかかる。

[プレロード工法]　以下の点に留意する。

- 軟弱地盤で山留め壁の変形や周辺部の沈下が予想される場合は、プレロード工法(あらかじめ油圧ジャッキにより切梁に圧力をかける)を用いて、山留め壁の変形を小さくする。
- ジャッキによる加圧は、切梁の設計耐力の50〜80%程度とする。
- ジャッキによる加圧は、切梁交差部のボルトをゆるめた状態で行い、各切梁が蛇行しないようにずれ止めなどの処置が必要である。

[切梁の継手]　原則として切梁交差部(支柱)の近くに設ける。

[腹起しの継手]　曲げ応力の小さい位置(切梁の近くなど)に設ける。

[鋼製切梁に作用する軸力]　鋼製切梁に作用する軸力は、温度変化による

影響を考慮する必要がある。

2 根切り工事

根切りとは、基礎や地下構造物を構築するために地盤を掘削することをいう。

掘削壁面に崩壊のおそれがある場合や隣接建物がある場合には、山留めを設ける。原則として、掘削深さが1.5m以上の場合は山留めを設けなければならない。

手掘りによる地山掘削の掘削面の高さ、勾配の基準は労働安全衛生規則で次表のように定められている。

地山の種類	掘削面の高さ	掘削面の勾配	条文
岩盤または硬い粘土	5m未満 5m以上	90°以下 75°以下	356条
その他	2m未満 2m以上5m未満 5m以上	90°以下 75°以下 60°以下	
砂からなる地山	5m未満または35°以下		357条
崩壊しやすい地山	2m未満または45°以下		

地盤の異常	現象・防止策
ヒービング	軟弱な粘性土地盤を掘削したときに、山留め壁背面の土の重量により背面土が根切り部に回り込み、根切り部底面の土が盛り上がってくる現象をいう。
	ヒービングの防止策 ①山留め壁の根入れ深さを十分確保し、背面土の回り込みを抑える。 ②山留め壁の外周の地盤をすきとり、背面土からの土圧を軽減させる。 ③部分的に分割して掘削を行い、掘削が終了した部分からコンクリートなどで固めていき、次の箇所の掘削を行うようにする。 ④根切り底より下部の軟弱地盤の地盤改良を行う。

地盤の異常	現象・防止策
盤ぶくれ	掘削面や直下の地盤が不透水層で、その下部に被圧帯水層が存在する場合、被圧地下水の水圧によって根切り底面が持ち上がる現象をいう。
	盤ぶくれの防止策 ①止水性のある山留め壁を被圧帯水層より下方にある不透水層まで根入れする。 ②ディープウェルなどにより根切り底面下の地下水位を低下させる。ただし、周辺地盤の水位低下や地盤沈下に注意する。
ボイリング	地下水位が高い砂質地盤を掘削する場合、水圧の差により水と砂の粒子が撹拌され根切り底面に湧き出す現象をいう。
	ボイリングの防止策 ①止水性のある山留め壁の根入れを長くして動水勾配を軽減させる。 ②止水性のある山留め壁を不透水層まで延長し、地下水を遮断する。 ③ウェルポイント、ディープウェルなどにより地下水位を低下させる。 ④根切り底より下部の軟弱地盤の地盤改良を行う。
クイックサンド	砂質土などの透水性の大きな地盤で、地下水の上向きの浸透力が砂の有効重量を上回り、液体状になる現象をいう。
パイピング	砂質地盤などで脆弱な部分に地下水が浸透し、パイプ状の水みちが生じる現象をいう。

3 地盤調査・土質試験

▶ 地盤調査

　各種の構造物を建てる際に必要な地盤の性質（地質構成、分布、強度など）および地下水位などを調査し、基礎地盤の選定、基礎工法、掘削方法などの検討を行う。

［ボーリング］ 　地盤構成の確認や土質試験用の試料採取、各種試験（標準貫入試験、孔内水平載荷試験、地下水位の調査など）のために削孔などを行うことをいう。一般的に用いられている方法は、ロータリー式ボーリングで、柔らかい地盤から岩盤まで削孔が可能である。

［サウンディング］ 　ロッドの先端に取り付けたサンプラーや抵抗翼などを地中に挿入し、貫入、回転、引き抜きなどの抵抗値から地盤の性状を調査することをいう。

• 標準貫入試験：地盤の軟硬、締り具合を求めるために行う試験。ロッドの先端に取り付けたサンプラーを設置し、$63.5 \pm 0.5 \mathrm{kg}$のハンマーを予備打ちとして$15 \mathrm{cm}$貫入させた後、$76.0 \pm 1 \mathrm{cm}$の高さから自由落下させ、$30 \mathrm{cm}$貫入させるのに要する打撃回数（N値）を求める。N値を用いて、地耐力や杭の支持力を推定することができる。サンプラーの引上げ時に対象深度の試

料を採取することができる。

- スウェーデン式サウンディング試験：スクリューポイントを取り付けたロッドに、段階的に荷重をかけて貫入量を測定する。100kgまで荷重をかけても貫入しないときは回転させて25cm貫入するのに要する半回転数を求める。装置および操作が容易であり、10m程度までの概略調査や補足調査に用いられることが多い。

[平板載荷試験] 直径30cmの円板または30cm×30cmの正方形の板で厚さ25mmの鋼板（載荷板）に、油圧ジャッキにより荷重を加えていき、そのときの荷重と沈下量の関係から地盤の支持力を求める試験。平板載荷試験で求められる地盤の支持力の範囲は、載荷面から載荷幅の1.5〜2.0倍程度の深さまでである。最大載荷荷重は、地盤の極限支持力または想定される長期設計荷重の3倍までとする。

[孔内水平載荷試験] ボーリング孔内において孔壁に油圧やガスにより加圧を行い、圧力と地盤の変位の関係から、地盤の変形係数、地盤反力係数、降伏圧力、極限圧力などの地盤特性を求める試験。杭基礎の設計を行うときなどに必要となる。

▶ 土質試験

[サンプリング] ボーリング孔および支持地盤から土質試験用の試料を採取すること。

[一軸圧縮試験] 粘性土の一軸圧縮強さや変形係数を求める試験で、サンプリングにより採取した乱さない試料を円柱状に成形し、上部から圧力を加え供試体が破壊するまで圧縮を続ける。

[三軸圧縮試験] 土のせん断試験の一種で、一軸圧縮試験と同様に一般的に用いられている試験である。供試体の側面を拘束し、上部から圧縮力を増加させていく。

[圧密試験] 地中の軟弱な粘性土層において圧密沈下の可能性を調べるために行う。供試体の側面を拘束し、排水を許しながら軸方向に荷重を加え、圧縮性を求める試験。

▶ 地下水に関する試験

地下水に関する地下水位、帯水層の分布および透水性について情報を収集する。

[地下水位]

分類	状態	水位測定
自由地下水 （不圧地下水）	上部地盤からの圧力を受けていない。水面は自由に上下できる。	ボーリング時に泥水を使わずに掘進することにより比較的精度のよい調査を行うことができる。
被圧地下水	上部地盤から圧力を受けている。水面を持たない。	ボーリング孔内において自由地下水や上部の帯水層と遮断した状態にして行う。

[**現場透水試験**]　地盤の透水係数を求める試験。透水係数とは地中の水の流れやすさを示し、値が大きいほど水が流れやすいことを示す。一般に粘性土は値が小さく（不透水）、砂質土、礫は大きい（透水）。

[**粒度試験**]　土を構成している土粒子の粒度分布を調べる試験。粒度試験結果より求められる**粒径加積曲線**は、透水係数の判定に用いられる。

- ふるい分析：試料をふるいの目の大きい順に通過させて、各ふるいに残った質量を測定する。0.075～75.0 mmの粒子を対象とする。
- 沈降分析：試料と水の混合水を作り、所定時間ごとに混合水の比重を測定する。重い土粒子から順に沈んでいき、比重は徐々に低くなっていく。0.075 mm未満の粒子を対象とする。

　粒径による土粒子区分（呼び名）を次表に示す。

分類	土粒子径〔mm〕
石	75.0以上
礫	75.0～2.0
砂	2.0～0.075
シルト	0.075～0.005
粘　土	0.005～0.001
コロイド	0.001以下

[**揚水試験**]　地盤の透水係数、透水量係数および貯留係数などを求める試験。揚水井と複数の観測井を用いた多孔式の現場透水試験で、揚水時の各井戸の水位の低下量および揚水停止後の水位の回復量を測定する。

[**電気検層**]　地盤の電気抵抗を測定し、地層の状況（連続性、変化）や帯水

層の分布などを推測することができる。地下水位以深の軟弱地盤から岩盤まですべての地層に適用できる。

▶ 物理試験

［ 常時微動測定 ］ ボーリング孔内に受振器を設置して、地盤の微振動を測定し、地盤の卓越周期や増幅特性を求める試験。試験結果は地盤種別の判定や模擬地震波の作成などに用いられる。常時微動とは、工事現場、交通機関、工場操業などの人工的な振動や風、波などの自然現象など不特定多数の原因により引き起こされる微小な振動をいう。

［ PS検層 ］ ボーリング孔を利用して、地盤内を伝わる弾性波（P波、S波）の深さ方向の弾性波速度分布を測定するために行う。地盤のポアソン比、ヤング率などを求めることができ、軟弱地盤から岩盤までのすべての地盤に適用できる。

4 埋戻しおよび盛土

▶ 埋戻し土

腐食土や粘性土の含有量が少なく、透水性のよい砂質土が適している。

粒子が均一となっている砂よりも適度にシルトや礫が混入している砂のほうが大きな締固め密度が得られる。

使用する埋戻し土は、必要に応じて粒度試験などを行う。

▶ 締固め

川砂および透水性のよい山砂などの場合は十分な水締めを行い、透水性の悪い山砂などや粘性土の場合は、厚さ約30cmごとにローラーやランマーなどで転圧、締固めを行う。水締めとは、水の重力による下部への浸透に伴い、土の微粒子が沈降することにより土粒子間のすき間を埋める現象を利用したものである。

土は、ある適当な含水比のときに最もよく締め固まる。このときの含水比

を最適含水比という。

　静的締固めは、タイヤローラーやロードローラーなどの重量の大きい機械が適している。動的締固めは振動を加えることにより締め固める方法で、振動ローラー、振動コンパクターなどが用いられる。機械による締固めを行う場合、盛土材料にばっ気または散水を行い、土の含水量の調整を行う。

　盛土は、敷均し機械により均一の厚さに敷き均してから締固めを行わないと将来盛土の不同沈下の原因となる。

▶ 余盛り

　埋戻しおよび盛土は、土質による沈みしろを考慮して余盛りを行う。

　余盛りの目安として、砂を用いて十分な水締めを行う場合は5～10cm程度、粘性土を用いて十分な締固めを行う場合は10～15cm程度を見込む。

▶ 型枠材の撤去

　木製型枠などの場合、撤去せずに埋戻しを行うと腐食により地盤沈下が生じる可能性がある。

5　地下水処理　　　

▶ 排水工法

　通常、透水係数が10^{-4}cm/s以上の地盤に適用され、地下水の揚水により、工事に支障のない位置まで水位を下げる工法。

［重力排水工法］　釜場工法、ディープウェル工法、明渠・暗渠工法など。

［強制排水工法］　ウェルポイント工法、バキュームディープウェル工法など。

▶ 止水工法

　根切り部の周囲に止水性の高い壁体などを構築または設置し、地下水が根

切り部内へ流入しないようにする工法。

[地盤固結工法] 薬液注入工法、凍結工法など。

[止水壁工法] 連続地中壁工法、ソイルセメント柱列壁工法、止水矢板工法など。

▶ 釜場工法

重力排水工法の1つで、根切り底面に集水ピット（釜場）を設け、集水した湧水や雨水をポンプで排水する工法。

▶ ウェルポイント工法

根切り部に沿ってウェルポイントを1～2m程度の間隔で地中に挿入し、真空吸引して地下水を汲み上げて、地下水位を下げる工法。強制排水工法の1つである。透水性の高い粗砂層から透水性の低いシルト質細砂層程度の地盤に用いられる。

▶ ディープウェル工法（深井戸工法）

掘削した深井戸内に鋼管を挿入して、井戸内に流入してきた地下水を鋼管に設置した水中ポンプにより汲み上げ排水し、周辺地盤の地下水位を下げる工法。重力排水工法の1つである。帯水層が深い場合や砂礫層の場合に適している。地下水の排水量は、初期のほうが安定期より多くなる。

▶ リチャージ工法

工事現場周辺の地盤沈下や井戸枯れなどが考えられる場合に有効で、揚水した地下水をリチャージウェル（ディープウェルと同じ構造の復水井）に入れ、排水しないで同一あるいは別の帯水層にリチャージ（還元）する工法。復水工法ともいう。

　工事中に排水の打切りを行うと、地下水が上昇する場合があるため、浮力による地下構造物の浮き上がりに対して、事前に検討しておく必要がある。

演習問題チャレンジ（章末問題）

問1 **1 山留め工事**

ソイルセメント柱列山留め壁に関する記述として、最も不適当なものはどれか。

(1) 多軸のオーガーで施工する場合、大径の玉石や礫が混在する地盤では、先行削孔併用方式を採用する。

(2) 掘削土が粘性土の場合、砂質土に比べて掘削撹拌速度を速くする。

(3) H形鋼や鋼矢板などの応力材は、付着した泥土を落とし、建込み用の定規を使用して建て込む。

(4) ソイルセメントの硬化不良部分は、モルタル充填や背面地盤への薬液注入などの処置を行う。

解説 掘削土が粘性土の場合、砂質土に比べて掘削撹拌速度を遅くする。

解答 (2)

問2 **1 山留め工事**

山留めの管理に関する記述として、最も不適当なものはどれか。

(1) 油圧式荷重計は、切梁と火打梁との交点付近を避け、切梁の中央部に設置する。

(2) 傾斜計を用いて山留め壁の変形を計測する場合には、山留め壁下端の変位量に注意する。

(3) 壁面土圧計を用いると、土圧計受圧面に集中荷重が作用して、大きな応力値を示す場合がある。

(4) 山留め壁周辺の地盤の沈下を計測するための基準点は、工事の影響を受けない付近の構造物に設置する。

問3　2　根切り工事

土工事に関する記述として、最も不適当なものはどれか。

(1)　ヒービングとは、軟弱な粘性土地盤を掘削する際に、山留め壁の背面土のまわり込みにより掘削底面の土が盛り上がる現象をいう。

(2)　盤ぶくれとは、掘削底面付近の砂地盤に上向きの水流が生じ、砂が持ち上げられ、掘削底面が破壊される現象をいう。

(3)　クイックサンドとは、砂質土のように透水性の大きい地盤で、地下水の上向きの浸透力が砂の水中での有効重量より大きくなり、砂粒子が水中で浮遊する状態をいう。

(4)　パイピングとは、水位差のある砂質地盤中にパイプ状の水みちができて、砂混じりの水が噴出する現象をいう。

問4　2　根切り工事

土工事に関する記述として、最も不適当なものはどれか。

(1)　根切り底面下に被圧帯水層があり、盤ぶくれの発生が予測されたので、ディープウェル工法で地下水位を低下させた。

(2)　ボイリング対策として、周辺井戸の井戸枯れや軟弱層の圧密沈下を検討し、ディープウェル工法で地下水位を低下させた。

(3)　床付け地盤が凍結したので、凍結した部分は良質土と置換した。

(4)　ヒービングの発生が予測されたので、ウェルポイントで掘削場内外の地下水位を低下させた。

解説　<u>ウェルポイントで掘削場内外の地下水位を低下させる方法は、ボイ
リング対策として有効である。</u>ヒービングに対しては、山留め壁の根入れ
を深くして背面土のまわり込みを抑える、山留め壁の外周地盤を減らして
背面土圧を軽減させるなどの対策が有効である。　　　　　　解答　(4)

問5 **3　地盤調査・土質試験**

　地盤調査および土質試験に関する記述として、最も不適当なものはどれ
か。

(1)　常時微動測定により、地盤の卓越周期を推定することができる。

(2)　圧密試験により、砂質土の沈下特性を求めることができる。

(3)　電気検層（比抵抗検層）により、ボーリング孔近傍の地層の変化を調査
　　することができる。

(4)　三軸圧縮試験により、粘性土のせん断強度を求めることができる。

解説　圧密試験により、<u>粘性土</u>の沈下特性を求めることができる。　解答　(2)

問6 **3　地盤調査・土質試験**

　地盤調査および土質試験に関する記述として、最も不適当なものはどれ
か。

(1)　孔内水平載荷試験により、地盤の強度および変形特性を求めることがで
　　きる。

(2)　一軸圧縮試験により、砂質土の強度と剛性を求めることができる。

(3)　原位置での透水試験は、地盤に人工的に水位差を発生させ、水位の回復
　　状況により透水係数を求めるために行う。

(4)　圧密試験は、粘性土地盤の沈下特性を把握するために行う。

解説　一軸圧縮試験は、<u>粘性土</u>の一軸圧縮強度や<u>変形係数</u>などを求めるこ
とができ、実用性の高い試験である。　　　　　　　　　　解答　(2)

埋戻しおよび盛土に関する記述として、最も不適当なものはどれか。

(1)　機械による締固めを行う場合、盛土材料にばっ気または散水を行って、含水量を調節することがある。

(2)　埋戻し土の選択にあたっては、均等係数が大きい性状のものを選んだ。

(3)　盛土材料は敷均し機械によって均等、かつ、一定の厚さに敷き均してから締固めを行わないと、将来盛土自体の不同沈下の原因となることがある。

(4)　動的な締固めはロードローラー、タイヤローラーなどの重量のある締固め機械を用いて、人為的に過圧密な状態をつくり、締め固めるものである。

解説　動的な締固めは、振動ローラーなどにより振動を与え、締め固めていく方法である。ロードローラーなどは静的な締固めに用いる。

解答　(4)

地下水処理工法に関する記述として、最も不適当なものはどれか。

(1)　釜場工法は、根切り部への浸透水や雨水を根切り底面に設けた釜場に集め、ポンプで排水する工法である。

(2)　ウェルポイント工法は、透水性の高い粗砂層から低いシルト質細砂層までの地盤に用いられる。

(3)　ディープウェル工法は、透水性の低い粘性土地盤の地下水位を低下させる場合に用いられる。

(4)　止水工法は、山留め壁や薬液注入などにより、掘削場内への地下水の流入を遮断する工法である。

解説　ディープウェル工法は透水性の高い地盤の地下水位を低下させる場合に用いられ、排水量が非常に多い場合に有効な工法である。　解答　(3)

躯体施工（3）地業工事

1 場所打ちコンクリート杭地業　出題頻度 ★★★

▶ 施工法の種類と概要

【アースドリル工法】　孔壁保護を施しながら、ドリリングバケットを回転させて地盤の掘削および土砂の排出を行い、掘削完了後に鉄筋かごを建て込み、トレミー管を用いてコンクリートを打設して杭を構築する。コンクリート打設中は、原則としてトレミー管の先端はコンクリート内に2m以上挿入しておく。

　孔壁保護として表層部はケーシングを用い、ケーシング以深はベントナイト溶液などの安定液を用いる。安定液は、孔壁保護および比重の範囲でできるだけ低粘性のものを使用する。ただし、安定液の粘性は繰返し使用することにより低くなりやすいので、作液粘性は必要粘性より高くするなどの対処が必要となる。

　粒径が10cm以上の礫が混じる地層では掘削が困難である。

【オールケーシング工法】　ケーシングを揺動圧入しながら、ケーシング内の土砂をハンマーグラブを用いて掘削および排出し、掘削完了後に鉄筋かごを建て込み、ケーシングを引き抜きながらトレミー管を用いてコンクリートを打設して杭を構築する。コンクリート打設中は、原則としてケーシングおよびトレミー管の先端はコンクリート内に2m以上挿入しておく。軟弱な粘性土地盤ではヒービング防止として、ケーシングの先行量を多くする。砂質地盤や砂礫地盤ではボイリングが起こりやすいので、孔内水位を地下水位より高く保って掘削を行う。

【リバースサーキュレーション工法】　水圧により孔壁保護を行い、回転ビットを緩やかに回転させて掘削を行う。掘削土は孔内水とともにサクションポンプなどにより地上に汲み上げられ（逆循環方式）、沈殿槽で分離される。土砂と分離した水は繰返し使用する。表層部の孔壁保護のため、掘削孔頭部

にスタンドパイプを建て込む。孔壁の崩壊防止として、孔内水位は地下水位より2m以上高く保つ。一般的に清水を使用するが、土質状況により安定液を使用する。大口径、大深度掘削が可能である。

［深礎工法］ 主に人力により掘削を行う工法で、波形鉄板と鋼製リングで孔壁を保護（土留め）し、孔内にて鉄筋を組み立て、コンクリートを打設して杭を構築する。コンクリートの打設は、コンクリートの分離防止としてコンクリートの自由落下高さを2m以下に保つ。作業中は十分な換気や酸素濃度の測定などを行い、酸欠に注意する。

▶ スライム処理

［スライム］ 杭孔掘削により排土しきれずに孔底に沈殿した土砂（崩落土、泥水中の土砂）。スライムが残っていると、杭先端の有効断面積の不足やコンクリートと混ざることにより、コンクリート強度の低下が生じ、杭体の支持力の低下などの悪影響を及ぼす原因となる。スライムは必ず除去しなければならない。

［スライム処理］

- 1次スライム処理：掘削完了後、鉄筋かごの建込み前にバケットなどにより底ざらいを行う。
- 2次スライム処理：鉄筋かご建て込み後、コンクリート打設前に水中ポンプなどでスライムを除去する。

工法	次数	処理法
アースドリル工法	1次	底ざらいバケット（杭径－10cm）により除去。孔壁が崩壊しないよう昇降は緩やかに行う。
	2次	トレミー管に接続したポンプによりスライムを吸い上げるエアリフト方式などにより除去。
オールケーシング工法	1次	ハンマーグラブで静かに底ざらいを行う。スライムが多いときは、ハンマーグラブで底ざらいを行い、さらにスライムバケットで除去する。
	2次	スライムが多いときは、エアリフト方式などにより除去する。
リバースサーキュレーション工法	1次	孔内水の循環によりスライム沈積量を少なくする。
	2次	トレミー管とサクションポンプなどにより除去。

▶ 鉄筋の加工

場所打ちコンクリート杭の総主筋断面積は、杭実断面積の0.4%以上とする。主筋と帯筋の組立ては、原則として鉄線により結束する。帯筋の継手は、片面10d以上のフレアー溶接とする。かぶり厚さは6cm以上とするが、円形断面の場合は、通常10cm以上必要。

杭の長さが設計図と異なった場合の長さ調整は、最下段の鉄筋かごで調整を行う。鉄筋かごは杭孔の中心に合わせて、建込み時の孔壁の崩落がないように鉛直性を確保しながら挿入する。

▶ コンクリート

原則として、温度補正は行わない。

杭に使用するコンクリートの調合（特記のない場合）は次表の条件および JASS5「鉄筋コンクリート工事」による（JASS4）。

項目	調合条件（構造図に特記のない場合）		
所要スランプ	調合管理強	$<33\,N/mm^2$	21 cm以下
		$\geq 33\,N/mm^2$	23 cm以下
水セメント比	60%以下		
単位セメント量	空気中で打込み		$270\,kg/m^3$以上
	水中で打込み（安定液、泥水、清水など）		$330\,kg/m^3$以上
単位水量	$200\,kg/m^3$		
所要空気量	4.5%		

杭頭部の余盛り高さは、一般に孔内水がない場合で50cm以上、孔内水がある場合は80～100cm程度としている。

空掘り部は放置しておくと、地盤の崩落、人や機械の落下・転倒の原因となるため埋め戻しを行う。埋め戻し材料は、掘削土のうち砂か礫などの良質土を用いるのが一般的である。

空掘り部分の埋め戻しは、コンクリート打設の翌日以降で、杭頭のコンクリートが初期硬化してから行う。打設直後に埋め戻しを行うと杭頭部に悪影響を及ぼす。

2 既製コンクリート杭地業 出題頻度 ★★★

　地業とは建物の荷重を地盤に伝達する部分、基礎スラブ下部に設けた敷砂利、割栗および杭などをいう。

施工法

[打込み工法]　打撃により杭先端を支持層まで到達させる工法。打込みに伴い騒音や振動が大きいので、市街地には適さない。打撃工法、プレボーリング併用打撃工法がある。

[埋込み工法]　所定の位置にアースオーガーで先行掘削した孔に杭を設置する工法。プレボーリング工法（セメントミルク工法）、中掘り工法、回転圧入工法がある。

打撃工法

　既製杭をディーゼルハンマーやドロップハンマーを使用して、打撃により所定の位置および深度に打ち込む工法。支持力の確認が容易である。

埋込み工法

[プレボーリング工法（セメントミルク工法）]　一般的に用いられる杭径および施工深度は300〜600mm、30m程度である。掘削する孔の径は杭径＋100mm程度とし、掘削速度は土質に適した速度で行う。掘削中にオーガーに逆回転を加えるとオーガーに付着した土砂が落下するため、掘削時、引上げ時ともに正回転とする。掘削中は孔壁の崩壊防止のため、安定液（ベントナイト）をオーガー先端から噴出させながら掘削する。掘削が所定の深さに達したら、オーガー先端からの噴出を根固め液（セメントミルク）に切り替

え、所定量を注入後、杭周固定液を注入しながらオーガーをゆっくり引き上げる。根固め液の4週強度は20N/mm²、杭周固定液は0.5N/mm²以上とする。掘削終了後、掘削孔に杭を鉛直性を確保しながら建て込む。建て込み速度が速いと孔壁の崩壊の原因となるので、静かに挿入する。杭が所定の深度（支持地盤）に達したら、杭先端を根固め液中に貫入させるためドロップハンマーで軽打または圧入する。支持層が深く、杭を継ぐ必要がある場合は、下杭の杭頭部を地上1m程度残し、上杭建込み後、継手の溶接（アーク溶接）を行う。溶接を行わない継手の方法として接続金物によるねじ式、機械式などの無溶接継手がある。地震時に引抜力が作用する杭の場合、無溶接継手の使用ができない場合がある。上下の杭軸が一直線となるように上杭を建て込み、仮付け溶接を行い、溶接長さは40mm以上とする。継手部の開先の目違い量は2mm以下とし、許容できるルート間隔は最大で4mm以下とする。継手の溶接は、所定の技能資格取得者が行うものとする。降雨時、強風（10m/s以上）時、降雪時および気温が0℃以下の場合に溶接を行ってはならない。根固め液の強度試験用の供試体は標準養生とする。

［中掘り工法］ 先端開放の杭の中空部にオーガーなどを挿入し、杭先端部の地盤を掘削しながら杭を圧入していく工法。一般に杭径500mm以上の杭施工に用いられている。支持層に1.0〜1.5m程度打ち込むか、根固め液（セメントミルク）を注入し、杭と一体化し支持力を確保する。杭がケーシングの役割を兼用できるので崩壊しやすい地盤でも孔壁保護の必要がないが、先掘り長さを大きくとりすぎると、周辺地盤を緩めることになるため、長さ調整が必要となる。特に砂質地盤の場合は緩みが激しいので先掘り長さは少なくする。

［回転圧入工法］ 杭先端にオーガーヘッド兼用の金物を取り付け、杭を回転させて圧入する工法。圧入を容易にするため、先端から水などを噴出させる。先端は、セメントミルクによる根固めとするのが一般的である。

▶ PHC杭などの杭頭部切断

プレストレスの導入されたPHC杭などで、高止まりにより杭頭部を切断する場合、切断面から350mm程度までの範囲はプレストレスが減少しているため、補強を行わなければならない。

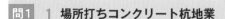

問1 **1 場所打ちコンクリート杭地業**

場所打ちコンクリート杭地業に関する記述として、最も不適当なものはどれか。

(1) リバース工法における2次孔底処理は、一般にトレミー管とサクションポンプを連結し、スライムを吸い上げて排出する。

(2) オールケーシング工法における孔底処理は、孔内水がない場合やわずかな場合にはハンマーグラブにより掘りくずを除去する。

(3) 杭頭部の余盛り高さは、孔内水がない場合は50cm以上、孔内水がある場合は80〜100cm程度とする。

(4) アースドリル工法における鉄筋かごのスペーサーは、D10以上の鉄筋を用いる。

> 解説 アースドリル工法における鉄筋かごのスペーサーは、鋼板（フラットバー）を加工して用いる。鉄筋を使用したスペーサーでは孔壁に食い込んでかぶり厚さが不足したり、孔壁を損傷するおそれがある。 解答 (4)

問2 **1 場所打ちコンクリート杭地業**

アースドリル工法による場所打ちコンクリート杭地業に関する記述として、最も不適当なものはどれか。

(1) 掘削終了後、鉄筋かごを建て込む前に1次孔底処理を行い、有害なスライムが残留している場合には、コンクリートの打込み直前に2次孔底処理を行う。

(2) 安定液は、必要な造壁性があり、できるだけ高粘性、高比重のものを用いる。

(3) 掘削深さの確認は、検測器具を用いて孔底の2か所以上で検測する。

(4)　地下水がなく孔壁が自立する地盤では、安定液を使用しないことができる。

解説　安定液は必要な造壁性があり、できるだけ<u>低粘性</u>、<u>低比重</u>のものを用いる。　　　　　　　　　　　　　　　　　　　　　　　　　解答　(2)

問3　2　既製コンクリート杭地業

既製コンクリート杭の施工に関する記述として、最も不適当なものはどれか。

(1)　砂質地盤における中掘り工法の場合、先掘り長さを杭径よりも大きくする。
(2)　現場溶接継手を設ける場合、原則としてアーク溶接とする。
(3)　現場溶接継手を設ける場合、許容できるルート間隔を4mm以下とする。
(4)　PHC杭の頭部を切断した場合、切断面から350mm程度まではプレストレスが減少しているため、補強を行う必要がある。

解説　中掘り工法の場合、先掘り長さが過大になると周辺地盤を緩めてしまうので、先掘り長さの管理が重要となる。<u>砂質地盤</u>における中掘り工法の場合は、地盤の緩みが激しいので先掘り長さは<u>杭径以内</u>とする。　　　　　　　　　　　　　　　　　　　　　　　　　　解答　(1)

問4　2　既製コンクリート杭地業

既製コンクリート杭の施工に関する記述として、最も不適当なものはどれか。

(1)　荷降ろしのため杭を吊り上げるときは、安定するよう杭の両端の2点を支持して吊り上げるようにする。
(2)　セメントミルク工法において、アースオーガーを引き上げる際には、負圧によって地盤をゆるめないように行う。

(3) 杭に現場溶接継手を設ける際には、原則としてアーク溶接とする。

(4) セメントミルク工法において、アースオーガーは掘削時および引上げ時とも正回転とする。

解説　荷降ろしのため杭を吊り上げるときは、曲げモーメントが最小となる位置（杭の両端から杭長の1/5程度の位置）付近の2点（支持点）を支持して吊り上げるようにする。支持点を大きく外れた位置で杭を吊り上げると、杭体の損傷などの要因となるので十分注意する。　　　　　解答　(1)

躯体施工 (4) 鉄筋工事

1 鉄筋の加工・組立て

出題頻度 ★★

▶ 鉄筋の種類

鉄筋は、JIS G 3112 に適合するものを使用する (JASS5)。JIS G 3112は 2020年4月の改正により、従来のSD295Bが廃止され、SD295AがSD295に 変更された。

規格番号	名称	区分、種類		降伏点または0.2%耐力〔N/mm²〕	引張強さ〔N/mm²〕	径または呼び名
JIS G 3112	鉄筋コンクリート用棒鋼	丸鋼	SR235	235以上	380〜520	9φ, 13φ, 16φ, 19φ, 22φ, 25φ, 28φ, 32φ
			SR295	295以上	440〜600	
		異形棒鋼	SD295	295以上	440〜600	D6, D10, D13, D16, D19, D22, D25, D29, D32, D35, D38, D41, D51
			SD345	345〜440	490以上	
			SD390	390〜510	560以上	
			SD490	490〜625	620以上	
JIS G 3551	溶接金網および鉄筋格子					

▶ 鉄筋の加工

鉄筋は、断面欠損、ひび割れ、過度のさびなどの損傷および有害な曲りなどがあるものは使用してはならない、かつ、与えてもならない。

鉄筋の折曲げ加工は冷間加工とする。鉄筋の切断は加工図の所定寸法とし、一般的にシヤーカッターや電動カッターなどにより行う。

以下の鉄筋末端部にはフックを設ける。

- 丸鋼
- あばら筋、帯筋
- 柱および梁 (基礎梁を除く) の出隅部の鉄筋
- 煙突の鉄筋

項目			符号	許容差〔mm〕
各加工寸法*	主筋	D25以下	a, b	±15
		D29以上D41以下	a, b	±20
	あばら筋・帯筋・スパイラル筋		a, b	±5
加工後の全長			l	±20

*各加工寸法および加工後の全長の測り方の例を次図に示す。

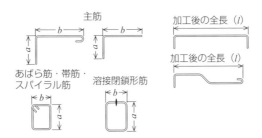

出典：JASS5

鉄筋の折曲げ加工は下表の形状、寸法による。

図	折曲げ角度	鉄筋の種類	鉄筋の径による区分	鉄筋の折曲げ内径直径（D）
180°　　余長4d以上	180° 135° 90°	SR235 SR295 SD295 SD345	16φ以下 D16以下	3d以上
135°　　余長6d以上			19φ D19～D41	4d以上
		SD390	D41以下	5d以上
90°　　余長8d以上	90°	SD490	D25以下	
			D29～D41	6d以上

[注] (1) dは、丸鋼では径、異形鉄筋では呼び名に用いた数値とする。

(2) スパイラル筋の重ね継手部に90°フックを用いる場合は、余長は12d以上とする。

(3) 片持ちスラブ先端、壁筋の自由端側の先端で90°フックまたは180°フックを用いる場合は、余長は4d以上とする。

(4) スラブ筋、壁筋には、溶接金網を除いて、丸鋼を使用しない。

(5) 折曲げ内法直径を上表の数値よりも小さくする場合は、事前に鉄筋の曲げ試験を行い、支障ないことを確認したうえで、工事管理者の承認を得ること。

(6) SD490の鉄筋を90°を超える曲げ角度で折曲げ加工する場合は、事前に鉄筋の曲げ試験を行い、支障ないことを確認したうえで、工事監理者の承認を得ること。

出典：日本建築学会 編著：建築工事標準仕様書・同解説 鉄筋コンクリート工事、丸善出版 (2015)、p.313

▶ 鉄筋の組立て

　鉄筋は、雨露などにさらされず、ごみなどが付着しないようにし、種類、径および長さごとに整頓して保管する。直接地上には置いてはならない。

　鉄筋は組立てに先立ち、コンクリートとの付着の妨げとなるものは除去する（浮き錆、油、土、ごみなど）。

　鉄筋の結束には、なまし鉄線（0.8〜0.85mm程度のもの）を使用する。太い鉄筋の場合は、なまし鉄線を何本か束ねて用いるか、2〜3mm程度のものを使用する。

　結束線の端部は、かぶり厚さの確保および腐食や危険防止のため部材内部側に折り曲げる。

　点付け溶接は、鉄筋を硬化させ、曲げ加工時にひび割れが起こるなどの障害があるので禁止されている。

　鉄筋のあき寸法は、鉄筋とコンクリートの付着による応力伝達やコンクリート打設時の密実性（コンクリートを分離させない）などを考慮して過小にならないようにする。

　上下階で柱の断面が異なる場合、柱主筋の折り曲げは、梁成の範囲で折り曲げる。上下階で断面の差が大きい場合は、折り曲げの角度が急になるので協議が必要となる。

　壁の開口補強筋は、ダブル配筋の場合は壁筋の内側に配筋する。

　スペーサー、バーサポートの材質は下記とする。

- 鉄筋を安全に支持し、変形、破壊しないで、コンクリートと同等以上の耐久性を有するものとする。
- 原則として鋼製あるいはコンクリート製とする。梁、柱、基礎梁、壁、地下外壁の側面に限り、プラスチック製を用いてもよい。

　交差する鉄筋相互は一般に次の位置で結束する。

- 帯筋、あばら筋は四隅の交点で全数を結束し、その他の交点では半数以上を結束する。
- スラブ筋、壁筋は交点の半数以上を結束する。

　一般スラブの開口補強は、開口により切断された鉄筋と同量以上の鉄筋により各方向の開口周囲を補強し、一辺が500mm程度以上の開口部の場合は斜め補強筋を配筋する。斜め補強筋を配筋する場合は、スラブの上下主筋の

内側に配筋する。

鉄筋の間隔・あきの最小寸法は次表のとおりとする。

鉄筋の種類		あき	間隔
異形鉄筋	←間隔→ D あき D	・呼び名の数値の1.5倍 ・粗骨材最大寸法の1.25倍 ・25mm 　のうち最も大きい数値	・呼び名に用いた数値の1.5倍＋最外径 ・粗骨材最大寸法の1.25倍＋最外径 ・25mm＋最外径 　のうち最も大きい数値
丸鋼	←間隔→ d あき d	・鉄筋径の1.5倍 ・粗骨材最大寸法の1.25倍 ・25mm 　のうち最も大きい数値	・鉄筋径の2.5倍 ・粗骨材最大寸法の1.25倍＋鉄筋径 ・25mm＋鉄筋径 　のうち最も大きい数値

D：鉄筋の最外径、d：鉄筋径

出典：JASS5

2　鉄筋の継手・定着　　　出題頻度 ★★★

● 鉄筋の継手（重ね継手）

鉄筋の継手位置は、原則として応力の小さい箇所に設ける。

原則として、D35以上の異形鉄筋には重ね継手は設けない。

直径の異なる鉄筋どうしの重ね継手長さは、細いほうの径による。

フック付きの重ね継手長さは、折曲げ開始点間の距離とする。

大梁の継手位置は、原則として応力の小さい箇所に設ける。大梁の下端筋の継手の中心位置は、大地震時の鉄筋の降伏を考慮して、柱面から梁成以上離した位置とする。

壁縦筋の配筋において、下階からの壁縦筋がずれた場合は、下階の鉄筋を無理に曲げず、あき重ね継手とする。

重ね継手は、水平、上下いずれの重ね継手としてもよいが、帯筋やあばら筋と主筋にあきができたり、かぶり厚さが確保できない場合があるので注意が必要である。

異形鉄筋の重ね継手長さ (L_1, L_{1h}) を次表に示す。

コンクリートの設計基準強度〔N/mm²〕	SD295	SD345	SD390	SD490
18	45dまたは35dフック付	50dまたは35dフック付	—	—
21	40dまたは30dフック付	45dまたは30dフック付	50dまたは35dフック付	—
24〜27	35dまたは25dフック付	40dまたは30dフック付	45dまたは35dフック付	55dまたは40dフック付
30〜36	35dまたは25dフック付	35dまたは25dフック付	40dまたは30dフック付	50dまたは35dフック付
39〜45	30dまたは20dフック付	35dまたは25dフック付	40dまたは30dフック付	45dまたは35dフック付
48〜60	30dまたは20dフック付	30dまたは20dフック付	35dまたは25dフック付	40dまたは30dフック付

＊d：異形鉄筋の径

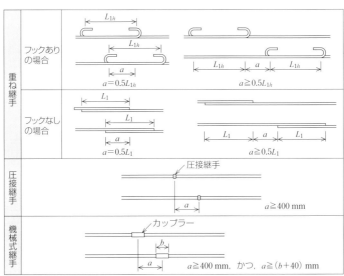

L_1：フックなしの場合の継手長さ
L_{1h}：フックありの場合の継手長さ
a：継手相互のずらし寸法（最小値）

● 継手の位置

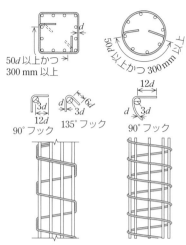

50d以上かつ
300 mm 以上

50d以上かつ 300mm 以上

12d
3d
90°フック

d 6d
3d
135°フック

12d
d 3d
90°フック

● スパイラル筋の末端の重ね継手（出典：JASS5）

鉄筋の定着

［小梁・スラブの下端筋以外の定着長］ 異形鉄筋の定着長さ (L_2, L_{2h}) を次表に示す。

コンクリートの設計基準強度〔N/mm²〕	SD295	SD345	SD390	SD490
18	40dまたは30dフック付	40dまたは30dフック付	―	―
21	35dまたは25dフック付	35dまたは25dフック付	40dまたは30dフック付	―
24〜27	30dまたは20dフック付	35dまたは25dフック付	40dまたは30dフック付	45dまたは35dフック付
30〜36	30dまたは20dフック付	30dまたは20dフック付	35dまたは25dフック付	40dまたは30dフック付
39〜45	25dまたは15dフック付	30dまたは20dフック付	35dまたは25dフック付	40dまたは30dフック付
48〜60	25dまたは15dフック付	25dまたは15dフック付	30dまたは20dフック付	35dまたは25dフック付

d：異形鉄筋の径

L_2：フックなしの場合の定着長さ

L_{2h}：フックありの場合の定着長さ

[小梁・スラブの下端筋の定着長] 異形鉄筋の定着長さ（L_3, L_{3h}）を次表に示す。

コンクリートの設計 基準強度〔N/mm²〕	鉄筋の種類	フックなし（L_3）		フックあり（L_{3h}）	
		小梁	スラブ	小梁	スラブ
18〜60	SD295 SD345 SD390	$20d$	$10d$かつ 150mm以上	$10d$	—

＊d：異形鉄筋の径

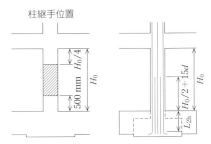

● 柱筋の継手の位置および定着

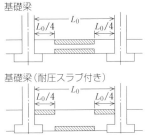

● 基礎梁筋の継手の位置

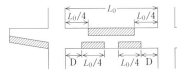

● 梁（一般）の継手の範囲

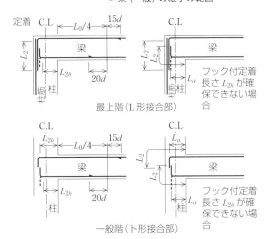

● 梁筋の継手の位置および定着

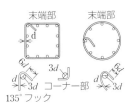

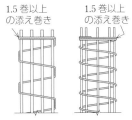

● スパイラル筋の末端の定着
出典：JASS5

［大梁主筋の定着］

- 大梁下端主筋の柱内定着は、原則、曲げ上げ定着とする。
- 大梁主筋を柱内に90°折り曲げ定着する場合は、仕口面から投影定着長さを柱せいの3/4倍以上としなければならない。

3 ガス圧接

▶ 圧接技量資格者

技能資格	圧接作業可能範囲	
	種類	鉄筋径
1種	SR235、SR295 SD295 SD345、SD390 SD490（3種または4種で可能）	25φ以下およびD25以下
2種		32φ以下およびD32以下
3種		38φ以下およびD38以下
4種		50φ以下およびD51以下

＊SD490を圧接する場合は、施工前試験が必要。

▶ ガス圧接

ガス圧接部は、鉄筋母材と同等以上の強度とする。

圧接器に鉄筋を取り付ける際は、鉄筋突合せ面のすき間を鉄筋径にかかわらず2mm以下とし、なるべく密着させる。

圧接する鉄筋の径の差が大きいと、相互の鉄筋の温度上昇の差により不良圧接になる危険性がある。鉄筋径の差が7mmを超える場合は、圧接をしてはならない。

ガス圧接では、鉄筋径の1～1.5倍のアップセット（短縮）が生じるので、あらかじめ鉄筋の縮み代を見込んで加工する。

圧接端面の加工を圧接作業の当日以前に行う場合は、端面保護剤を使用する。

ガス圧接部の外観は次のとおりとする。

- ふくらみの直径：鉄筋径の1.4倍以上。径の異なる場合は、小さいほうの鉄筋径とする。
- ふくらみの長さ：鉄筋径の1.1倍以上。

- 圧接面のずれ：鉄筋径の1/4以下。1/4以上になると十分な強度が確保できない場合がある。
- 鉄筋中心軸の偏心量：鉄筋径の1/5以下。
- 圧接部の折曲がり：2°以下。

隣り合う圧接部は、400 mm以上離す。

鉄筋の圧接部は、圧接端面が密着するまで還元炎で加熱し、その後は中性炎で加熱する。

SD490の圧接を行う場合は、上限圧および下限圧の設定ができる機能を有した加圧器を用いなければならない。

4 鉄筋のかぶり厚さ

出題頻度 ★ ★ ★

▶ 最小かぶり厚さ

部材の種類		短期〔mm〕	標準・長期〔mm〕		超長期〔mm〕	
		屋内・屋外	屋内	屋外*2	屋内	屋外*2
構造部材	柱・梁・耐力壁	30	30	40	30	40
	床スラブ・屋根スラブ	20	20	30	30	40
非構造部材	構造部材と同等の耐久性を要求する部材	20	20	30	30	40
	計画供用期間中に維持保全を行う部材*1	20	20	30	(20)	(30)
直接土に接する柱・梁・壁・床および布基礎の立上り部		40				
基礎		60				

＊1　計画供用期間の級が超長期で計画供用期間中に維持保全を行う部材では、維持保全の周期に応じて定める。

＊2　計画供用期間の級が標準および長期で、耐久性上有効な仕上げを施す場合は、屋外側では、最小かぶり厚さを10mm減じることができる。

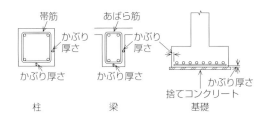

出典：JASS5

● 最小かぶり厚さ

● 設計かぶり厚さ

部材の種類		短期〔mm〕	標準・長期〔mm〕		超長期〔mm〕	
		屋内・屋外	屋内	屋外[*2]	屋内	屋外[*2]
構造部材	柱・梁・耐力壁	40	40	50	40	50
	床スラブ・屋根スラブ	30	30	40	40	50
非構造部材	構造部材と同等の耐久性を要求する部材	30	30	40	40	50
	計画供用期間中に維持保全を行う部材[*1]	30	30	40	(30)	(40)
直接土に接する柱・梁・壁・床および布基礎の立上り部		50				
基礎		70				

＊1 計画供用期間の級が超長期で計画供用期間中に維持保全を行う部材では、維持保全の周期に応じて定める。
＊2 計画供用期間の級が標準および長期で、耐久性上有効な仕上げを施す場合は、屋外側では、設計かぶり厚さを10mm減じることができる。
出典：JASS5

 ワンポイントアドバイス
杭基礎における基礎ベース筋のかぶり厚さは、杭天端からとする。

5 機械式継手

出題頻度 ★★★

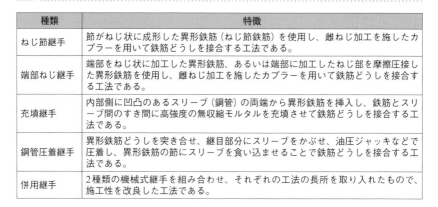

種類	特徴
ねじ節継手	節がねじ状に成形した異形鉄筋（ねじ節鉄筋）を使用し、雌ねじ加工を施したカプラーを用いて鉄筋どうしを接合する工法である。
端部ねじ継手	端部をねじ状に加工した異形鉄筋、あるいは端部に加工したねじ部を摩擦圧接した異形鉄筋を使用し、雌ねじ加工を施したカプラーを用いて鉄筋どうしを接合する工法である。
充填継手	内部側に凹凸のあるスリーブ（鋼管）の両端から異形鉄筋を挿入し、鉄筋とスリーブ間のすき間に高強度の無収縮モルタルを充填させて鉄筋どうしを接合する工法である。
鋼管圧着継手	異形鉄筋どうしを突き合せ、継目部分にスリーブをかぶせ、油圧ジャッキなどで圧着し、異形鉄筋の節にスリーブを食い込ませることで鉄筋どうしを接合する工法である。
併用継手	2種類の機械式継手を組み合わせ、それぞれの工法の長所を取り入れたもので、施工性を改良した工法である。

演習問題チャレンジ（章末問題）

問1　1　鉄筋の加工・組立て

鉄筋の加工および組立てに関する記述として、最も不適当なものはどれか。ただし、d は異形鉄筋の呼び名の数値とする。

(1) D16の鉄筋相互のあき寸法の最小値は粗骨材の最大寸法が20 mmのため、25 mmとした。

(2) 一般スラブに使用するSD295の鉄筋の末端部を90°フックとするので、その余長を $6d$ とした。

(3) 同一径のSD295とSD345の鉄筋を135°に折り曲げる際、内法直径の最小値を同じ値とした。

(4) 一般スラブに設ける一辺が500 mm程度の開口部補強は、開口によって切断される鉄筋と同量の鉄筋で周囲を補強し、斜め補強筋を配した。

解説　一般スラブに使用するSD295の鉄筋の末端部を90°フックとする場合は余長を $8d$ 以上とする。鉄筋の折曲げ加工で余長を $6d$ 以上とできるのは135°フックとした場合である。　　　　　　　解答　(2)

問2　2　鉄筋の継手・定着

異形鉄筋の継手および定着に関する記述として、最も不適当なものはどれか。

(1) 梁の主筋を柱内に折曲げ定着とする場合、仕口面からの投影定着長さは、柱せいの3/4倍以上とする。

(2) D35以上の鉄筋には、原則として、重ね継手を用いない。

(3) 大梁主筋にSD390を用いる場合のフック付き定着の長さは、同径のSD345を用いる場合と同じである。

(4) 腹筋に継手を設ける場合の継手長さは、150 mm程度とする。

問3　2　**鉄筋の継手・定着**

鉄筋コンクリート構造の配筋に関する記述として、最も不適当なものはど れか。

(1)　径の異なる鉄筋を重ね継手とする場合、重ね継手長さは細いほうの径に より算定する。

(2)　壁縦筋の配筋間隔が下階と異なる場合、重ね継手は鉄筋を折り曲げずに あき重ね継手とすることができる。

(3)　180°フック付き重ね継手とする場合、重ね継手の長さはフックの折曲 げ開始点間の距離とする。

(4)　梁主筋を柱にフック付き定着とする場合、定着長さは鉄筋末端のフック を含めた長さとする。

問4　2　**鉄筋の継手・定着**

異形鉄筋の継手および定着に関する記述として、最も不適当なものはどれ か。ただし、*d*は異形鉄筋の呼び名の数値とする。

(1)　梁の主筋を重ね継手とする場合、水平重ね、上下重ねのいずれでもよ い。

(2)　一般階における四辺固定スラブの下端筋の直線定着長さは、10*d*以上、 かつ、150mm以上とする。

(3)　梁の主筋を重ね継手とする場合、隣り合う鉄筋の継手中心位置は、重ね 継手長さの1.0倍ずらす。

(4)　柱頭および柱脚のスパイラル筋の末端の定着は、1.5巻以上の添巻きとする。

> 解説　梁の主筋を重ね継手とする場合、隣り合う鉄筋の継手中心位置は、重ね継手長さの0.5倍または1.5倍以上ずらす。1.0倍ずらした場合、隣り合う継手部の鉄筋端部が同位置に並ぶことになり、ひび割れの原因となる。　　　　　　　　　　　　　　　　　　　　　　　　　　　　解答　(3)

問5　3　ガス圧接

鉄筋のガス圧接に関する記述として、最も不適当なものはどれか。

(1)　SD345のD29を手動ガス圧接で接合するために必要となる資格は、日本産業規格（JIS）に基づく技量資格1種である。
(2)　径の異なる鉄筋のガス圧接部のふくらみの直径は、細いほうの径の1.4倍以上とする。
(3)　SD490の圧接に用いる加圧器は、上限圧および下限圧を設定できる機能を有するものとする。
(4)　圧接継手において考慮する鉄筋の長さ方向の縮み量は、鉄筋径の1.0～1.5倍である。

> 解説　SD345のD29を手動ガス圧接で接合するために必要となる資格は、JISに基づく技量資格2種以上である。技量資格1種で作業が可能となる鉄筋径は、径が25mm以下の丸鋼およびD25以下の異形鉄筋である。また、鉄筋の材質がSD490の場合は技量資格が3種または4種でなければ圧接作業を行うことができず、施工前試験が必要となる。　　　　　　　解答　(1)

問6　3　ガス圧接

鉄筋のガス圧接に関する記述として、最も不適当なものはどれか。ただし、鉄筋の種類はSD490を除くものとする。

解答　解答（3）

問5 ガス圧接

鉄筋のガス圧接に関する記述として、最も不適当なものはどれか。

(1) SD345のD29を手動ガス圧接で接合するために必要となる資格は、日本産業規格（JIS）に基づく技量資格1種である。
(2) 径の異なる鉄筋のガス圧接部のふくらみの直径は、細いほうの径の1.4倍以上とする。
(3) SD490の圧接に用いる加圧器は、上限圧および下限圧を設定できる機能を有するものとする。
(4) 圧接継手において考慮する鉄筋の長さ方向の縮み量は、鉄筋径の1.0〜1.5倍である。

解説 SD345のD29を手動ガス圧接で接合するために必要となる資格は、JISに基づく技量資格2種以上である。技量資格1種で作業が可能となる鉄筋径は、径が25mm以下の丸鋼およびD25以下の異形鉄筋である。また、鉄筋の材質がSD490の場合は技量資格が3種または4種でなければ圧接作業を行うことができず、施工前試験が必要となる。 解答 (1)

問6 ガス圧接

鉄筋のガス圧接に関する記述として、最も不適当なものはどれか。ただし、鉄筋の種類はSD490を除くものとする。

(1) 同一径の鉄筋の圧接部のふくらみの長さは、鉄筋径の1.1倍以上とする。

(2) 同一径の鉄筋の圧接部のふくらみの直径は、鉄筋径の1.4倍以上とする。

(3) 圧接端面の加工を圧接作業の当日より前に行う場合は、端面保護剤を使用する。

(4) 鉄筋の圧接部の加熱は、圧接端面が密着するまでは中性炎で行い、その後は還元炎で行う。

解説 鉄筋の圧接部の加熱は圧接端面が密着するまでは還元炎で行い、その後は中性炎で行う。 解答 (4)

<hr>

問7 **4 鉄筋のかぶり厚さ**

普通コンクリートを用いる構造部材における鉄筋のかぶり厚さに関する記述として、最も不適当なものはどれか。

(1) 設計かぶり厚さは、最小かぶり厚さに10mm程度を加えたものとする。

(2) 屋内の梁の最小かぶり厚さは仕上げの有無にかかわらず30mmとする。

(3) 直接土に接する部分の床スラブの最小かぶり厚さは、30mmとする。

(4) 杭基礎の基礎筋（ベース筋）の最小かぶり厚さは、杭天端から確保する。

解説 直接土に接する柱、梁、壁、床および布基礎の立上り部の最小かぶり厚さは40mmである。 解答 (3)

<hr>

問8 **5 機械式継手**

鉄筋の機械式継手に関する記述として、最も不適当なものはどれか。

(1) ねじ節継手とは、鉄筋表面の節がねじ状に熱間成形されたねじ節鉄筋を使用し、雌ねじ加工されたカップラーを用いて接合する工法である。

(2) 充填継手とは、異形鉄筋の端部に鋼管（スリーブ）をかぶせた後、外側

から加圧して鉄筋表面の節にスリーブを食い込ませて接合する工法である。

(3) 端部ねじ継手とは、端部をねじ加工した異形鉄筋、あるいは加工したねじ部を端部に圧接した異形鉄筋を使用し、雌ねじ加工されたカップラーを用いて接合する工法である。

(4) 併用継手とは、2種類の機械式継手を組み合わせることでそれぞれの長所を取り入れ、施工性を改良した工法である。

解説　充填継手は内側に凹凸のある鋼管（スリーブ）の両側から異形鉄筋を挿入し、スリーブ内に高強度の無収縮モルタルなどを充填させて、鉄筋どうしを接合する工法。異形達筋の端部に鋼管（スリーブ）をかぶせた後、外側から加圧して鉄筋表面の節にスリーブを食い込ませて接合する工法は鋼管圧着継手である。　　　　　　　　　　　　　　　　　解答　(2)

第12章 躯体施工（5）型枠工事・コンクリート工事

1 型枠工事

出題頻度 ★★☆

　型枠は、コンクリートに直接接するせき板とせき板を支持する支保工からなり、セパレーターや締付け金物などで相互を緊結する。

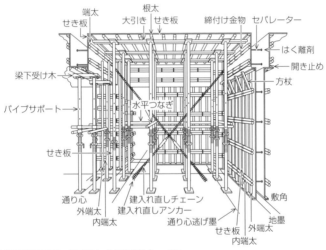

出典：建築工事監理指針，社団法人 公共建築協会，p.384

● 一般的な型枠構成例（型枠の設計・施工指針案より）

▶ 型枠の品質・材料

　型枠の材料と工法は、コンクリート自重、施工時の荷重や振動、風などによる側圧に対し十分な強度と剛性をもつものとする。

　コンクリートを所要の形状、寸法および位置に成形できるものでなければならない。コンクリートの仕上り面が平滑で、目違いが許容の範囲内になるような材料や工法を選択する。コンクリートの養生を阻害するものであってはならない。

型枠の材料	特徴
せき板	せき板に用いる合板は、「合板の日本農林規格」の規定によるものとする。 せき板に用いる木材は、コンクリートの表面硬化不良の防止として、できるだけ直射日光にさらされないようシートなどを用いて保護する。 透水型枠は、打ち込まれたコンクリートの余剰水を排水でき、コンクリートの表層部をち密にする。透水型枠を使用する際には、耐久性向上に有効であることを確認する。 打込み型枠は、コンクリートと一体化し、仕上げまたは下地を兼ねる。中性化の抑制・遮塩性など耐久性向上に有効であるが、外力や温湿度変動によるはく落防止対策が必要である。
セパレーター	型枠の間隔を確保するための型枠緊張材（鉄筋）。 型枠撤去後にコンクリート表面に露出しているセパレーターの先端（ねじ部）はハンマーで叩いて除去する。
フォームタイ	型枠の締付け金具で、向かい合う型枠をセパレーターと組み合わせ、両側から締め付けて型枠の間隔を確保する。
コラムクランプ	柱の型枠を四方から締め付けて固定するための金物。主に独立柱の型枠に用いられる。

▶ 型枠の存置期間

［せき板の最小存置期間（基礎、梁側、柱、壁）］

• コンクリート強度による場合は次表のとおり。

計画供用期間	コンクリートの圧縮強度
短期、標準	5N/mm^{2}以上に達するまで
長期、超長期	10N/mm^{2}以上に達するまで

• 材齢による場合、せき板の存置期間を定めるためのコンクリートの材齢は次表のとおり。

セメントの種類／平均気温	コンクリートの材齢〔日〕		
	早強ポルトランドセメント	普通ポルトランドセメント 高炉セメントA種 シリカセメントA種 フライアッシュセメントA種	高炉セメントB種 シリカセメントB種 フライアッシュセメントB種
20℃以上	2	4	5
20℃未満10℃以上	3	6	8

出典：JASS5

［スラブ下および梁下の支保工の存置期間］
スラブ下および梁下の支保工の存置期間は、コンクリートの圧縮強度が当該部材の設計基準強度に達したこ

とが確認できるまでとする。

［ スラブ下および梁下のせき板の取外し ］ スラブ下および梁下のせき板の取外しは、原則として支保工の取外し後とする。

2 型枠支保工 出題頻度 ★★☆

▶ 支保工

支保工はせき板を支持し、コンクリートが所定の強度を発現するまで、破損、崩壊および変形が生じないものとする。不良品を用いないように注意する。

支柱の沈下防止として、敷板やコンクリートの上に設置するなどの措置をとる。支柱脚部の滑動防止として、脚部の固定、根巻きなどの措置をとる。支柱の継手は、突合せまたは差込み継手とする。鋼材どうしの接合部および交差部は、ボルトやクランプなどの金具を用いて緊結する。

▶ 支保工の材料および種類

［ パイプサポートを支柱として用いる場合 ］ 3本以上継がない。高さが3.5mを超える場合は、高さが2m以内ごとに水平つなぎを2方向に設け、かつ、水平つなぎの変位を防止する。パイプサポートを継ぐ場合は、ボルト（4本以上）または専用の金具で固定する。

［ 鋼管（パイプサポートを除く）を支柱として用いる場合 ］ 高さ2m以内ごとに水平つなぎを2方向に設け、かつ、水平つなぎの変位を防止する。

［ 鋼管枠を支柱として用いる場合 ］ 鋼管枠どうしの間に交差筋かいを設ける。最上層および5層以内ごとに水平つなぎを設け、かつ、水平つなぎの変位を防止する。

［ 組立て鋼柱を支柱として用いる場合 ］ 高さが4mを超える場合は、高さが4m以内ごとに水平つなぎを2方向に設け、かつ、水平つなぎの変位を防止する。

［ 鋼製仮設梁 ］ 主としてスラブ用支保工に用いられる。鋼製仮設梁のトラス下弦材は所定の位置（両端部など）以外で支持してはならない。

3 型枠設計

▶ 型枠の設計

型枠はコンクリートの打込みによる倒壊、はらみ、移動などが生じないように設計する。

コンクリートの側圧および鉛直荷重に対する各型枠材の許容変形量は3 mm以下とし、総変形量は5 mm以下を目安とする。

型枠は取外しが容易で、過度の水漏れのないものとする。

支柱は、水平荷重による倒壊、ねじれ、浮上りに対して、水平つなぎ、筋かい、控え綱などの補強を行う。

▶ 型枠の構造設計

[型枠に作用する鉛直荷重] 固定荷重は次のとおり。

• 打込み時の鉄筋、コンクリート、型枠の重量。

• 型枠の重量は、0.4 kN/m²程度としてよい。

積載荷重は次のとおり。

• コンクリートの打込み機具・足場・作業員などの重量。

• 資材積上げなどの荷重。

• 打込みに伴う衝撃荷重。

鉛直重荷の種類を次表に示す。

荷重の種類		荷重の値	備考
固定荷重（D.L）	普通コンクリート 軽量コンクリート	$r \times d$ 〔kN/m²〕	d：部材厚さ〔m〕
	型枠重量	0.4 kN/m²	
積載荷重（L.L）	通常のポンプ工法	1.5 kN/m²	作業荷重＋衝撃荷重
	特殊な仕込み工法	1.5 kN/m²以上	実状による

r：鉄筋を含んだコンクリートの単位容積質量〔kN/m³〕
普通コンクリート：$r = 23.5$
軽量コンクリート：第1種$r = 19.6$、第2種$r = 17.6$
出典：「日本建築学会 編：型枠の設計・施工指針」丸善出版、p.96

［型枠に作用する水平荷重］ 鋼管枠を支柱として用いる場合は、その支保工の上端に鉛直荷重の2.5％に相当する水平荷重を考慮する。鋼管枠以外のものを支柱として用いる場合は、その支保工の上端に鉛直荷重の5％に相当する水平荷重を考慮する。地震、風圧も水平荷重である。

水平荷重の推奨値（労働省産業安全研究所）を次表に示す。

	水平荷重	例
型枠がほぼ水平で現場合わせで支保工を組み立てる場合	鉛直荷重の5％	パイプサポート 単管支柱、組立支柱 支保梁
型枠がほぼ水平で工場製作精度で支保工を組み立てる場合	鉛直荷重の2.5％	枠組支柱

出典：JASS5

［型枠の構造計算に用いる材料の許容応力度］ 支保工は労働安全衛生規則第241条の規定による。

鋼材の許容曲げ応力および許容圧縮応力は、使用する鋼材の降伏強さの値または引張強さの3/4の値のうち、いずれか小さい値の2/3の値以下とする。

支保工以外は建築基準法施行令第89条および第90条、または各種設計規準などの長期許容応力度と短期許容応力度の平均値とする。

［せき板に合板を用いる場合］ せき板に合板を用いる場合は、転用による劣化を考慮して単純梁として計算を行う。合板の曲げヤング係数は、長さ方向、幅方向の方向別に最小値が異なる。

［合板以外のせき板および根太・大引など］ 合板以外のせき板および根太、大引などの計算は、単純梁と両端固定梁の平均として行う。

［型枠設計用コンクリートの側圧］

仕込みの速さ〔m/h〕 部位 ╲ H〔m〕	10以下の場合		10を超え20以下の場合		20を超える場合
	1.5以下	1.5を超え4.0以下	2.0以下	2.0を超え4.0以下	4.0以下
柱	$W_0 H$	$1.5 W_0 + 0.6 W_0 (H-1.5)$	$W_0 H$	$2.0 W_0 + 0.8 W_0 (H-2.0)$	$W_0 H$
壁		$1.5 W_0 + 0.2 W_0 (H-1.5)$		$2.0 W_0 + 0.4 W_0 (H-2.0)$	

H：フレッシュコンクリートのヘッド〔m〕（側圧を求める位置から上のコンクリート仕込み高さ）
W_0：フレッシュコンクリートの単位容積質量〔t/m³〕に重力加速度を乗じたもの〔kN/m³〕

出典：「日本建築学会 編：型枠の設計・施工指針」丸善出版、p.98

4　コンクリートの材料・調合

出題頻度 ★★★

● コンクリートの材料

　セメント、骨材、混和剤などのコンクリートの材料は、所定の品質を確保したものでなければならない。

材料	確保すべき品質
セメント	使用するセメントは、原則としてJIS規格に適合するものとする。 セメントの選定においては、使用箇所・時期および施工方法などに対して、各種セメントの特性を考慮する。 普通ポルトランドセメントは、一般的に使用されているセメントである。
骨材	有害量のごみ、土、有機不純物、塩化物などを含まず、所要の耐火性・耐久性を有するものとする。 粗骨材の最大寸法が大きいほうが単位水量は少なくなる。 形状が球形に近い骨材は、扁平、細長い、角立っているなどの形状の骨材よりもコンクリートのワーカビリティーがよい。
練混ぜ水	JIS規格に適合するものを使用する。 地下水、上水道水、工業用水などが一般に用いられている。

　粗骨材の最大寸法は次のとおりとする。

部位	砂利〔mm〕	砕石・高炉スラグ粗骨材〔mm〕
柱・梁・スラブ・壁	20,25	20
基礎	20, 25, 40	20, 25, 40

出典：JASS5

［アルカリシリカ反応性］　アルカリシリカ反応性試験により「無害でない」と判定された骨材については、以下のアルカリ骨材反応抑制対策のうち、いずれかの確認をする。

- アルカリシリカ反応性試験により「無害」となる骨材を使用する。
- コンクリート中に含まれるアルカリ総量を3.0kg/m³以下とする。
- アルカリ骨材反応抑制効果のある混合セメントを使用する。

　計画共用期間の級が長期および超長期の場合は、アルカリシリカ反応性試験により「無害」と判定された骨材を使用する。

▶ コンクリートの調合

◻ 調合管理強度・調合強度

［コンクリートの調合管理強度 F_m〔N/mm²〕］ 品質基準強度 F_q に構造体強度補正値 S を加えたもの。

$$調合管理強度 F_m = 品質基準強度 F_q + 構造体強度補正値 S$$

［品質基準強度 F_q〔N/mm²〕］ 設計基準強度 F_c および耐久設計基準強度 F_d のうち、大きいほうの値以上とする。

- 品質基準強度 $F_q \geqq max\{$設計基準強度 F_c, 耐久設計基準強度 $F_d\}$
- 設計基準強度：構造設計に用いたコンクリートの圧縮強度
- 耐久設計基準強度 F_d：構造物の計画共用期間に応じた圧縮強度

［構造体強度補正値 S〔N/mm²〕］ セメントの種類およびコンクリートの打込みから材齢28日までの期間の予想平均気温の範囲に応じた補正値である。

例）普通ポルトランドセメントの場合

平均気温が8℃以上 ……………… $S = +3N/mm^2$

平均気温が0℃以上8℃未満……… $S = +6N/mm^2$

平均気温が25℃以上……………… $S = +6N/mm^2$

［コンクリートの調合強度 F〔N/mm²〕］ コンクリートの調合を定める際に目標とする平均の圧縮強度で、強度のばらつきを考慮して調合管理強度 F_m を割増ししたもの。下記の2式を満足しなければならない。

$$F \geqq F_m + 1.73\sigma$$
$$F \geqq 0.85F_m + 3\sigma$$

σ：コンクリートの圧縮強度の標準偏差

［使用するコンクリートの圧縮強度の標準偏差 σ〔N/mm²〕］ 標準偏差 σ は、コンクリート工場の実績により定められるが、実績のない工場の場合は、2.5N/mm² または 0.1 F_m のうち、大きいほうの値とする。

$$\sigma = max\{2.5,\ 0.1F_m\}$$

［調合の条件］

項目	内容
単位水量（W）	185kg/m³以下とする。 単位水量が大きくなると乾燥収縮などによるひび割れが生じやすくなるため、コンクリートの品質が得られる範囲内でできるだけ小さくする必要がある。

項目	内容
単位セメント量（C）	最小値は270kg/m³とする。 単位セメント量はひび割れ防止としてできるだけ小さくすることが望ましいが、単位セメント量が過小のコンクリートではワーカビリティーが悪くなり、充填性が低下し、ジャンカやコールドジョイントの発生および水密性や耐久性の低下などが生じやすくなる。
水セメント比（W/C）	セメント量に対する水の重量の比。 水・炭酸ガス・塩化物イオンなどの浸透による鉄筋コンクリートの劣化を防止するためには、水セメント比を小さくするとよい。 水セメント比が大きいほど強度が小さくなる。
スランプ	【一般的なスランプ量】(普通コンクリートの場合) ①調合管理強度 $F_m \geqq 33\,N/mm^2$ ……21cm以下 ②調合管理強度 $F_m < 33\,N/mm^2$ ……18cm以下 【高強度コンクリートの流動性】 スランプまたはスランプフローで管理を行う。 ①設計基準強度 $F_c < 45\,N/mm^2$ …スランプ21cm以下またはスランプフロー50cm以下 ②$45\,N/mm^2 \leqq$ 設計基準強度 $F_c \leqq 60\,N/mm^2$ …スランプ23cm以下またはスランプフロー60cm以下
空気量	普通コンクリートで4.5%、軽量コンクリートで5%を標準とする。 空気量が6%を超えると、圧縮強度の低下や乾燥収縮率の増加に繋がる。AE剤、AE減水剤、高性能AE減水剤などの混和材料を用いたAEコンクリートは、単位水量の低減やワーカビリティーの改善および凍結融解作用の抵抗性の改善が可能となる。
細骨材率	全骨材の絶対容積に対する細骨材の絶対容積が占める割合。 細骨材率が低すぎる場合、がさがさのコンクリートとなり粗骨材とモルタルが分離しやすくなる。 細骨材率が高すぎる場合、単位水量および単位セメント量が大きくなり、コンクリートの流動性が悪くなる。 一般に細骨材率が高いと所定のスランプを得るための単位水量および単位セメント量は大きくなる。

水セメント比の最大量は次表のとおりとする。

種類		水セメント比の最大値〔%〕	
		短期・標準・長期	超長期
ポルトランドセメント	早強ポルトランドセメント 普通ポルトランドセメント 中庸熱ポルトランドセメント	65	55
	低熱ポルトランドセメント	60	
混合セメント	高炉セメントA種 フライアッシュセメントA種 シリカセメントA種	65	—
	高炉セメントB種 フライアッシュセメントB種 シリカセメントB種	60	

出典：JASS5

5 コンクリートの運搬・打込み・締固め 出題頻度 ★★★

▶ コンクリートの運搬

コンクリートの練混ぜから打込み終了までの時間と外気温は次のとおり。
- 外気温が25℃未満の場合：練混ぜから打込み終了まで120分以内
- 外気温が25℃以上の場合：練混ぜから打込み終了まで90分以内

高性能AE減水剤を用いた高強度コンクリートの場合は、外気温に関係なく、原則として、一律120分を限度とする。

運搬および圧送時には、水を加えてはならない。水を加えると水セメント比が大きくなり所要の耐久性・強度などの品質が確保できなくなる。

荷下ろし時のコンクリートの温度は次のとおり。
- 暑中コンクリート：原則として35℃以下
- マスコンクリート：特記なき限り、35℃以下

▶ 受入検査

[スランプ試験] スランプの許容差は次表のとおりとする。

スランプ〔cm〕	許容差
8～18	±2.5
21	±1.5（呼び強度が27以上で高性能AE減水剤を使用する場合は ±2とする。）

[空気量] 空気量の許容差は次表のとおりとする。

コンクリートの種類	空気量〔%〕	許容差
普通コンクリート	4.5	±1.5
軽量コンクリート	5.0	
高強度コンクリート	4.5	

[塩化物量] コンクリート中に含まれる塩化物イオン量は$0.3\,\mathrm{kg/m^3}$以下とする。試験は、海砂などの骨材の場合は、打込み当初および$150\,\mathrm{m^3}$ごとに1回以上とし、その他の場合は1日1回以上行う。

[圧縮強度試験] 試験の回数は、原則として種類が異なるごとに1日1回以

上、かつ、150m³ごとまたはその端数ごとに1回以上とする。強度試験の材齢は28日とする。

● コンクリートの打込み

コンクリートの打込みは、できる限りその対象箇所に近付けて行う。

型枠や鉄筋に付着したコンクリートやモルタルを放置したままコンクリートを打ち込むと、鉄筋の付着力の低下およびコンクリートの表面剥離などの原因になる。

打込み速度は、十分な締固め作業が行える範囲とする。スランプが18cm程度のコンクリートでコンクリートポンプ工法で打込む場合の打込み速度の目安は、20～30m³/h程度である。

コンクリートの打重ね時間の間隔は、コールドジョイントが生じない範囲とし、先に打込まれたコンクリートの再振動可能時間以内とする。

- 外気温が25℃未満の場合：150分以内（目安）
- 外気温が25℃以上の場合：120分以内（目安）

コンクリートポンプについては以下の点に留意する。

- 輸送管は、圧送による振動で型枠や鉄筋に有害な影響を与えないように、支持台や緩衝材を用いて設置する。
- コンクリート圧送に先立ち、コンクリートの品質変化の防止として、先送りモルタル（富調合のモルタル）を圧送し配管内面の潤滑性を高める。
- 先送りモルタルは、型枠内に打込まずに破棄することを原則とする。
- コンクリートポンプの選定においては、コンクリートポンプに加わる配管の圧送負荷を求め、求められた圧送負荷の1.25倍以上の最大吐出圧力を有する機種を採用する。

圧送負荷 P の算定は JASS5 で次式のように定められている。

$$P = K(L + 3B + 2T + 2F) + W_0 \cdot H \times 10^{-3} \text{N/mm}^2$$

　　K：水平管の管内圧力損失

　　L：直管の長さ、B：ベント管の長さ、T：テーパー管の長さ

　　F：フレキシブルホースの長さ

　　W_0：フレッシュコンクリートの単位容積質量×重力加速度

　　H：圧送高さ

- 輸送管の径（呼び寸法）

粗骨材の最大寸法〔mm〕	輸送管の呼び寸法〔mm〕
20	100 A 以上
25	
40	125 A 以上

▶ コンクリートの締固め

　締固めは、突き棒、棒形振動機および型枠振動機などにより行う。振動機は、JIS規格に適合したものを使用する（JASS5）。

[**棒形振動機**]　挿入間隔は有効範囲を考慮し 60 cm 以下とする。

　振動機の先端は、先に打ち込んだコンクリートの層に入ることによりコールドジョイントの防止になる。できるだけ鉛直に挿入し、コンクリート1層の打込み厚さは、振動機の長さ（60〜80 cm）を考慮して、60 cm 以下とする。

　加振時間は、表面にセメントペーストが浮くまでとし、1か所につき5〜15秒程度とする。

[**型枠振動機**]　背の高い壁や柱などの鉛直部材に使用する。加振による型枠のゆるみなどが生じないようにする。取付け間隔は、壁の場合で2〜3m/台程度とし、加振時間は、スランプ18 cm 程度の場合で1〜3分程度とする。

▶ コンクリートの打継ぎ

　JASS5で次のように定められている。

[**打継ぎ位置**]

- 梁やスラブなどの鉛直打継ぎ部は、スパン中央または端部から1/4付近に設ける。
- 片持ちスラブなどのはね出し部は、ひび割れが生じやすいので支持構造体と一体として打込み、打継ぎを行わない。
- 柱や壁の水平打継ぎ部は、スラブや梁または基礎の上部に設ける。

[**打継ぎ部**]

- 打継ぎ部は、レイタンスなどの脆弱部を取り除き、散水などにより湿潤状態を保つ必要がある。

・打込み前に、打継ぎ面や型枠に残っている水は除去する。

6 コンクリートの養生

出題頻度 ★★★

湿潤養生

[養生方法および開始時期]

目的	方法	開始時期
水分の維持	養生マット、水密シートにより被覆	仕上げ後
水分の供給	散水、噴霧	コンクリートの凝結終了後
水分の逸散防止	膜養生剤や有浸透性の養生剤の塗布	ブリージング終了後

※透水性の低いせき板で保護されている場合は湿潤養生と考えてよい。
※コンクリートの温度を2℃以上に保つこと。

[養生期間]

セメントの種類	短期・標準	長期・超長期
早強ポルトランドセメント	3日以上	5日以上
普通ポルトランドセメント	5日以上	7日以上
中庸熱および低熱ポルトランドセメント 高炉セメントB種 フライアッシュセメントB種	7日以上	10日以上

[コンクリートの厚さが18cm以上の部材の湿潤養生の打切り可能時期] 早強・普通・中庸熱ポルトランドセメントを用いた場合で、計画共用期間の級に応じたコンクリートの圧縮強度の発現が確認できたときは、湿潤養生を打ち切ることができる。

セメント	計画共用期間の級	コンクリートの圧縮強度
早強ポルトランドセメント 普通ポルトランドセメント 中庸熱ポルトランドセメント	短期および標準	$10N/mm^2$以上
	長期および超長期	$15N/mm^2$以上

その他の注意事項

[打込み中および打込み後] コンクリートの打込み中および打込み後5日間は、コンクリートの凝結および硬化が妨げられないように、乾燥、振動などを与えないように養生する。また、コンクリート打込み後は少なくとも1日間は、その上での作業や歩行は避ける。

[保温養生]　大断面の柱や基礎梁など、部材断面の中心部の温度が、外気温より25℃以上高くなるおそれのある部分は保温養生を行い、温度ひび割れの発生を防止する。

[寒冷期]　寒冷期は、打込み後5日間以上コンクリートの温度を2℃以上に保つこと。早強ポルトランドセメントの場合は、3日以上とする。

[暑中コンクリートの養生]　暑中コンクリートの湿潤養生の開始時期は次のとおり。

- コンクリート上面：ブリーディング水が消失した時点
- せき板に接する面：型枠脱型後

　普通ポルトランドセメントを用いた場合の養生期間は、5日間以上とする。

[寒中コンクリートの養生]　寒中コンクリートの初期養生の期間は、初期凍害防止のため、コンクリートの圧縮強度が$5N/mm^2$に達するまでとする。寒中コンクリートで加熱養生を行う場合、散水などを行い、コンクリートが乾燥しないようにする。

---

point ▷ ワンポイントアドバイス

コンクリート打込み上面でコンクリート面が露出している場合や透水性の高いせき板を用いた場合に、散水、水密シート、養生マットなどによる初期養生は、日射、風などによる乾燥に対して有効である。

演習問題チャレンジ（章末問題）

問1 2 型枠支保工

型枠支保工に関する記述として、最も不適当なものはどれか。

(1) 支柱に使用する鋼材の許容曲げ応力の値は、その鋼材の降伏強さの値または引張強さの値の3/4の値のうち、いずれか小さい値とする。

(2) スラブ型枠の支保工に軽量型支保梁を使用する場合、支保梁の中間部を支柱で支持してはならない。

(3) 支柱に鋼管枠を使用する場合、水平つなぎを設ける位置は、最上層および5層以内ごととする。

(4) 支柱に鋼管枠を使用する型枠支保工の構造計算を行う場合、作業荷重を含む鉛直荷重の2.5/100に相当する水平荷重が作用するものとする。

> 解説 支柱に使用する鋼材の許容曲げ応力および許容圧縮応力の値は、その鋼材の降伏強さの値または引張強さの値の3/4の値のうち、いずれか小さい値の2/3以下とする。許容せん断応力の値は、降伏強さまたは引張強さの値の3/4の値のうち、いずれか小さい値の38/100以下とする（労働安全衛生規則より）。　　　　解答 (1)

問2 2 型枠支保工

型枠支保工に関する記述として、最も不適当なものはどれか。

(1) 支柱として用いるパイプサポートの高さが3.5mを超えたので、高さ2m以内ごとに水平つなぎを2方向に設けた。

(2) 支柱として鋼管枠を使用する場合、水平つなぎを最上層および5層以内ごとに設けなければならない。

(3) 支柱としてパイプサポートを2本継いで使用する場合、継手部は4本以上のボルトまたは専用の金具を用いて固定しなければならない。

(4) 支柱として用いる組立て鋼柱の高さが5mを超える場合、高さ5m以内ごとに水平つなぎを2方向に設けなければならない。

> 解説 支柱として用いる組立て鋼柱の高さが4mを超える場合、高さ4m以内ごとに水平つなぎを2方向に設け、かつ、水平つなぎの変位を防止しなければならない。　　　　　　　　　　　　　　　　　　　　解答 (4)

問3　3 型枠設計

型枠の設計に関する記述として、最も不適当なものはどれか。

(1) 支保工以外の材料の許容応力度は、長期許容応力度と短期許容応力度の平均値とする。
(2) コンクリート型枠用合板の曲げヤング係数は、長さ方向スパン用と幅方向スパン用では異なる数値となる。
(3) パイプサポートを支保工とするスラブ型枠の場合、打込み時に支保工の上端に作用する水平荷重は、鉛直荷重の5%とする。
(4) コンクリート打込み時の側圧に対するせき板の許容たわみ量は、5mmとする。

> 解説 コンクリート打込み時の側圧に対するせき板の許容たわみ量は、3mmとする。　　　　　　　　　　　　　　　　　　　　　　　　解答 (4)

問4　3 型枠設計

型枠の設計に関する記述として、最も不適当なものはどれか。

(1) 固定荷重の計算に用いる型枠の重量は、0.4kN/m²とする。
(2) 合板せき板のたわみは、単純支持で計算した値と両端固定で計算した値の平均値とする。
(3) 型枠に作用する荷重および外力に対し、型枠を構成する各部材それぞれの許容変形量は、2mm以下を目安とする。

(4) 型枠の構造計算において、支保工以外の材料の許容応力度は、長期と短期の許容応力度の平均値とする。

> 解説　合板せき板のたわみは<u>単純支持で計算した値</u>とする。合板は転用することにより劣化し、剛性が低下するため、安全側に単純支持として計算する。　　　　　　　　　　　　　　　　　　　　　　　　　解答　⑵

問5　4 **コンクリートの材料・調合**

コンクリートの調合に関する記述として、最も不適当なものはどれか。

(1) AE剤、AE減水剤または高性能AE減水剤を用いる普通コンクリートについては、調合を定める場合の空気量を4.5%とする。
(2) 構造体強度補正値は、セメントの種類およびコンクリートの打込みから材齢28日までの期間の予想平均気温の範囲に応じて定める。
(3) コンクリートの調合管理強度は、品質基準強度に構造体強度補正値を加えたものである。
(4) 単位セメント量が過小のコンクリートは、水密性、耐久性が低下するが、ワーカビリティーはよくなる。

> 解説　単位セメント量が過小のコンクリートは、<u>ワーカビリティーが悪くなり</u>、充填性が低下しジャンカやコールドジョイントなどの不具合の要因となり、水密性や耐久性が低下する。　　　　　　　　　　　　解答　⑷

問6　4 **コンクリートの材料・調合**

構造体コンクリートの調合に関する記述として、最も不適当なものはどれか。

(1) アルカリシリカ反応性試験で無害でないものと判定された骨材であっても、コンクリート中のアルカリ総量を$3.0\text{kg}/\text{m}^3$以下とすれば使用することができる。

(2) コンクリートの単位セメント量の最小値は、一般に $250\,\mathrm{kg/m^3}$ とする。

(3) 細骨材率が大きくなると、所定のスランプを得るのに必要な単位セメント量および単位水量は大きくなる。

(4) 水セメント比を小さくすると、コンクリート表面から塩化物イオンの浸透に対する抵抗性を高めることができる。

> 解説　コンクリートの単位セメント量の最小値は、一般に $\underline{270\,\mathrm{kg/m^3}}$ とする。
> 解答　(2)

問7　4　コンクリートの材料・調合

コンクリートの調合に関する記述として、最も不適当なものはどれか。

(1) 単位水量は $185\,\mathrm{kg/m^3}$ 以下とし、コンクリートの品質が得られる範囲内で、できるだけ小さくする。

(2) 単位セメント量が過小の場合、ワーカビリティーが悪くなり、水密性や耐久性の低下などを招きやすい。

(3) コンクリートの調合管理強度は、品質基準強度に構造体強度補正値を加えたものである。

(4) コンクリートの調合強度を定める際に使用するコンクリートの圧縮強度の標準偏差は、コンクリート工場に実績がない場合、$1.5\,\mathrm{N/mm^2}$ とする。

> 解説　コンクリートの調合強度を定める際に使用するコンクリートの圧縮強度の標準偏差の値は、コンクリート工場に実績がない場合、$\underline{2.5\,\mathrm{N/mm^2}}$ または調合管理強度の $\underline{0.1\,倍}$ の値のうち、大きい値とする。
> 解答　(4)

問8　5　コンクリートの運搬・打込み・締固め

コンクリートの運搬、打込みおよび締固めに関する記述として、最も不適当なものはどれか。

(1) 外気温が $25\,℃$ を超えていたため、練混ぜ開始から打込み終了までの時

間を 90 分以内とした。

(2) コンクリートの圧送開始前に圧送するモルタルは、型枠内に打ち込まないが、富調合のものとした。

(3) コンクリート内部振動機 (棒形振動機) による締固めにおいて、加振時間を 1 か所あたり 60 秒程度とした。

(4) 同一区画のコンクリート打込み時における打重ねは、先に打ち込まれたコンクリートの再振動可能時間以内に行った。

> 解説 コンクリート内部振動機 (棒形振動機) による締固めにおいて、加振時間はコンクリート表面にセメントペーストが浮くまでとし、1 か所あたり 5 〜 15 秒程度とする。 解答 (3)

問9 5 コンクリートの運搬・打込み・締固め

コンクリートの運搬および打込みに関する記述として、最も不適当なものはどれか。

(1) 高性能 AE 減水剤を用いた高強度コンクリートの練混ぜから打込み終了までの時間は、原則として、120 分を限度とする。

(2) 普通コンクリートを圧送する場合、輸送管の呼び寸法は粗骨材の最大寸法の 2 倍とする。

(3) コンクリート棒形振動機の加振は、セメントペーストが浮き上がるまでとする。

(4) 打継面への打込みは、レイタンスを高圧水洗により取り除き、健全なコンクリートを露出させてから行うものとする。

> 解説 普通コンクリートを圧送する場合、輸送管の呼び寸法は粗骨材の最大寸法が 20 mm または 25 mm の場合は 100 A 以上とする。粗骨材の最大寸法が 40 mm の場合は、輸送管の呼び寸法は 125 A 以上とする。 解答 (2)

コンクリートの運搬および打込みに関する記述として、最も不適当なものはどれか。

(1) 暑中コンクリートの荷卸し時のコンクリート温度は、40℃以下とした。

(2) コンクリートの圧送負荷の算定に用いるベント管の水平換算長さは、ベント管の実長の3倍とした。

(3) コンクリート内部振動機（棒形振動機）による締固めにおいて、加振時間を1か所あたり10秒程度とした。

(4) 外気温が25℃を超えていたため、練混ぜ開始から打込み終了までの時間を90分以内とした。

解説　暑中コンクリートの荷卸し時のコンクリート温度は、原則として35℃以下とする。　　　　　　　　　　　　　　　　　　　　　　　　解答　(1)

コンクリートの養生に関する記述として、最も不適当なものはどれか。ただし、計画共用期間を指定する場合の級は標準とする。

(1) 連続的に散水を行って水分を供給する方法による湿潤養生は、コンクリートの凝結が終了した後に行う。

(2) 普通ポルトランドセメントを用いたコンクリートの打込み後5日間は、乾燥、振動などによって凝結および硬化が妨げられないように養生する。

(3) 湿潤養生の期間は、早強ポルトランドセメントを用いたコンクリートの場合は普通ポルトランドセメントを用いた場合より短くすることができる。

(4) 普通ポルトランドセメントを用いた厚さ18cm以上のコンクリート部材においては、コンクリートの圧縮強度が$5N/mm^2$以上に達したことを確認すれば、以降の湿潤養生を打ち切ることができる。

解説　普通ポルトランドセメントを用いた厚さ18cm以上のコンクリート部材においては、コンクリートの圧縮強度が10N/mm^{2}以上に達したことを確認すれば、以降の湿潤養生を打ち切ることができる。早強、普通、中庸熱ポルトランドセメントを用いた、厚さ18cm以上のコンクリート部材の計画共用期間の級に応じたコンクリートの圧縮強度の発現が確認できれば、以降の湿潤養生を打ち切ることができる。

・計画共用期間の級が短期および標準：10N/mm^{2}以上（圧縮強度）
・計画共用期間の級が長期および超長期：15N/mm^{2}以上（圧縮強度）

解答　(4)

問12　**6　コンクリートの養生**

コンクリートの養生に関する記述として、最も不適当なものはどれか。

(1)　湿潤養生を打ち切ることができる圧縮強度は、早強ポルトランドセメントと普通ポルトランドセメントでは同じである。

(2)　寒中コンクリートの初期養生の期間は、圧縮強度が5N/mm^{2}に達するまでとする。

(3)　暑中コンクリートの湿潤養生の開始時期は、コンクリート上面においてはブリーディング水が消失した時点とする。

(4)　コンクリート温度が2℃を下らないように養生しなければならない期間は、コンクリート打込み後2日間である。

解説　コンクリート温度が2℃を下らないように養生しなければならない期間は、コンクリート打込み後5日間である。　　　　解答　(4)

躯体施工（6）鉄骨工事

第13章

1 建方

出題頻度 ★★★

搬入および建方準備

建方は、事前に建方順序や建方中の事故防止などについて十分な検討を行い、本接合の完了まで強風、自重およびその他の荷重や外力に対して安全な方法で行うものとする。

受入した鉄骨部材は、変形や損傷が生じないように養生する。部材に変形や損傷が生じた場合は、建方に先立って修正する。

梁の高力ボルト接合の場合、梁上端フランジのスプライスプレートをあらかじめ相手側にはね出しておくと建方が容易になる。

仮ボルト

仮ボルトとは、部材の組立ての際、本締めや溶接までの間に起こり得る外力に対して架構の変形や倒壊を防止するためのボルトをいう。

仮ボルトは、中ボルトなどを用い、高力ボルト接合ではボルト1群に対して1/3程度かつ2本以上とする。

高力ボルト接合と溶接接合の混用接合および併用継手の場合は、仮ボルトは中ボルトなどを用い、ボルト1群に対して1/2程度かつ2本以上とする。

溶接接合部のエレクションピースなどの場合は、仮ボルトは高力ボルトを用いて、全数締付けとする。

本締め前の梁上に材料などを仮置きする場合、それらの荷重に対して仮ボルトの本数および配置が適正かどうかの確認を行い、必要に応じて仮ボルトの本数を割り増す。また、水平方向の外力に対する安全性は補強ワイヤーなどを用いて対処する。

▶ 補強ワイヤー

建方時は予期しない外力（揚重機械や吊荷の接触、強風および突風など）に対して、架構の安全性を確保しなければならない。

1日の建方終了ごとに所定の補強ワイヤーを張る必要がある。

▶ 建入れ直し

建入れ直しとは、建方時の柱の倒れなどを補正し、建方精度の確保のために行うものである。以下の点に留意する。

- ターンバックル付き筋かいを有する構造物の場合は、建入れ直しにその筋かいを用いてはならない。
- 倒壊防止用ワイヤーロープを用いる場合は、ワイヤーロープを建入れ直し用に兼用してもよい。
- 建入れ直しは、各節の建方の終了ごとに行う。面積が広くスパンの多い場合には、小区画にするなど有効なブロックに分けて修正を行う。
- 各節、各ブロックの現場接合の終了時までワイヤーは緊張させたままにしておく。
- 建入れ直しのための加力を行う場合は、加力部分の養生を行い、部材を傷めないようにする。
- 建方精度は、日照による温度の影響を受けるため、決まった時間に計測を行うなどの対策をとる。工事が長期にわたる場合は、測定器の温度補正を行う。
- 部材剛性の小さい鉄骨では、ワイヤーを緊張しても部材が弾性変形するだけで修正しない場合があり、小ブロックごとに修正するなどの方法をとる。

▶ アンカーボルト

アンカーボルトの芯出しは、型板を用いて基準墨に合わせ、適切な機器を用いて正確に行う。

アンカーボルトは据付けから鉄骨建方までの間に、さび、曲がり、ねじ部

の打こんなどの有害な損傷が生じてはならない。対策としてビニルテープ、塩ビパイプ、布などにより養生を行う。

アンカーボルトの頭部の出は、二重ナットと座金を用いても、ナットの先端からねじ山が3山以上でるようにする。

ベースプレート

ベースプレートの支持工法は、特記のない場合は、ベースモルタルの後詰め中心塗り工法とする。

ベースモルタル

後詰め工法の場合は、無収縮モルタルとする。

塗り厚さは、30〜50 mm 以内とし、中心塗りモルタルの形状は200 mm 角または200ϕ以上とする。

モルタルの接するコンクリート面は、レイタンスの除去および十分な目荒しを行い、モルタルとコンクリートの一体化を図る。

鉄骨建方に先立ち行うベースモルタルの養生期間は3日以上確保する。

建方精度

名称	図	管理許容差
建物の倒れ (e)		$e \leq \dfrac{H}{4,000} + 7\,\text{mm}$ かつ $e \leq 30\,\text{mm}$
建物のわん曲 (e)		$e \leq \dfrac{L}{4,000}$ かつ $e \leq 20\,\text{mm}$

名称	図	管理許容差
階高（ΔH）		$-5\,\text{mm} \leqq \Delta H \leqq +5\,\text{mm}$
梁の水平度（e）		$e \leqq \dfrac{L}{1,000} + 3\,\text{mm}$ かつ $e \leqq 10\,\text{mm}$
柱の倒れ（e）		$e \leqq \dfrac{H}{1,000}$ かつ $e \leqq 10\,\text{mm}$
梁の曲がり（e）		$e \leqq \dfrac{L}{1,000}$ かつ $e \leqq 10\,\text{mm}$

point ワンポイントアドバイス

計測寸法が正規のスパンより小さい場合の調整は、梁接合部のクリアランスに矢（くさび）を打ち込むか、ジャッキなどにより押し広げる。

▶ 大空間鉄骨架構の建方

［総足場工法］ 必要な高さまで足場を組み立てて、作業用構台（床）を全域に渡って設置し、架構を構築していく工法である。

［スライド工法］ 作業構台上で所定の部分の屋根鉄骨架構を組み立て、組み立てた屋根鉄骨のユニットを所定の位置までスライドレールなどにより順次スライド（滑動横引き）していき、最終的に架構全体を構築していく工法である。

［移動構台工法］ 移動構台上で所定の部分の屋根鉄骨架構を組み立てた後、移動構台を次の位置に移動させながら順次架構を構築していく工法である。

［リフトアップ工法］ 地上や構台上で組み立てた屋根鉄骨架構を、先行構築

した構造体より油圧ジャッキやワイヤーなどを用いて引上げていく工法である。

［ブロック工法］ 　地上で所定の大きさに地組みしたブロックを、クレーンなどの揚重機械により吊り上げて架構を構築していく工法である。

2 　工作一般 出題頻度 ★★☆

［工作図・現寸］

- 工作図とは設計図書に基づいて、各部材、接合部の詳細な形状や寸法および材質などの加工や組立てに必要な情報を織り込んだ図面をいう。
- 鋼材の加工（切断、孔あけなど）のために、実物大の型板（フィルム）や定規（シナイ）を現寸作業により作成する。
- 実物大の床書き現寸は、一般に工作図をもってその一部あるいは全部を省略することができる。
- 鉄骨鉄筋コンクリート造の場合、最上部柱頭のトッププレートに空気孔を設けておくと、鋼管のコンクリートの充填に有効である。

［鋼製巻尺］

- 鉄骨製作用鋼製巻尺は、JIS B 7512（鋼製巻尺）の1級品とする。
- 製作工場と工事現場では異なる巻尺を用いるため、工場製作用基準巻尺と工事現場用鋼製巻尺の誤差が工事に支障がないことを確認（テープ合わせ）しなければならない。照合方法は、巻尺を並べた状態で50N程度の張力を与え、巻尺間の目盛り差を読み取ることにより行う。一般に目盛り差の判定値は、10mにおいて0.5mm以内としている。
- 工事現場で鋼製巻尺を用いる場合は、気温による鋼製巻尺の伸縮を考慮して、同時刻での測定、温度補正などの措置をとる。

［けがき］

- けがきとは、工作図、型板、定規などにより、鋼材上にポンチなどを用いて加工、組立てに必要な情報を記す作業をいう。
- 引張強さ490N/mm^{2}以上の高張力鋼および曲げ加工する鋼材の外面には、ポンチやたがねなどにより傷をつけてはならない。ただし、加工時（切断、孔あけ、溶接による溶融など）に除去される部分は、この限りでない。
- けがき寸法値には、製作中に生じる収縮や変形および仕上げ代を考慮する。

［切断］

- 切断は、鋼材の形状や寸法に合った最適な方法で行う。ガス切断法、機械切断法、プラズマ切断法などがある。
- ガス切断を行う場合は、原則として自動ガス切断機を用いる。
- せん断による切断は、切断面のまくれやかえり、板の変形、切断面の硬化などが生じやすいため、厚さ13mm以下の鋼材とする。主要部材の自由端、溶接接合部には用いない。
- 切断面の精度が確保できない場合、グラインダーなどを用いて凸凹やノッチなどの不良箇所を修正する。
- 開先加工面に著しい凹凸が生じた場合やノッチ深さが許容値を超えたなどの精度が確保できていない場合は、グラインダー、溶接盛りなどで適切に修正する。

［孔あけ加工］ 高力ボルト用孔あけはドリルあけとする。接合面がブラスト処理の場合は、ブラスト処理前に孔あけを行う。

ボルト、アンカーボルト、鉄筋貫通孔の孔あけは、原則としてドリルあけとする。ただし、板厚が13mm以下の場合は、せん断孔あけとすることができる。

公称軸径に対する孔径〔mm〕は次表のとおり。

種類	公称軸径 (d_1)	孔径 (d)
高力ボルト	$d_1 < 27$	$d_1 + 2.0$
	$d_1 \geqq 27$	$d_1 + 3.0$
ボルト	—	$d_1 + 0.5$
アンカーボルト	—	$d_1 + 5.0$

［曲げ加工］ 曲げ加工は、常温加工または加熱加工による。

- 加熱加工は、850〜900℃の赤熱状態で行う。200〜400℃の青熱ぜい性域で行うと鋼材がもろくなる。
- 曲げ加工を行った場合、加工後の鋼材の機械的性質や化学成分およびその他品質が加工前の品質と同等以上であることを確かめなければならない。ただし、鋼板の厚さが6mm以上で、外側曲げ半径が鋼板の厚さの10倍以上となる曲げ加工を行った場合は、加工前後での品質変化を確かめなくてもよい。

［摩擦面の処理］ 摩擦面のすべり係数は、0.45以上確保する。

- 自然発錆：ディスクグラインダーなどを用い、摩擦面の黒皮などを除去し、自然放置により赤錆状態（摩擦面が一様に赤く見える程度）にする。
- ブラスト処理：ショットブラストまたはグリットブラスト処理を行い、摩擦面の粗さを50μmRz以上確保する。ブラスト処理の場合、赤錆は発生させなくてもよい。

摩擦面および座金の接する面は、浮き錆、油、塵埃などを除去する。

[ひずみ矯正]　加工中に発生した精度を確保できないひずみの矯正は、常温加圧または加熱して行う。加熱矯正の場合の加熱表面温度（400,490 N/mm^{2}鋼の場合）は次のとおり。

- 加熱後空冷：850～900℃
- 加熱後すぐに水冷：600～650℃
- 空冷後水冷：850～900℃（ただし、水冷開始温度を650℃以下とする）

[組立て溶接]

- 組立て溶接の最小ビード長さは次表のとおり（JASS6）。

板厚〔mm〕	組立て溶接の最小ビード長さ〔mm〕
$t \leqq 6$	30
$t > 6$	40

※板厚：被組立て溶接部材の厚いほうの板厚とする。

- 組立て溶接の品質は、本溶接と同等とする。
- 組立て溶接は、原則として開先内に行わない。
- 冷間成形角形鋼管の角部は、大きな冷間塑性加工を受けて材質変化で硬化しているので、その部分への組立て溶接は避ける。
- 板厚が25 mm以上の軟鋼（400 N/mm^{2}級など）や高張力鋼（490 N/mm^{2}級以上）を被覆アーク溶接により組立て溶接を行う場合は、低水素系の溶接棒を使用しなければならない。

3　高力ボルト接合　出題頻度 ★★★

▶ 高力ボルトセットの取扱い

乾燥した場所に保管し、種類、径、長さにより整理しておく。箱の積上げは3～5段程度までとする。

工事現場への搬入は、包装が完全で未開封のものとし、開封は施工直前とする。

▶ 高力ボルトの長さ

首下長さとし締付け長さに下表の値を加えた長さとする。

トルシア形高力ボルト		高力六角ボルト（JIS形）	
ボルトの呼び径	締付け長さに 加える長さ〔mm〕	ボルトの呼び径	締付け長さに 加える長さ〔mm〕
M16	25	M12	25
M20	30	M16	30
M22	35	M20	35
M24	40	M22	40
M27	45	M24	45
M30	50	M27	50
		M30	55

▶ 接合部の組立て

　接合部に板厚の差などから1mmを超える肌すきが生じた場合は、フィラープレートを挿入する。肌すきが1mm以下の場合は、処理の必要はない。

　フィラープレートの材質は、$400\,\mathrm{N/mm^2}$級鋼材とし、両面とも摩擦処理を施す。母材やスプライスプレートへの溶接は不可とする。

　接合部組立て時にボルト孔の食い違いが生じた場合は、食い違いが2mm以下であればリーマー掛けをして修正してよい。2mmを超える食い違いの場合は、処置方法および接合部の安全性の検討が必要である。

　ボルト頭部やナットと接合面の間に1/20以上の傾斜がある場合は、勾配座金を用い、ボルトの緩みを防止する。

　座金およびナットには裏表があり、使用の際に逆使いしないよう注意する。

- 座金：内側に面取りがしてあるほうが表となる。
- ナット：表示記号があるほうが表となる。

▶ 締付け

高力ボルトの締付けは、1次締め、マーキングおよび本締めの3段階の作業により行う。

本接合に先立ち、接合部材の密着を図るため仮ボルトで締付けを行う。仮ボルトは中ボルトなどを用い、本締めに用いるボルトは使用しない。

高力ボルトの締付けに用いるトルクレンチの精度は±3%以内とする。

■ 1次締め

1次締めは、所定のトルク値により締め付ける。締付け順序は、継手部のボルト群の中央から周辺に向かって締め付けていく。

ボルトの呼び径	M12	M16	M20 M22	M24	M27	M30
1次締付けトルク〔N·m〕	約50	約100	約150	約200	約300	約400

■ マーキング

1次締め後に、接合部材および座金・ナット・ボルトにわたりマーキングを行う。マーキングはすべてのボルトに行う。

■ 本締め

本締めによる板のひずみを逃がすため、ボルト群の中央から周辺に向かって締め付けていく。

[トルシア形高力ボルト] 専用の締付け機によりピンテールが破断するまで締め付ける。

[締付け位置により専用締付け機が使用できない場合] JIS形高力ボルトと交換して、トルクレンチを用いて、ナット回転法やトルクコントロール法により締付ける。

[JIS形高力ボルト]

• ナット回転法：ナットを120°回転させて行う（M12は60°回転）。

• トルクコントロール法：標準ボルト張力を調整した締付け機器を用いて行う。

● 締付け後の確認および検査

以下の手順で行う。

①マーキングのずれによる共回りや軸回りの有無やボルトの余長などを確認する。

②共回りや軸回りが生じたものは、新しいボルトセットに交換する。

③ボルトの余長は、ねじ山が1〜6山の範囲でナットから出ているものを合格とし、余長が過大あるいは過小の場合は、新しいボルトセットに交換する。

④締め忘れがあった場合は、異常がないことを確認の上、締め付ける。

⑤一度使用したボルトの再使用は不可とする。

［ トルシア形高力ボルト ］

• 全ボルトに対してピンテールが破断していることを確認する。

• ナット回転量に著しいばらつきが生じた場合は、1群のナット回転量に対する平均回転角度を算出し、平均回転角度±30°以内のものを合格とする。不合格のボルトは新しいボルトセットに交換する。

［ JIS形高力ボルト ］

• ナット回転法：回転量が120°±30°（M12は0°〜+30°）を合格とする。過度に締め付けられたものは交換し、回転量の不足したものは所要値まで追締めする。

• トルクコントロール法：ナット回転量に著しいばらつきが生じた場合は、1群の全ボルトをトルクレンチにより追締めを行いトルク値の適否を確認し、締付けトルク値±10%以内のものを合格とする。過度に締め付けられたものは交換し、締忘れや締付け不足のあるボルト群は所要トルク値まで追締めする。

［ 混用接合および併用接合 ］　高力ボルト接合と溶接接合を、混用または併用する混用接合および併用継手は、原則として先に高力ボルトを締め付け、その後溶接を行う。

4 耐火被覆

▶ 左官工法

下地に鉄網を用い各種モルタルを塗る工法である。

下地の形状にこだわらず、継目のない耐火被覆を施すことができるが、モルタルの種類により、ひび割れおよび剥離が生じるので注意する。

▶ 吹付け工法

直接鉄骨に耐火被覆材料を吹付ける工法である。

ロックウール系の耐火被覆材料が一般的に用いられ、乾式・半乾式吹付けロックウール、湿式吹付けロックウールがある。各工法により差はあるが、粉塵発生や飛散が生じるため適切な養生が必要である。

【乾式工法】 セメントとロックウールを工場配合した材料と水を別々に圧送し、ノズルの先端で混合し吹き付ける。

【半乾式工法】 セメントスラリーとロックウールを別々に圧送し、ノズルの先端で混合し吹き付ける。

【湿式工法】 セメント、ロックウールおよび水を工事現場の低い所で混合して、ノズルの先端に圧送し吹き付ける。

確認ピンによる吹付け厚さの確認は、柱は1面につき各1本、梁は6mにつき3本とする（国土交通省住指発第208号）。

▶ 巻付け工法

耐火性能に優れたロックウールフェルトやセラミックファイバーのブランケットを主体とした材料を、鉄骨に取り付ける工法である。

材料は、耐熱性接着剤などやスポット溶接で取り付けた固定ピンを用いて、直接鉄骨に取り付ける。施工時の粉塵の発生がなく、対象箇所の形状に合わせた加工が容易である。

▶ 成形板張り工法

　対象箇所の形状に合わせて加工した成形板を、耐熱接着剤や取付金物などを併用して張り付ける工法である。

　耐火被覆材の表面に化粧仕上げが可能だが、施工費用が高くなる。

　一般に成形板は吸水性が高いので、施工時に雨水などがかからないように養生する必要がある。

5 溶接接合

▶ 溶接施工一般

［溶接材料］　JIS規格品および接合部材の継手形式や溶接方法を考慮したものを使用する（溶接棒、ワイヤ、フラックスなど）。

［溶接姿勢］　作業台などを用いて、できるだけ下向き作業とする。

［予熱］　溶接部の硬化や割れの防止策として有効で、溶接開始前に溶接部やその周辺を加熱すること。加熱温度は、50～100℃程度が一般的である。

［気温、天候による溶接作業］

- 気温が−5℃未満では、溶接を行ってはならない。ただし、気温が−5℃～5℃の場合は、溶接部から100mmの範囲の母材部分を加熱すれば溶接作業を行うことができる。
- 風の強い日の作業では遮風を行わなければならない。溶接方法による作業可能風速は下表のとおり。

種類	溶接作業が可能な風速
被覆アーク溶接 セルフシールドアーク溶接	10m/s以下
ガスシールドアーク半自動溶接	2m/s以下 （耐風仕様の溶接機の場合は、4m/s以下）

（鉄骨工事技術指針・工事現場施工編）

- 雨天および湿度の高い日の作業では、屋内外を問わず母材の水分は完全に除去してから溶接を行わなければならない。

［支障物の除去］　溶接の支障となるスラグ、水分、油分、塗料、さびなどは、事前に除去する。

[自動溶接] 　自動溶接（サブマージアーク溶接、エレクトロスラグ溶接など）を行う場合、溶接作業者（オペレーター）は、溶接時の状況判断、溶接条件や溶接機械の調整などを行う。

[温度の管理] 　柱梁接合部の梁端部などの塑性変形能力の低下が問題となるような部位での溶接では、入熱とパス間温度の管理が特に重要である。

▶ エンドタブ

溶接の始点および終点の欠陥防止として取り付ける。

材質は母材と同等以上で、同厚、同開先が一般的である。母材が厚く、エンドタブの板厚を薄くする場合でも 12mm 以上とするのがよい。

エンドタブの長さは溶接方法により異なる（次表）。

溶接方法	エンドタブの長さ
手溶接	35mm以上
半自動溶接	40mm以上
自動溶接	70mm以上

柱梁接合部にエンドタブを取り付ける場合は、母材に直接溶接せずに、裏当て金に取り付ける。ただし、本溶接により再溶融させる場合においては、開先内に組立て溶接を行ってもよい。

エンドタブは特記のない場合は、切断しなくても問題ない。クレーンガーダーなどの低応力高サイクル疲労が作用する場合は切断し、グラインダーで仕上げる。

▶ 溶接方法

[完全溶込み溶接（突合せ溶接）] 　母材の接合面に開先加工を施し、接合面の全断面を完全に溶け込ませて接合する方法。応力の大きい箇所に用いられる。

- 板厚の異なる突合せ溶接の場合、板厚の薄いほうから厚いほうへ滑らかに溶接を行っていく。板厚の差が 10mm を超える突合せ溶接の場合は、板厚の厚い方の先端を 1/2.5 以下の傾斜に加工を施し、開先部分で薄いほうの

板厚に合わせて溶接する。

- 余盛りの形状は、母材表面からなだらかに連続させる。
- 両面から溶接を行う場合、裏側の初層を溶接する前に表側の健全な溶接金属部分が出るまで裏はつりを行う。

［部分溶込み溶接］ 接合面の一部を開先加工し、溶接面の一部分だけ溶け込ませて溶接する方法。引張力が作用しない箇所に用いる。

［隅肉溶接］ 母材を重ねたり、Ｔ形に接合する場合に用い、母材相互は一体化されず、直交する部分に三角形断面を持つ溶接を施す。引張力の作用する箇所には用いず、せん断力の作用する梁のウェブなどに用いられる。

▶ 溶接部の欠陥

種類	修正方法
余盛り不足および過大	不足の場合：肉盛溶接により修正する。 過大の場合：ビード止端部で応力集中が起こり、作用外力による割れ発生の原因となる。母材を傷つけないようにグラインダーなどで修正する。
アンダーカット	溶接電流が大きく、アークなどにより掘られる溝の増大に対して、溶接金属の供給が間に合わず不足し、ビード止端部で溝状に残った状態。ショートビードや過小なビードとならないように補修溶接を行い、必要に応じてグラインダー仕上げを行う。
オーバーラップ	アンダーカットと反対の原因で、ビート止端部で母材から溶接金属があふれている状態。グラインダーなどで除去する。
ピット	アークエアガウジングなどでピット部分を除去し、補修溶接を行う。
内部欠陥	スラグ巻込み、溶込み不良、融合不良、ブローホールなどの内部欠陥は、アークエアガウジングなどで完全に除去し、補修溶接を行う。
割れ	接合部の表面に発生する割れと溶接内部に発生する割れ（内部欠陥）がある。割れの範囲を確認し、アークエアガウジングで割れの範囲から両端＋50mm以上を除去し、補修溶接を行う。補修完了後は、超音波探傷試験などで再検査を行い、欠陥がないことを確認する。溶接割れは、原因究明、防止策を行い、以後起きないようにする。

演習問題チャレンジ（章末問題）

問1 1 建方

鉄骨の建方に関する記述として、最も不適当なものはどれか。

(1) 架構の倒壊防止用に使用するワイヤロープは、建入れ直し用に兼用した。

(2) 建方精度の測定にあたっては、日照による温度の影響を考慮した。

(3) 梁のフランジを溶接接合、ウェブを高力ボルト接合とする工事現場での混用接合は、原則として高力ボルトを先に締付け、その後溶接を行った。

(4) 柱の溶接継手のエレクションピースに使用する仮ボルトは、普通ボルトを使用し、全数締め付けた。

> 解説　柱の溶接継手のエレクションピースに使用する仮ボルトは、高力ボルトを使用し、全数締め付ける。　　　　　　　　　　　　　　　　解答　(4)

問2 1 建方

大空間鉄骨架構の建方に関する記述として、最も不適当なものはどれか。

(1) スライド工法は、移動構台上で所定の部分の屋根鉄骨を組み立てた後、構台を移動させ、順次架構を構築する工法である。

(2) 総足場工法は、必要な高さまで足場を組み立てて、作業用の構台を全域にわたり設置し、架構を構築する工法である。

(3) リフトアップ工法は、地上または構台上で組み立てた屋根架構を、先行して構築した構造体を支えとして、ジャッキなどにより引き上げていく工法である。

(4) ブロック工法は、地組みした所定の大きさのブロックを、クレーンなどで吊り上げて架構を構築する工法である。

解答 (1)

問3　2　工作一般

鉄骨の加工および組立てに関する記述として、最も不適当なものはどれか。

(1)　鉄骨鉄筋コンクリート造の最上部柱頭のトッププレートに、コンクリートの充填性を考慮して、空気孔を設けた。

(2)　高力ボルト接合の摩擦面は、ショットブラストにて処理し、表面あらさは 30μmRz以上を確保した。

(3)　冷間成形角形鋼管の角部は、大きな冷間塑性加工を受けているので、その部分への組立て溶接を避けた。

(4)　半自動溶接を行う箇所の組立て溶接の最小ビード長さは、板厚が12mmだったので、40mmとした。

解説　高力ボルト接合の摩擦面は、ショットブラストにて処理し、表面あらさは 50μmRz以上確保する。　　解答 (2)

問4　3　高力ボルト接合

高力ボルト接合に関する記述として、最も不適当なものはどれか。

(1)　締付け後の高力ボルトの余長は、ねじ1山から6山までの範囲であることを確認した。

(2)　ねじの呼びがM22の高力ボルトの1次締付けトルク値は、150N·mとした。

(3)　ねじの呼びがM20のトルシア形高力ボルトの長さは、締付け長さに

20mm を加えた値を標準とした。

(4)　高力ボルトの接合部で肌すきが1mmを超えたので、フィラープレートを入れた。

問5　3　高力ボルト接合

高力ボルト接合に関する記述として、最も不適当なものはどれか。

(1)　ねじの呼びがM22のトルシア形高力ボルトの長さは、締付け長さに35mmを加えた値を標準とした。

(2)　ナット回転法による締付け完了後の検査は、1次締付け後の本締めによるナット回転量が120°±45°の範囲にあるものを合格とした。

(3)　摩擦接合面は、すべり係数0.45以上を確保するため、グラインダー処理後、自然発生した赤錆状態を確認した。

(4)　ねじの呼びがM22の高力ボルトの1次締付けトルク値は、約150N·mとした。

問6　5　溶接接合

鉄骨の溶接に関する記述として、最も不適当なものはどれか。

(1)　溶接部の表面割れは、割れの範囲を確認したうえで、その両端から50mm以上溶接部をはつり取り、補修溶接した。

(2)　完全溶込み溶接の突合せ継手における余盛りの高さが3mmであったため、グラインダー仕上げを行わなかった。

(3)　一般に自動溶接と呼ばれているサブマージアーク溶接を行うにあたり、

溶接中の状況判断とその対応はオペレーターが行った。

(4) 溶接作業場所の気温が−5℃を下回っていたため、溶接部より100mm
の範囲の母材部分を加熱して作業を行った。

> 解説　溶接作業場所の気温が−5℃を下回っている場合は、溶接を行って
> はならない。気温が−5℃〜5℃の場合は、溶接部より100mmの範囲の母
> 材部分を加熱すれば溶接を行うことができる。　　　　　　　解答　(4)

問7　5　溶接接合

鉄骨工事の溶接に関する記述として、最も不適当なものはどれか。

(1) 現場溶接において、風速が5m/sであったため、ガスシールドアーク半
自動溶接の防風処置を行わなかった。

(2) 490N/mm² 級の鋼材の組立て溶接を被覆アーク溶接で行うため、低水
素系溶接棒を使用した。

(3) 柱梁接合部の梁端部の溶接は、塑性変形能力が低下しないよう、入熱と
パス間温度の管理を特に重点的に行った。

(4) クレーンガーダーのエンドタブは、溶接後切断してグラインダーで平滑
に仕上げた。

> 解説　ガスシールドアーク半自動溶接の作業可能な風速は2m/s以下であ
> る。風速が2m/sを超える場合の作業には、防風設備などの処置を行わな
> ければならない。　　　　　　　　　　　　　　　　　　　解答　(1)

第14章

躯体施工（7）建設機械

1 揚重運搬機械　

▶ クレーン

クレーンとは、動力により荷を吊り上げて、水平方向に移動（運搬）することを目的とする機械装置である。人力により荷を吊り上げるものや吊り上げ荷重が0.5t未満のものは、クレーンに該当しない。ただし、水平方向に移動させる場合は、動力でも人力でもどちらでもよい。

屋外に設置されたクレーンの作業は、**10分間の平均風速が10m/s以上の強風の場合およびそのおそれがある場合は中止**する。

瞬間風速が30m/sを超える風が吹いた後にクレーンを使用する場合は、作業に先立ちクレーン各部の点検を行う。

荷を吊り上げる場合は、**地切り（吊り荷を地面から離すこと）後に巻上げ**を一旦停止して荷崩れの有無や機械の安定性などを確認する。

送配電線に対する最小離隔距離および安全距離は下表のとおりである（建築工事監理指針より）。

電路	送電電圧〔V〕		最小離隔距離	
			離隔距離〔m〕 （労働基準局長通達）	安全距離〔m〕 （電力会社の目標値）
配電線	低圧	100～200以下	1.0	2.0
	高圧	6,600以下	1.2	2.0
送電線	特別高圧	22,000以下	2.0	3.0
		66,000以下	2.2	4.0
		154,000以下	4.0	5.0
		275,000以下	6.4	7.0
		500,000以下	10.8	11.0

［クレーンの吊り上げ荷重］　クレーンの構造や材料などに応じて吊り上げることができる、吊り具（フックやグラブバケットなど）の重量を含めた最大

荷重を吊り上げ荷重という。

［クレーンの定格総荷重］ クレーンの構造、材料およびジブの傾斜角や長さなどに応じて吊り上げることができる最大の荷重で、吊り具の重量を含めた荷重を定格総荷重という。

［クレーンの定格荷重］
- ジブクレーン：クレーンの構造、材料およびジブの傾斜角や長さなどに応じて吊り上げることができる最大の荷重（定格総荷重）から吊り具の重量を除いた荷重をいう。
- ジブを有しないクレーン：吊り上げ荷重からフックなどの吊り具の重量を除いた荷重をいう。

［移動式クレーンの吊り上げ荷重］ アウトリガーを最大限張り出した状態で、ジブの長さを最短、傾斜角を最大にした場合に吊り上げることができる最大の荷重で、吊り具（フックやグラブバケットなど）の重量を含めた荷重を移動式クレーンの吊り上げ荷重という。

［移動式クレーンの定格総荷重］ 移動式クレーンの構造、材料およびジブの傾斜角や長さなどに応じて吊り上げることができる最大の荷重で、吊り具の重量を含めた荷重を移動式クレーンの定格総荷重という。

［移動式クレーンの定格荷重］ 移動式クレーンの構造、材料およびジブの傾斜角や長さなどに応じて吊り上げることができる最大の荷重（定格総荷重）から吊り具の重量を除いた荷重を移動式クレーンの定格荷重という。

　移動式クレーンを使用する場合は、機械の自重や吊り荷重量によるアウトリガーの反力に対して作業地盤の支持力の検討を行い、すき間のないように鉄板を敷き並べるなどの措置をとる。

　地上高さ60 m以上のクレーンの先端には、航空障害灯を設置する。

● ロングスパン工事用エレベーター

　搬器として長さが3.0 m以上の荷台を使用し、定格速度が10 m/min以下の工事用エレベーターをロングスパン工事用エレベーターという。

［ロングスパン工事用エレベーターの搬器］
- 搭乗者、積荷などによる衝撃に対して、堅固であること。
- 運転者および同乗者などが搭乗する部分（搭乗席）の周囲には、1.8 m以上

の囲いを設ける。

- 搭乗席には堅固なヘッドガードを設け、落下物による危害を防止する。
- 荷置き部分（搭乗席以外の部分）の周囲には、堅固で高さ90cm以上の中さんおよび幅木を取り付けた手すりを設けなければならない。

［ロングスパン工事用エレベーターに備えなければならない安全装置］

- 昇降していることを知らせる警報装置（安全上支障がない場合を除く）
- 容易に搬器の傾きを矯正できる装置
- 搬器の傾きが勾配1/10を超えないうちに、動力を自動的に遮断する遮断装置
- 遮断設備が設置されているエレベーターの場合は、遮断設備が閉じていなければ搬器の昇降ができない装置
- 走行式エレベーターの場合は、搬器が最下部に下りた状態でなければ走行ができない装置

［床先の間隔］ 昇降路の出入口の床先と搬器の出入口の床先の間隔は、4cm以下とする。

［非常止め装置］ 工事用エレベーターは、非常止め装置を設けなければならない。

- 次第ぎき非常止め装置：搬器の落下などの非常時に、搬器の降下を制御し徐々に停止させる装置。定格速度が0.75m/sを超えるエレベーターの場合は、次第ぎき非常止め装置としなければならない。
- 早ぎき非常止め装置：搬器の落下などの非常時に搬器を急停止させる装置で、定格速度が0.75m/s以下のエレベーターであれば用いることができる。

建設用リフト

建設工事に用いる資材専用エレベーターをいう。

建設用リフトの停止階は、荷の積卸口に遮断設備を設ける。

建設用リフトの定格速度は、搬器に積載荷重相当の重量の積荷を載せて、上昇させた場合の最高速度をいう。

運転者は、搬器を上げたままの状態で運転位置から離れてはならない。

建設用リフトの組立ておよび解体にあたっては次のとおりの措置を行う。

［作業責任者の選任］ 作業責任者を選任し、責任者の指揮のもと作業を実

施する。

　作業責任者の職務は以下のとおり。

①作業方法、作業員の配置を決定し、それに基づき作業の指揮をとる。

②建設用リフトの材料、組立ておよび解体に必要な器具や工具の機能などの点検を行い、欠陥や不良品がある場合は交換する。

③作業中の作業員に対する監視および指導

- 要求性能墜落制止用器具（原則、フルハーネス型）の適切な使用状況
- 保護帽の適切な使用

［立入りの禁止］　作業区域内への関係作業員以外の立入りを禁止する。

［悪天候の場合］　悪天候の場合、作業を中止する。

▶ クレーンの種類

［トラッククレーン］　トラックの走行部にアウトリガーを装備し、台車にクレーンを搭載したもので、走行用、クレーン作業用のそれぞれに運転席が設けられている。小型から大型まであり、操作性、機動性および移動性に優れ、幅広い用途に用いられる。油圧により機動させる油圧式と機械式およびその複合方式がある。

● 油圧式トラッククレーン

● 機械式トラッククレーン

［クローラクレーン］　走行部にクローラ（キャタピラ）を巻き、台車にクレーンを搭載しており、上部の旋回部分に運転席、原動機が設けられている。走行速度は極めて遅いが、左右のキャタピラの設置面積が大きいので安定性に優れ、整地されていな

● クローラクレーン

い場所や軟弱地盤などの悪路走行が可能である。機動性に優れ、幅広い用途

に用いられる。

［ホイールクレーン］ ゴムタイヤで自走し、走行とクレーン作業が1つの運転室で操作ができ、機動性に優れ、狭い工事現場などの狭小地での作業にも適している。

［タワークレーン］ 建築物の外部に設置するものと建築物の内部に設置するものがある。

- 傾斜ジブ式タワークレーン：ジブの起伏動作により作業半径が自由に取れ、**大質量揚重に適している**。
- 水平ジブ式タワークレーン：吊り荷は、水平なジブに取り付けたトロリにより水平移動を行う。安定性に優れ、作業効率がよい。

2 掘削機械・杭地業工事用掘削機

▶ 掘削機械

［バックホウ］ ショベルをオペレーター側（下向き）に向けて取り付けた建設機械で、**地盤面より低い位置の掘削に適している**。掘削深さは6m程度で、固い地盤の掘削にも用いられる。

［パワーショベル］ 機械を設置した地盤面より高い位置（5m程度）の掘削に適している。

［クラムシェル］ 土工事の根切り掘削に用いられ、**掘削深さは40m程度**で軟弱地盤の掘削に適している。

▶ 杭地業工事用掘削機

掘削機	杭径〔m〕	掘削方式	掘削能力〔m〕
アースドリル掘削機	0.7〜3.0	回転バケット	50m程度
リバース掘削機	0.8〜4.0	回転ビット	70m程度
オールケーシング掘削機	1.0, 1.1, 1.2, 1.3, 1.5, 1.8, 2.0	ハンマーグラブ	40m程度

出典：建築工事監理指針、社団法人公共建築協会より

> **point ワンポイントアドバイス**
> ショベル系掘削機の登坂能力：クローラ式＞ホイール式

3 その他の建設機械

▶ 地盤転圧機

［ロードローラー］

- マカダム式ローラー：主に路床や路盤およびアスファルト舗装の締固めなどに用いられ、鉄輪を三輪車形状に配置した締固め機械。
- タンデム式ローラー：アスファルト舗装の表層仕上げに適していて、鉄輪を前後に配置した締固め機械。

● マカダム式ローラー

● タンデム式ローラー

［タイヤローラー］ 大型のゴムタイヤを前後に配置した締固め機械で、砂質土の締固めに適している。空気圧の調整により広範囲の土質にも対応できる。

［振動ローラー］ 振動機により振動を発生させることで地盤の締固めを行う。

● タイヤローラー

▶ ブルドーザー

掘削、整地、土砂の運搬などに用いられる。

▶ トラックアジテータ（コンクリートミキサー車）

荷台にミキシングドラムを装備し、走行中もコンクリートを撹拌しながら運搬できる。

---

point ワンポイントアドバイス

・湿地用ブルドーザーの平均接地圧は、全装備質量が同程度の普通ブルドーザーより小さく、約半分程度である。
・最大混合容量が4.5m³のトラックアジテータは、最大積載時の総質量が約20tである。

問1 1 揚重運搬機械

建設機械に関する記述として、最も不適当なものはどれか。

(1) 建設用リフトの定格速度とは、搬器に積載荷重に相当する荷重の荷を載せて上昇させる場合の最高の速度をいう。

(2) 油圧式トラッククレーンの吊り上げ荷重とは、アウトリガーを最大限に張り出し、ジブ長さを最短にし、ジブの傾斜角を最大にした場合に吊り上げることができる最大の荷重を示す。

(3) 最大混合容量 $4.5\,m^3$ のトラックアジテータの最大積載時の総質量は、約 $20\,t$ である。

(4) ロングスパン工事用エレベーターは、搬器の傾きが $1/8$ の勾配を超えた場合、動力を自動的に遮断する装置を設ける。

> 解説 ロングスパン工事用エレベーターは、搬器の傾きが1/10の勾配を超えないうちに動力を自動的に遮断する装置を設ける。　　　解答 (4)

問2 1 揚重運搬機械

揚重運搬機械に関する記述として、最も不適当なものはどれか。

(1) 建設用リフトは、人および荷を運搬することを目的とするエレベーターで、土木、建築などの工事の作業で使用される。

(2) 建設用リフトは、組立てまたは解体の作業を行う場合、作業を指揮する者を選任して、その者の指揮のもとで作業を実施する。

(3) 移動式クレーンは、10分間の平均風速が $10\,m/s$ 以上の場合、作業を中止する。

(4) 移動式クレーンは、旋回範囲内に $6{,}600\,V$ の配電線がある場合、配電線から安全距離を $2\,m$ 以上確保する。

解説　建設用リフトは、荷だけを運搬することを目的とするエレベーターで、土木、建築などの工事の作業で使用される。　　　　　解答　(1)

問3　2　掘削機械・杭地業工事用掘削機

建設機械に関する記述として、最も不適当なものはどれか。

(1)　アースドリル掘削機は、リバース掘削機に比べ、一般により深い掘削能力がある。

(2)　クラムシェルは、掘削深さが40m程度までの軟弱地盤の掘削に用いられる。

(3)　ホイールクレーンは、同じ運転室内でクレーンと走行の操作ができ、機動性に優れている。

(4)　ショベル系掘削機では、一般にクローラ式の方がホイール式よりも登坂能力が高い。

解説　一般に、杭地業工事用の掘削機の掘削能力は、リバース掘削機が70m程度で一番深く掘削でき、次いでアースドリル掘削機で50m程度、オールケーシング掘削機は40m程度である。よって、掘削能力は、アースドリル掘削機＜リバース掘削機となる。　　　　　解答　(1)

第15章

躯体施工（8）耐震改修工事

1 柱補強工事

出題頻度 ★★★

▶ RC巻き立て工法

　既存柱を鉄筋コンクリートなどにより巻き立てて補強する方法。

［巻き立て部の厚さ］　補強鉄筋や溶接金網の*かぶり厚*や*品質確保*を考慮して、巻き立て部の厚さは、コンクリートを使用した場合は10cm以上（15cm以上が望ましい）、モルタルの場合は6cm以上とする。

［溶接閉鎖フープ巻き工法］　フープはD10以上、間隔100mm以下とする。主筋の径はフープ筋の1サイズUP、間隔は250mm以下とする。

　フープの端部の継手は、一般に溶接接合とし、重ね長さは10d以上のフレアー溶接とする。135°および180°フックの閉鎖形でもよい。

　柱に袖壁あるいは耐震壁が接続する場合は次のようにする。

- 柱際のコンクリートを除去し、柱の四周を巻き立て補強する。
- 既存壁の主筋を避けた位置に補強用フープ筋を貫通させて、フープ筋は互いに溶接して巻き立て補強を行う。

［溶接金網巻き工法］　溶接金網は分割して建て込み、金網相互は*重ね継手*とし、継手長さを十分に確保する。溶接金網は型枠建込み用のセパレーターに結束して*かぶり厚さ*を確保する。

［RC巻き立て工法で腰壁や垂れ壁が接続する柱を補強する場合］

　剛強な壁が接続する場合は、腰壁〜垂れ壁間の柱部分を補強する。

　厚さの薄い壁が接続する場合は次のとおりとする。

- 柱際にスリットなどを設けて柱と壁の縁を切り、柱の全長を補強する。
- 既存壁の主筋を避けた位置に補強用フープ筋を貫通させて、フープ筋は互いに溶接して巻き立て補強を行う。

　柱耐力の増大、面外方向の曲げ応力に対する柱のせん断補強を行う場合は腰壁や垂れ壁が接続する柱部分も含めて、柱の全長に渡って巻き立て補強を行う。

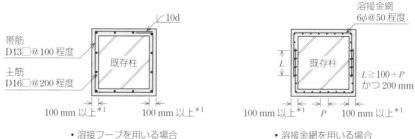

• 溶接フープを用いる場合 ・ 溶接金網を用いる場合

* 1　モルタルでは 60 mm 以上

出典：既存鉄筋コンクリート造建築物の耐震診断基準・改修設計指針・同解説、一般財団法人建築防災協会、
p.153

● RC 巻き立て工法の形状例

鋼板巻き工法

　既存柱に薄い鋼板を巻いて柱と鋼板の隙間に流動性のあるグラウト材 (無収縮モルタル) を充填する補強方法。

[角形鋼板補強・円形鋼板補強]　鋼板厚は 4.5 mm 以上とする。鋼板は、工場で分割して製作したものを溶接して一体化する。角形鋼板補強のコーナー折り曲げ部の内法半径は、鋼板厚の 3 倍以上とする。鋼板相互の継手は、突合せ溶接とする。

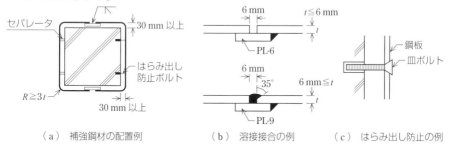

（ a ）　補強鋼材の配置例　　　（ b ）　溶接接合の例　　　（ c ）　はらみ出し防止の例

● 角形鋼板補強

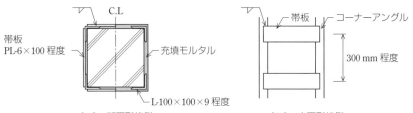

（a） 断面形状例　　　　　　　（b） 立面形状例

出典：既存鉄筋コンクリート造建築物の耐震診断基準・改修設計指針・同解説、一般財団法人建築防災協会、p.161

● 帯板補強

連続繊維補強工法

　既存柱に炭素繊維やアラミド繊維およびガラス繊維などの繊維シートを巻き付ける補強方法。以下の点に注意する。

- レイタンス、脆弱部、埃および表面の凹凸などは確実に除去し、下地面は平滑に仕上げる。
- 柱コーナー部分は面取りを施す。
- 連続させる繊維シートは、突合せか重ねとし、すき間なく巻き付ける。
- 連続させる各繊維シートの重ね長さは次表のとおり。

繊維	重ね長さ
炭素繊維	200mm以上
アラミド繊維	200～300mm以上
ガラス繊維	50mm以上

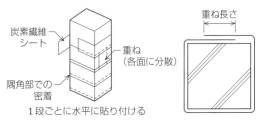

出典：既存鉄筋コンクリート造建築物の耐震診断基準・改修設計指針・同解説、一般財団法人建築防災協会、p.163、p.168

● 炭素繊維シート巻き付け補強

耐震スリット

［耐震スリット］　原則として完全スリットとする。

［完全スリット］　壁の厚さ方向のすべてにおいて、コンクリートカッター

にて切断する。

［スリット幅］ 30mm以上かつスリット高さの1/50以上とする。

2 壁補強工事 　　　　出題頻度 ★★

あと施工アンカー

あと施工アンカーは、増設壁に接するすべての柱梁に設けるものとする。

増設壁側のあと施工アンカー周辺部は、スパイラル筋やはしご筋などの割裂防止筋を設ける。スパイラル筋の鉄筋径は6mm以上とする。

グラウト材

増設壁上部と既存梁下の20cm程度のすき間に圧入によりグラウト材を打ち込む場合、途中で中断するとパイプの目詰まりや打継ぎ不良の原因となるので、一度に連続して行う。

グラウト材は、水温管理が必要で、水温10℃以上の水にて練り上げて練上り時の温度が10〜35℃の範囲内のものとする。

グラウト材の充填状況の確認は、空気抜きから溢れ出ることにより行う。

耐震壁の増設

既存構造体の打継ぎ面となる範囲は、すべて目荒しを行い、あと施工アンカーなどを用いて後打ちコンクリートとの一体化を図る必要がある。

既存コンクリートと後打ちコンクリートの打継ぎ面における付着や摩擦力に悪影響となる埃や油分などは完全に除去する。

既存壁に増打ち壁を設ける場合に、既存壁と増打ち壁を一体化させるためのシヤーコネクターを型枠固定用としてセパレーターの代わりに用いてもよい。

コンクリート圧入工法はコンクリートポンプの圧送力を利用した打設方法で、増設部の打ち継ぎ面へのコンクリートの打設においても適しており、既存の梁下と増設壁とのすき間も生じにくい工法である。

鉄筋コンクリート造の耐震改修における柱補強工事に関する記述として、不適当なものを2つ選べ。

(1)　RC巻き立て補強の溶接閉鎖フープ巻き工法において、フープ筋の継手はフレア溶接とした。

(2)　RC巻き立て補強の溶接金網巻き工法において、溶接金網相互の接合は重ね継手とした。

(3)　連続繊維補強工法において、躯体表面を平滑にするための下地処理を行い、隅角部は直角のままとした。

(4)　鋼板巻き工法において、工場で加工した鋼板を現場で突合せ溶接により一体化した。

(5)　鋼板巻き工法において、鋼板と既存柱のすき間に硬練りモルタルを手作業で充填した。

> 解説　連続繊維補強工法では、躯体表面を平滑にするための下地処理を行い、隅角部は面取りを施す。鋼板巻き工法では、鋼板と既存柱のすき間は流動性の高い無収縮モルタルで充填する。　　　　　　解答　(3)(5)

鉄筋コンクリート造の耐震改修工事における柱への溶接閉鎖フープを用いた巻き立て補強に関する記述として、最も不適当なものはどれか。

(1)　フープ筋のコーナー部の折曲げ内法直径は、フープ筋の呼び名に用いた数値の2倍とした。

(2)　壁付きの柱は、壁に孔をあけて閉鎖型にフープ筋を配置し補強した。

(3)　フープ筋の継手は片側フレア溶接とし、溶接長さはフープ筋の呼び名に

用いた数値の 10 倍とした。

(4) 柱の外周部は、コンクリートの巻き立て部分の厚さを 100 mm とした。

解説　フープ筋のコーナー部の折曲げ内法直径は、D16 以下の鉄筋を用いた場合、フープ筋の呼び名に用いた数値の 3 倍以上 とする。　　解答 (1)

問3　**2　壁補強工事**

鉄筋コンクリート造の耐震改修工事における現場打ち鉄筋コンクリート耐震壁の増設工事に関する記述として、最も不適当なものはどれか。

(1) 壁上部と既存梁下との間に注入するグラウト材の練上り時の温度は、練り混ぜる水の温度を管理し、10 〜 35℃ の範囲とする。

(2) 打継ぎ面となる範囲の既存構造体コンクリート面は、すべて目荒しを行う。

(3) 既存壁に増打ち壁を設ける工事において、シヤーコネクターを型枠固定用のセパレーターとして兼用してもよい。

(4) コンクリートポンプなどの圧送力を利用するコンクリート圧入工法は、既存の梁下との間にすき間が生じやすいので採用できない。

解説　コンクリートポンプなどの圧送力を利用するコンクリート圧入工法は、既存の梁下との間にすき間が生じにくい工法である。　　解答 (4)

第16章 仕上施工（1）防水・シーリング工事

1 アスファルト防水

出題頻度 ★★★

▶ 工法の種類

[密着工法]

• 下地面に防水層を全面に密着させる工法。

• 屋上防水や室内防水などで多用される。

[絶縁工法]

• 一般部は下地面に防水層を全面接着させず部分接着とし、立上り部や周辺部を密着張りとする工法。

• 下地のひび割れや継目の挙動による防水層の破断を防ぐことができる。

• 防火層の最下層にあなあきルーフィングを用いる工法が多く用いられる。

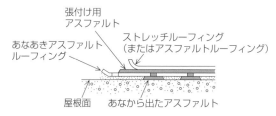

張付け用
アスファルト

あなあきアスファルト
ルーフィング

ストレッチルーフィング
（またはアスファルトルーフィング）

屋根面　　あなから出たアスファルト

● 絶縁工法

▶ 施工上の留意点

[下地]

• 平場のコンクリート下地は金ごてによる仕上とする。

• 入隅は半径50mm程度の丸面または45°に仕上げる。

• 出隅は45°に仕上げる。

［アスファルトの融解］

- 同一アスファルトの融解は3時間以上続けないようにする。
- 施工時の温度が低すぎると接着力が低下し、ルーフィングが剥離しやすくなるので、溶融温度の下限は230℃程度（低煙・低臭タイプは210℃程度）とする。

［アスファルトルーフィング類の張付け］　平場には、次のとおり張り付ける。

- 積層方法は千鳥張り工法とする。
- 継目は縦横とも100 mm以上重ね合わせて、水下側のルーフィングが下になるように張り付ける。
- 上下層の継目は同一箇所にならないようにする。
- 絶縁工法においては、砂付きあなあきルーフィングは砂付き面を下向きにし、通気性を妨げないように突付張りとする。

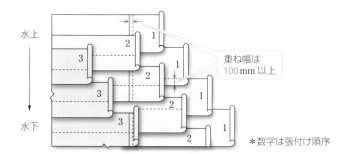

水上

水下

重ね幅は
100 mm以上

＊数字は張付け順序

● ルーフィング類の貼り重ね

　出隅・入隅・立上りの出隅および入隅には次のとおり張り付ける。

- 幅300 mm以上のストレッチルーフィングを増張りする。
- 平場部のルーフィング類を張り付けた後、立上り部のアスファルトルーフィング類を150 mm張り重ねる。
- 絶縁工法においては、幅700 mm以上のストレッチルーフィングを用い、平場部分に500 mm以上かけて増張りする。

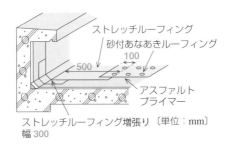

ストレッチルーフィング
砂付あなあきルーフィング
100
500
アスファルト
プライマー
ストレッチルーフィング増張り〔単位：mm〕
幅300

● 入隅部の増張り

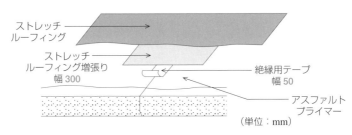

ストレッチ
ルーフィング
ストレッチ
ルーフィング増張り
幅300
絶縁用テープ
幅50
アスファルト
プライマー
（単位：mm）

● コンクリート打継ぎ部の処理例

　スラブの打継ぎ箇所やひび割れ箇所には幅50mm程度の絶縁テープを張り付け、その上に幅300mm程度のストレッチルーフィングを増張りする。

　ドレン・貫通パイプ回りには網状ルーフィングを張り付け、十分にアスファルトの目つぶし塗りをする。

2　シート防水

出題頻度 ★★☆

▶ 下地

- 平場のコンクリート下地は金ごてによる仕上とする。
- 入隅は直角に仕上げる。
- 出隅は丸面または45°に仕上げる。

▶ 留意点

　水勾配に従い水下から行い、下地に全面接着する。

重ね幅と接合方法は加硫ゴム系、塩化ビニル樹脂系において、それぞれ次表のように接合する。

	重ね幅			接合順序	接合方法
	縦	横	立上がり		
加硫ゴム系	100mm 以上	100mm 以上	150mm 以上	平場先行	接着剤による接合 （テープ状シール材併用）
塩化ビニル樹脂系	40mm 以上	40mm 以上	40mm 以上	平場先行	溶剤接着または熱接着 （液状またはひも状シール材併用）

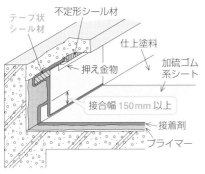

立上り部の張り方　　　　シートの接合部

● 加硫ゴム系の張付け

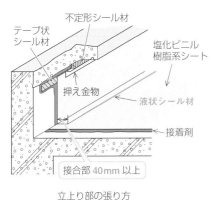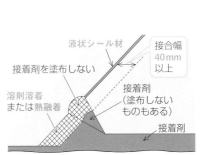

立上り部の張り方　　　　シートの接合部

● 塩化ビニル樹脂系の張付け

3 塗膜防水

▶ 下地の仕上と補強

- 平場のコンクリート下地は金ごてによる仕上とする。
- 入隅は直角に仕上げる。
- 出隅は丸面または45°に仕上げる。
- コンクリートの打継ぎ目地やひび割れ箇所はU字形にはつり、シーリング材を充填し、幅100mm以上の補強布を用いて補強塗りを行う。
- 出隅および入隅、ルーフドレン、配管などの取り合いは、幅100mm以上の補強布を用いて補強塗りを行う。

▶ 留意点

- 防水層の下地からの水蒸気を排出するために、脱気装置を50〜100m^{2}に1か所の割合で設置する。
- 塗継ぎの重ね幅は100mm以上とし、補強布の重ね幅は50mm以上とする。

4 シーリング工事

▶ シーリングの材料

【プライマー】 目地充填されたシーリング材と被着体とを強固に接着して、シーリング材の機能を長時間維持させる。

【バックアップ材】 シーリングを施す目地底に設ける合成樹脂または合成ゴム製の成形材で3面接着の回避、充填深さの調整、目地底の形成を目的として用いる。

裏面に接着剤がついているものは目地幅より1mm程度小さいもの、裏面に接着剤がついていないものは目地幅より2mmほど大きいものを使用する。

【ボンドブレーカー】 紙、布およびシリコーンなどからなるテープ状の材料で、目地底が浅い場合に、目地底にシーリング材が接着しないように用いる。

[マスキングテープ] プライマー塗布およびシーリング充填部以外の汚れ防止、目地縁の線の通りをよくするために用いる粘着テープ。

▶ 施工上の留意点

[施工時の環境] 下記のような場合は作業を中止する。

- 被着体が5℃以下や50℃以上になるおそれがあるとき。
- 湿度が85％を超えるとき。
- 降雨のおそれがあるとき。

[目地寸法] 特記のない場合、次表のような寸法とする。

	幅	深さ
コンクリートの打継ぎ目地 ひび割れ誘発目地	20 mm以上	10 mm以上
ガラスまわりの目地	5 mm以上	5 mm以上
上記以外の目地	10 mm以上	10 mm以上

[その他の留意点]

- コンクリートの打継ぎ目地や湿式の石張り、タイル張りの目地などは目地の変異が極めて少なく（ノンワーキングジョイント）、通常3面接着の目地とする。
- マスキングテープの除去は、シーリング材表面仕上後、直ちに行う。
- 目地の打始めは原則として、目地の交差部またはコーナー部から行う。
- 目地の打継ぎは目地の交差部およびコーナー部は避け、そぎ継ぎとなるように斜めに仕上げる。

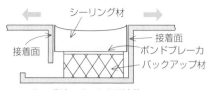

● ワーキングジョイント2面接着

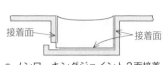

● ノンワーキングジョイント3面接着

point 🖐 ワンポイントアドバイス

・ノンワーキングジョイントは通常3面接着の目地とする。

演習問題チャレンジ（章末問題）

問1 　**1** 　**アスファルト防水**

アスファルト防水工事に関する記述として、最も不適当なものはどれか。

(1) 貫通配管回りに増張りした網状アスファルトルーフィングは、アスファルトで十分に目つぶし塗りを行った。

(2) パラペットの立上り入隅部に用いる成形キャント材は、角度45°、見付幅70mm程度のものとした。

(3) ALCパネルの接合部は、30mm以上の絶縁用テープを張り付け、その上に幅150mm以上のストレッチルーフィングを増張りした。

(4) 平場の張付けにおいて、継目は縦横とも100mm以上重ね合わせて張り付ける。

解説　ALCパネルの接合部は50mm以上の絶縁テープを張り付け、その上に幅300mm以上のストレッチルーフィングを増張りする。　　　解答　(3)

問2 　**1** 　**アスファルト防水**　　　応用能力問題

屋根保護アスファルト防水工事に関する記述として、不適当なものを2つ選べ。

(1) コンクリート下地のアスファルトプライマーの使用量は$0.2\,kg/m^2$とした。

(2) 出隅および入隅は平場部のルーフィング類の張付けに先立ち、幅150mmのストレッチルーフィングを増張りした。

(3) 立上り部のアスファルトルーフィング類を張り付けた後、平場部のルーフィング類を150mm張り重ねた。

(4) 保護コンクリート内の溶接金網は線径6.0mm、網目寸法100mmのものを敷設した。

(5)　保護コンクリートの伸縮調整目地はパラペット周辺などの立上り際より600mm離した位置から割り付けた。

解説　出隅および入隅は平場部のルーフィング類の張付けに先立ち、幅300mm以上のストレッチルーフィングを増張りする。平場部のルーフィング類を張り付けた後、立上り部のアスファルトルーフィング類を150mm張り重ねる。　　　　　　　　　　　　　　　　　解答　(2)(3)

問3 **2** **シート防水**

合成高分子系ルーフィングシート防水工事に関する記述として、最も不適当なものはどれか。

(1)　プライマーは、その日に張り付けるルーフィングの範囲に、ローラーばけを用いて規定量をむらなく塗布した。

(2)　加硫ゴム系ルーフィングシートの重ね部は熱融着し、接合端部をひも状シール材でシールした。

(3)　軽歩行が可能となるように、加硫ゴム系シート防水の上にケイ砂を混入した厚塗り塗料を塗布した。

(4)　塩化ビニル樹脂系シート防水の出入隅角には、水密性を高めるためシートの施工後に成形役物を張り付けた。

解説　加硫ゴム系はテープ状シール材を併用した接着剤によって接合する。　　　　　　　　　　　　　　　　　　　　　　　　　　　　解答　(2)

問4 **3** **塗膜防水**

塗膜防水に関する記述として、最も不適当なものはどれか。

(1)　ウレタンゴム系防水材の塗継ぎの重ね幅を50mm、補強布の重ね幅は100mmとした。

(2)　ウレタンゴム系防水材の平場部の総使用量は、硬化物比重が1.0のもの

を使用し、3.0 kg/m² とした。

(3) ゴムアスファルト系地下外壁仕様において、出隅および入隅は補強布を省略し、ゴムアスファルト系防水材を用いて、増吹きにより補強塗りを行った。

(4) ゴムアスファルト系室内仕様の防水材の総使用量は、固形分60％のものを使用し、4.5 kg/m² とした。

> 解説 塗継ぎの重ね幅は100 mm 以上、補強布の重ね幅は50 mm 以上とする。
> 解答 (1)

シーリング工事に関する記述として、最も不適当なものはどれか。

(1) 気温10℃、湿度85％であったので、シーリングの施工を中止した。

(2) バックアップ材は、裏面粘着剤の付いていないものを使用するので、目地幅より2 mm 程度大きいものとした。

(3) シーリング材の充填は目地の交差部から始め、打継ぎ位置も交差部とした。

(4) コンクリートの水平打継ぎ目地のシーリングは3面接着とし、2成分形変成シリコーン系シーリング材を用いた。

> 解説 目地の打継ぎは目地の交差部およびコーナー部は避け、そぎ継ぎとなるように斜めに仕上げる。
> 解答 (3)

仕上施工（2）タイル・石工事

1 タイル工事 出題頻度 ★★★

▶ 壁タイル張り工法の種類と特徴

［密着張り（外壁・内壁）］

- タイル張り用振動機（ヴィヴラート）を用いて、下地面に塗った張付けモルタルに埋め込むように密着させ張り付ける工法。
- 張付けモルタルの1回の塗付け面積は2m²程度で、20分以内にタイルを張り終える面積とする。
- 張付けモルタルの塗り厚は5〜8mmとし、2回に分けて塗る。
- 上部から下部へと張る。
- 目地の深さは、タイル厚の1/2以下となるようにする。

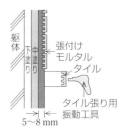

● 密着張り

［改良積上げ張り（外壁・内壁）］

- タイル裏面に張付けモルタルを平らに塗り付け、1枚ずつ下地に押さえつけ、木づちなどでたたき締めて張る工法。
- 塗り付けたモルタルの塗置き時間は5分以内とする。
- 張付けモルタルの塗り厚は4〜7mmとする。
- タイルは下部から上部へと張る。
- 1日の積上げ高さは1.5m程度とする。

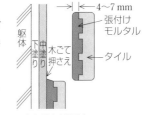

● 改良積上げ張り

［改良圧着張り（外壁・内壁）］

- タイル裏面に張付けモルタルを塗り付け、タイルを圧着する工法。
- 張付けモルタルの1回の塗付け面積は2m²程度で、60分以内にタイルを張

り終える面積とする。

- 張付けモルタルの塗り厚は下地面は4〜6mm、タイル側は3〜4mmとする。
- タイルは1枚ずつ張る。

[モザイクタイル張り（内壁）]

- 下地面に張付け用モルタルを塗り、タイルの大きさが25mm角以下のモザイクユニットタイルをたたき押さえして張り付ける工法。
- 張付けモルタルの塗り厚は3〜5mmとする。
- 張付けモルタルの1回の塗付け面積は3m²程度で、20分以内にタイルを張り終える面積とする。

[マスク張り（外壁・内壁）]

- モザイクタイル張りの短所である接着力のばらつきを少なくし、安定した接着力を得るように改良した工法。
- 張付けモルタルの塗り厚は3〜4mmとする。
- 塗り付けたモルタルの塗置き時間は5分以内とする。

[接着剤張り（内壁）]

- 接着剤を使って、ほぼ圧着張りと同様の工程でタイル張りする工法。
- 接着剤の1回の塗付け面積は2m²程度で、30分以内にタイルを張り終える面積とする。
- 接着剤は塗り厚を厚くし、金ごてなどで平坦に塗布した後、くし目ごてを用いてくし目をつける。

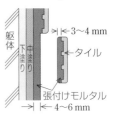
● 改良圧着張り

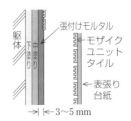
● モザイクタイル張り

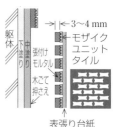
● マスク張り

施工上の留意点

　タイル張り面の伸縮調整目地は、縦目地を3〜4m程度、横目地を各階ごと打継ぎ目地の位置に設ける。

　引張接着強度検査の試験体数は、100m²以下ごと1個以上とし、かつ全面積で3個以上とする。

2 石工事

出題頻度 ★★

▶ 乾式工法による外壁張りについての留意点

［材料］ 石材の有効厚さは、外壁の場合は30mm以上、内壁の場合は25mm以上とする。

石材の大きさは下記のとおりとする。

- 幅　：1,200 mm以下
- 高さ：800 mm以下
- 面積：0.8 m² 以下
- 重量：70 kg以下

［施工］

- だぼ用の穴の位置は石材の上端横目地合端に2か所、両端部より石材幅の1/4程度の位置に設ける。また板厚方向に対しては中央とする。
- ファスナーはステンレス製（SUS30または同等以上）とする。
- 石材の裏面と駆体コンクリートの間隔は70mmを標準とする。
- スライド方式のファスナーに設けるだぼ用の穴は、外壁の面内方向のルーズホールとする。
- 目地幅は8mm以上とし、シーリング材を充填する。

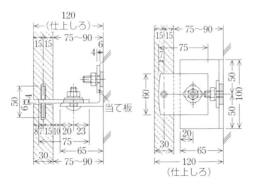

● 乾式工法

問1　1　タイル工事

壁のタイル張り工事に関する記述として、最も不適当なものはどれか。

(1)　密着張りの張付けモルタルは2度塗りとし、その塗り付ける面積は、20分以内にタイルを張り終える面積とした。

(2)　25mm角モザイクタイル張りの張付けモルタルの1回の塗付け面積は、3m²とした。

(3)　接着剤張りの接着剤は、下地に厚さ3mm程度になるように塗布し、くし目ごてでくし目を立てた。

(4)　二丁掛けタイルの改良積上げ張りにおいて、1日の張付け高さを1.8mとした。

> 解説　改良積上げ張りの1日の張付け高さは、<u>1.5m以内</u>とする。　解答　(4)

問2　2　石工事

乾式工法による外壁張り石工事に関する記述として、最も不適当なものはどれか。

(1)　厚さが30mmの石材のだぼ穴中央位置は、石材の裏面から15mmとした。

(2)　石材の最大寸法は、幅1,000mm、高さ800mmとし、面積で0.8m²以下とした。

(3)　ダブルファスナー形式の場合の取付け代として、石材裏面と躯体コンクリート面の間隔を50mmとした。

(4)　スライド方式のファスナーに設けるだぼ用の穴は、外壁の面内方向のルーズホールとした。

> 解説　乾式工法の場合、<u>70mm</u>を標準とする。　解答　(3)

仕上施工（3）屋根工事

1 金属板葺

出題頻度 ★★★

工法の種類

平葺（一文字葺）、心木あり瓦棒葺、心木なし瓦棒葺、折板葺などがある。

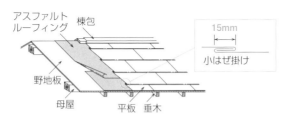

アスファルトルーフィング　棟包　15mm　小はぜ掛け　野地板　母屋　平板　垂木

● 平葺きと下はぜの折返し幅

施工上の留意点

［下葺き］ アスファルトルーフィングは上下（流れ方向）は100mm以上、左右は200mm以上重ね合わせる。留付けは重合せ部は間隔300mm内外に、その他は要所に、タッカー釘などで留め付ける。

［材料］ 厚みは0.35〜0.4mmとする。留付け用の釘、小ねじ、タッピングねじ、およびボルト類は亜鉛めっきまたはステンレス製とする。

［加工］ 折曲げは切れ目を入れず、めっきおよび地肌に亀裂を生じさせないように行う。小はぜ掛けの下はぜの折返し幅は、15mm程度とする。吊子は葺板と同種、同材とし、幅30mm、長さ70mm程度とする。

心木あり瓦棒葺および心木なし瓦棒葺においては、次のようにする。

- 吊子は450mm以下の間隔で取り付ける。
- 水上部分と壁との取合い部には雨押えを設け、上部を壁に沿って120mm以上立ち上げる。

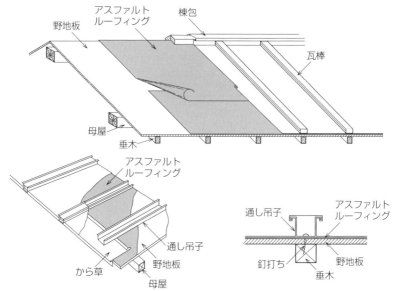

（出典：絵で見る建設図解事典（5）、建築資料研究社、屋根工事より）

● 心木なし瓦棒葺

point ワンポイントアドバイス

小はぜ掛けの下はぜの折返し幅は、15mm程度とする。

2 金属製折板葺

出題頻度 ★★☆

● タイトフレーム

- 取り付けるための墨出しは山ピッチを基準に行う。

- 割付は建物の**桁行き方向の中心**から行う。

- タイトフレームの下地への溶接は、タイトフレームの立上り部分の縁から
  10mm残し、底部両側を**隅肉溶接**とする。隅肉溶接のサイズは**タイトフレーム板厚**と同じとする。

- アンダーカットによりタイトフレームの断面が10％以上欠損した場合は取り替える。

- 溶接は表面に防錆処理が施されたままでよい。

232

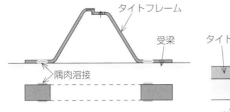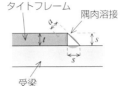

t：タイトフレーム
　　の板厚
s：隅肉のサイズ
a：のど厚 ＝0.7 s

● タイトフレームの溶接接合

▶ 折板の固定

　各山ごとにタイトフレームに固定する。緊結ボルトの間隔は600mm以下とする。

▶ けらば納め

　けらば先端部には1.2m以下の間隔で、折板の山の間隔の3倍以上の長さの変形防止材を取り付ける。

　けらば包みは1.2m以下の間隔で下地に取り付ける。

▶ 軒先納め

　軒先の先端部分の下底に尾垂れ（15°程度）を取り付ける。

▶ 雨押え

　水上部分と壁との取合い部分に設ける雨押えは、壁際で150mm程度立ち上げ、他端は折板に200mm程度覆う。

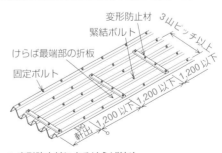

● 変形防止材によるけらば納め

問1 | 1 金属板葺

金属板葺屋根工事に関する記述として、最も不適当なものはどれか。

(1) 平葺の吊子は、葺板と同種同厚の材とし、幅30mm、長さ70mmとした。

(2) 平葺の小はぜ掛けの下はぜの折返し幅は、10mmとした。

(3) 心木なし瓦棒葺の溝板は、通し吊子を介して留め付けた。

(4) 塗装溶融、鉛めっき鋼板を用いた金属板葺きの留付け用くぎ類は、亜鉛めっき製を使用した。

> 解説 小はぜ掛けの下はぜの折返し幅は 15mm 程度とする。　　解答 (2)

問2 | 2 金属製折板葺

金属製折板葺屋根工事に関する記述として、最も不適当なものはどれか。

(1) タイトフレームを取り付けるための墨出しは山ピッチを基準に行い、割付は建物の桁行き方向の中心から行った。

(2) タイトフレームの溶接は、タイトフレームの表面に防錆処理が施されたままで行った。

(3) タイトフレームの下地への溶接は、タイトフレームの立上り部分の縁から10mm残し、底部両側を隅肉溶接とした。

(4) けらばの変形防止材は、折板の山間隔の2倍の長さとし、1.2m間隔で取り付けた。

> 解説 変形防止材は 1.2m以下 の間隔で、折板の山の間隔の 3倍以上の長さ のものを取り付ける。　　解答 (4)

第19章 仕上施工（4）金属工事

1 軽量鉄骨天井下地

出題頻度 ★★★

▶ 材料

［野縁］

	シングル野縁 （$W \times H \times t$）	ダブル野縁 （$W \times H \times t$）	野縁受け （$W \times H \times t$）
19型（屋内）	$25 \times 19 \times 0.5$	$25 \times 19 \times 0.5$	$38 \times 12 \times 1.2$
25型（屋外）	$25 \times 25 \times 0.5$	$25 \times 50 \times 0.5$	$38 \times 12 \times 1.6$

［吊りボルト］ 吊りボルトは$\phi 9 \mathrm{mm}$とする。

▶ 施工上の留意点

［天井下地の組み方］ 野縁受け、吊りボルトおよびインサートの間隔は900mm程度とし、周辺部は端から150mm以内とする。

［野縁の間隔］

	野縁の間隔
下地あり（ボード2枚張り）	360mm
直張り（ボード1枚張り）	300mm
屋外	300mm

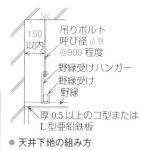

● 天井下地の組み方

［野縁の吊下げ］ 野縁の吊下げは吊りボルト下部の野縁受けハンガーに野縁受けを取り付け、これに野縁クリップを用いて留め付ける。クリップのつめの向きは交互にする。

［天井下地のはね出し］ 野縁は野縁受けから150mm以上はね出してはならない。

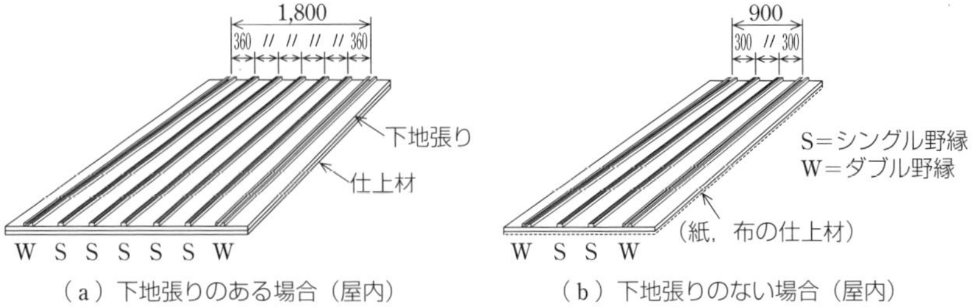
1,800
360 // // // // 360
下地張り
仕上材
W S S S S S W
（a）下地張りのある場合（屋内）
900
300 // 300
S＝シングル野縁
W＝ダブル野縁
（紙，布の仕上材）
W S S W
（b）下地張りのない場合（屋内）

● 野縁の間隔

［振止め補強］ 天井のふところが屋内で**1.5m以上**、屋外で**1.0m以上**の場合、**吊りボルトと同材**またはC-19×10×1.2以上を用いて、水平補強、斜め補強を行う。

- 水平補強：縦横方向に間隔**1.8m程度**に配置。
- 斜め補強：相対する斜め材を1組とし、縦横方向に間隔**3.6m程度**に配置。

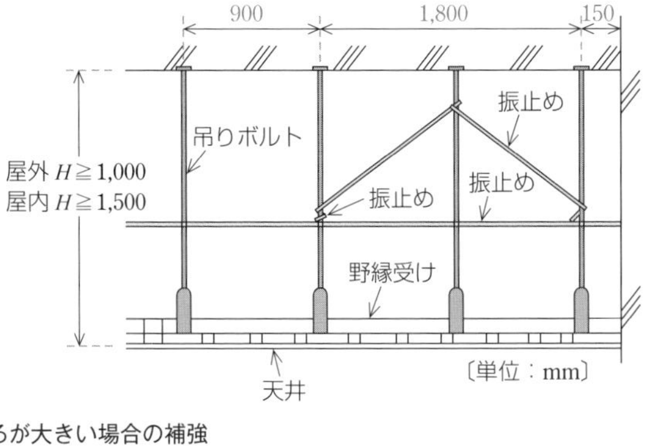
900
1,800
150
吊りボルト
振止め
振止め
振止め
屋外 H≧1,000
屋内 H≧1,500
野縁受け
天井
〔単位：mm〕

● 天井のふところが大きい場合の補強

下がり壁などで天井に段差ができる場合は、野縁受けと同材またはL-30×30×3を間隔**2.7m程度**で入れる。

point ワンポイントアドバイス

野縁の間隔は下地あり（ボード2枚張り）の場合は**360mm**、直張り（ボード1枚張り）の場合は**300mm**。

2 軽量鉄骨壁下地

出題頻度 ★★★

材料

	スタッド	ランナー	振止め	スタッド高さによる区分
50形	50×45×0.8	52×40×0.8	19×10×1.2	2.7m以下
65形	65×45×0.8	67×40×0.8		4.0m以下
90形	90×45×0.8	92×40×0.8	25×10×1.2	4.0mを超え4.5m以下
100形	100×45×0.8	102×40×0.8		4.5mを超え5.0m以下

施工上の留意点

［スタッド］ スタッドの天端と上部ランナー天端とのすき間が10mm以下となるように切断する。

	スタッドの間隔
下地あり（ボード2枚張り）	450 mm
直張り（ボード1枚張り）	300 mm

［ランナー］ 端部から50mm程度の位置で押さえ、900mm間隔程度に打込みピンなどで床、梁下、スラブ下などに固定する。

［振止め］
- フランジ側を上に向け、床面ランナー下端から1.2mごとに設ける。
- 上部ランナーの上端から400mm以内に位置するものは取付けを省略することができる。

［スペーサー］ 各スタッドの端部を押さえ、間隔600mm程度に留め付ける。

［出入口およびこれに準ずる開口部の補強］
- 縦枠補強材は、上は梁、スラブ下の類に達するものとし、上下とも打込みピンなどで固定した取付け用金物に溶接、またはタッピングビス、ボルト類で取り付ける。
- 65形で補強材（C-60×30×10×2.3）の長さが4.0mを超える場合は、同材の補強材を2本抱き合わせて端部を押さえ、間隔600mm程度に溶接したものを用いる。

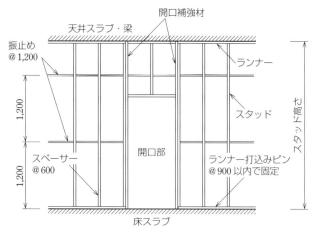

● スタッドの間隔

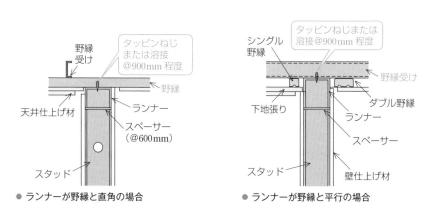

● ランナーが野縁と直角の場合

● ランナーが野縁と平行の場合

演習問題チャレンジ（章末問題）

問1　1　軽量鉄骨天井下地

事務室の天井ボード張りの軽量鉄骨天井下地に関する記述として、最も不適当なものはどれか。

(1) 吊りボルトは、間隔を1200mm程度とし、周辺部では端から300mm以内に配置する。
(2) 天井のふところが1,500mm以上ある場合、縦横間隔1,800mm程度に吊りボルトの振れ止めの補強を行う。
(3) 下がり壁により天井に段違いがある場合、2,700mm程度の間隔で段違い部分の振止め補強を行う。
(4) ボード1枚張りの場合、野縁の間隔は300mm程度とする。

解説　吊りボルトは、間隔を900mm程度とし、周辺部では端から150mm以内に配置する。天井のふところが1,500mm以上ある場合、吊りボルトと同材の丸鋼（φ9mm）を用いて振止め補強をする。　解答　(1)

問2　2　軽量鉄骨壁下地

軽量鉄骨壁下地に関する記述として、最も不適当なものはどれか。

(1) ランナーは、両端部は端部から50mm内側で固定し、中間部は900mm間隔で固定した。
(2) スタッドは、上下ランナーに差し込み、半回転させて取り付けた。
(3) スタッドの間隔は、ボード2枚張りの場合は600mmとし、ボード1枚張りの場合は300mmとした。
(4) スタッドの建込み間隔の精度は、±5mmとした。

解説　スタッドの間隔は、ボード2枚張りの場合は450mm。　解答　(3)

仕上施工（5）左官工事

第**20**章

1　仕上塗材

出題頻度 ★★★

仕上塗材の種類と特徴

主な種類		呼び名	塗り厚	主な仕上げの形状	塗り方	通称（例）
薄付け仕上塗材	外装合成樹脂エマルション形薄付け仕上塗材	外装薄塗材E	3mm程度以下	砂壁状	吹付けこて塗り	リシン
	可とう形外装合成樹脂エマルション形薄付け仕上塗材	可とう形外装薄塗E		砂壁状ゆず肌状	吹付けローラー塗り	弾性リシン
	内装水溶性樹脂系薄付け仕上塗材	内装薄塗材W		京壁状	吹付け	じゅらく
厚付け仕上塗材	内装セメント系厚付け仕上塗材	内装厚塗材C	4〜10mm程度	スタッコ状	吹付けこて塗り	スタッコ
	内装けい酸質系厚付け仕上塗材	内装厚塗材Si				シリカスタッコ
複層仕上塗材	合成樹脂エマルション系複層仕上塗材	複層塗材E	3〜5mm程度	ゆず肌状月面状平たん状	吹付けローラー塗り	吹付タイル
	防水形合成樹脂エマルション系複層仕上塗材	防水形複層塗材E				弾性タイル

施工の留意点

　防水形合成樹脂エマルション系複層仕上塗材（防水形複層塗材E）の場合、次のとおり行う。

- 下塗材の所要量は0.1〜0.3kg/m² とする。

- 主材塗りは基層塗りと模様塗りに分かれており、基層塗りを2回終えた後、16時間以上あけてから模様塗りを行う。
- 入隅、出隅、開口部まわりなど均一に塗りにくい箇所は、はけやローラーなどで増塗りを行う。
- 模様塗りが終わってから30分以内に凸部の処理をする。

---

point ワンポイントアドバイス

主材は下地のひび割れに対する追従性を向上させるために、混合時にできるだけ気泡を混入させないように注意する。

---

2 左官工事 出題頻度 ★★

▶ モルタル塗り

[調合]

下地	施工箇所		下塗りラスこすり		中塗りむら直し		上塗り			塗り厚の標準値〔mm〕
			セメント	砂	セメント	砂	セメント	砂	混和材	
コンクリート コンクリートブロック、ブロック、れんが	床	仕上げ	—	—	—	—	1	2.5	—	30
		張り物下地	—	—	—	—	1	3	—	
	内壁		1	2.5	1	3	1	3	適量	20
	外壁その他		1	2.5	1	3	1	3	—	25
ラスシート、ワイヤラス、メタルラス	内壁		1	2.5	1	3	1	3	適量	15
	外壁		1	2.5	1	3	1	3	—	20

[塗り厚]

- 塗り厚の合計は、床の場合は30mm、内壁の場合は20mm、外壁その他の場合は25mm以下を標準とする。
- 床を除き、1回の塗り厚は7mm程度とする。

[下地処理]

ひずみ、不陸などの著しい箇所は目荒らし、水洗いなどのうえ、モルタルで補修し、夏期は7日以上、冬期は14日以上放置する。

[壁塗り]

- 下塗り用モルタルは、セメントと砂の調合（容積比）を1：2.5とする。

- 下塗りは、吸水調整材を塗布後1時間以上おいた後に、乾燥を確認してから行う。
- 下塗りは7mmとし、不陸があればむら直しをする。
- 下塗りおよびラスこすりは14日以上放置し、ひび割れなどを十分発生させてから次の塗付けを行う。
- 中塗りおよび上塗り用のモルタルは、セメントと砂の調合（容積比）を1：3とする。

▶ セルフレベリング材塗り

［下地処理］
- 下地コンクリートの乾燥期間は、コンクリート打込み後30日程度とする。
- コンクリート下地を掃除機で清掃後、デッキブラシで吸水調整剤（シーラー）を2回塗布する。
- 塗り厚は10mmを標準とする。
- 打継ぎ部の突起はサンダーで削り取る。

［養生］
- セルフレベリング材は施工中、風に当たると、硬化後にしわが発生する場合があるので、流し込みの作業中と硬化するまでの期間は通風を避ける。
- 自然乾燥で7日以上、冬期は14日以上取ることが望ましい。

演習問題チャレンジ（章末問題）

問1 **1 仕上塗材**

防水形合成樹脂エマルション系複層仕上塗材（防水形複層塗材 E）に関する記述として、最も不適当なものはどれか。

(1) 下塗材の所要量は、試し塗りを行い、$0.2 \, \mathrm{kg/m^2}$ とした。

(2) 増塗りは、出隅、入隅、目地部、開口部まわりなどに、はけまたはローラーにより行った。

(3) 主材の基層塗りは2回塗りとし、だれ、ピンホールがないように均一に塗り付けた。

(4) 凸部処理は、主材の模様塗り後、1日経過してから行った。

> 解説　凸部処理は、主材の模様塗り後、30分以内に行う。　　　　解答　(4)

問2 **2 左官工事**

セルフレベリング材塗りに関する記述として、最も不適当なものはどれか。

(1) 下地コンクリートの乾燥期間は、コンクリート打込み後1か月とした。

(2) セルフレベリング材を塗る前に吸水調整材（シーラー）塗りを2回行い、乾燥させた。

(3) コンクリート床面のセルフレベリング材の塗り厚を 10 mm とした。

(4) セルフレベリング材塗り後、硬化するまでの間は、窓などを開放して塗り面に風がよく当たるようにした。

> 解説　硬化するまでは窓や開口部は塞ぎ、通風を避ける。　　　　解答　(4)

仕上施工 (6)
建具工事・ガラス

1 建具工事

出題頻度 ★★★

▶ 一般的な組立て・取付け

出入口、点検口などのくつずり、下枠は取付け前にあらかじめモルタルを充填しておく。外部建具周辺に充てんするモルタルに用いる砂の塩分含有量は、NaCl換算で0.04％（質量比）以下とする。

▶ アルミニウム製建具

［材料］ アルミニウム板を加工して、枠、かまち、水切りなどに使用する場合の厚さは1.5mm以上とする。アルミニウム材と周辺モルタル、鋼材などとの接触腐食を避けるため、絶縁処理する必要がある。

［加工・組立て］ 枠、くつずり、水切りなどのアンカーの間隔は、開口部より150mm内外を端とし、中間は500mm以下とする。

▶ 鋼製建具

組立て許容精度は次表のとおりとする。

対象部位	内容	許容差〔mm〕
枠	内法幅	±1.5
	内法高さ	±1.5
	見込み寸法	±1.0
	対辺の内法寸法差	2.0
	対辺の外法寸法差	2.0

対象部位	内容	許容差〔mm〕
戸	外法幅	±1.5
	外法高さ	±1.5
	見込み寸法	±1.0
	対角寸法差	3.0
	ねじれ・反り・はらみ	2.0
金物の取付け位置		±3.0
枠と戸のすき間		1.0

- 外部に面する両面フラッシュ戸の見込み部は、下部を除いた三方の見込み部を表面板で包む。
- フラッシュ戸の組立てにおいて中骨の間隔は、300mm以下とする。
- 外部鋼製建具枠の組立ては溶接とする。屋内に使用する場合は溶接に代えて小ねじ留め（裏板厚さ2.3mm以上）とすることができる。
- 扉の構成材の厚さは次表のとおりとする。

	表面板	力骨	中骨
鋼製建具	1.6	2.3	1.6
鋼製軽量建具	0.6	1.6	1.6

単位〔mm〕

---

point ワンポイントアドバイス

枠および戸の取付け精度は、ねじれ、反り、はらみともに2mmを許容精度とする。

自動扉

開閉力および開閉速度は次表のとおりとする。

開閉方法		適用扉重量〔kg〕	開閉力のうち閉じ力〔N〕	開閉速度〔mm/s〕		手動開き力〔N〕	標準扉寸法幅×高〔mm〕
				開速度	閉速度		
引き戸	片引き	120	190以下	500以下(400)※	350以下(250)※	100以下	1200×2400
		70	130以下				900×2100
	引分け	120×2	250以下				1200×2400
		70×2	160以下				900×2100
開き戸	片開き	120	180以下	50以下	35以下		1200×2400
		70	150以下				900×2100

※高齢者、障害者などの利用を考慮した多機能便所出入口の場合

　防火シャッターまたは防煙シャッターは特定防火設備、防火設備の別と、自閉装置の種類（ヒューズ式、煙感知式など）を確認する。また、危害防止装置付きとする。電動式の場合は障害物感知装置を設ける。降下速度は2m/分以上を標準とする。

　出入口および開口面積が15m^{2}以上の電動シャッターは不測の落下に備え、二重チェーン急降下制御装置、急降下停止装置（ガバナー装置）などを設ける。

　スラットの形式はインターロッキング形とする。ただし防煙シャッターの場合はオーバーラッピング形とする。防火シャッターは、スラットなどの鋼板の厚さを1.5mm以上としなければならない。

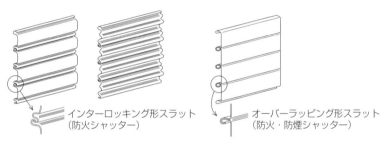

　　　　　　インターロッキング形スラット　　　　　　　オーバーラッピング形スラット
　　　　　　（防火シャッター）　　　　　　　　　　　　（防火・防煙シャッター）

● 重量シャッター

2　ガラス

出題頻度 ★★★

▶ **不定形シーリング材構法**

　金属、プラスチック、木などのU字形溝または押縁め溝にガラスをはめ込む場合に用いる。可動窓の場合、開閉時の衝撃によるガラスの損傷を避けるため、エッジスペーサーを設置する。

　セッティングブロックはガラス両端部より1/4の位置に設置する。

● グレイジングガスケット構法

U字形溝などにガラスをはめ込む場合にグレイジングチャンネルを用いる。ガスケットを伸ばさないようにし、各隅を確実に留め付ける。

グレイジングチャンネルやグレイジングビードをガラスに巻き付ける際、継目は上辺中央とし、すき間が生じないようにする。

● 構造（ジッパー）ガスケット構法

コンクリート、石などのU字形溝にY字形の構造ガスケットを介してガラスをはめ込むY型ガスケット構法と、金属枠などにH形のガスケットを留めるH形ガスケット構法がある。

ジッパーガスケットは原則として、ジッパー側を室内とする。

ジッパーを取り付ける際には、ジッパーとジッパー溝に滑り剤を塗布する。

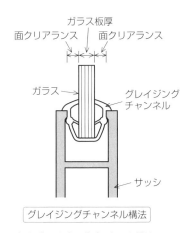

グレイジングチャンネル構法

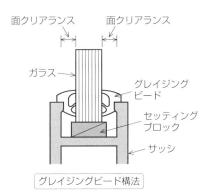

グレイジングビード構法

● 主なグレイジングガスケット構法

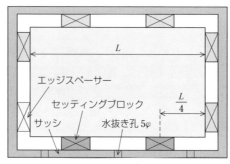

● セッティングブロック・エッジスペーサーの設置位置

演習問題チャレンジ（章末問題）

問1　1　建具工事

鋼製建具工事に関する記述として、不適当なものを2つ選べ。

(1)　内部建具の両面フラッシュ戸の見込み部は、上下部を除いた2方を表面板で包んだ。

(2)　外部建具の両面フラッシュ戸の表面板は、厚さを0.6mmとした。

(3)　両面フラッシュ戸の組立てにおいて、中骨は厚さを1.6mmとし、間隔を300mmとした。

(4)　ステンレス鋼板製のくつずりは、表面仕上げをヘアラインとし、厚さを1.5mmとした。

(5)　枠および戸の取付け精度は、ねじれ、反り、はらみともそれぞれ許容差を、4mm以内とした。

解説　外部建具の両面フラッシュ戸の表面板は、厚さを1.6mmとする。枠および戸の取付け精度は、ねじれ、反り、はらみともそれぞれ許容差を2mm以内とする。　　　　　解答　(2)(5)

問2　1　建具工事

自動扉に関する記述として、最も不適当なものはどれか。

(1)　スライディングドアなので、開速度、閉速度とも500mm/sに設定した。

(2)　取付けおよび調整完了後、ドアを手で100N以下の力で開けられるか確認した。

(3)　押しボタンスイッチ式のスライディングドアには、安全性を考慮して、補助センサーを設置した。

(4)　車いす使用者用の押しボタンスイッチは、ドアより90cm後退した位置で、床より110cmの高さに設置した。

問3 2 ガラス

板ガラスのはめ込みに関する記述として、最も不適当なものはどれか。

(1) 不定形シーリング材構法において、可動窓の場合、開閉時の衝撃による
ガラスの損傷を避けるため、エッジスペーサーを設置する。

(2) 不定形シーリング材構法におけるセッティングブロックは、一般にガラス
の両角部に設置する。

(3) グレイジングガスケット構法におけるガスケットは、伸ばさないように
し、各隅を留め付ける。

(4) 構造ガスケット構法の場合、ジッパーを取り付ける際には、ジッパーとジ
ッパー溝に滑り剤を塗布する。

仕上施工 (7)
塗装工事

^第**22**^章

1 塗装の作業工程

出題頻度 ★★★

● 素地ごしらえ

素地ごしらえと作業工程について、それぞれ以下の表にまとめた。

[木部]

作業工程		塗料その他・面の処理
共通	汚れ、付着物除去	木部を傷つけないように除去し、油類は溶剤などで拭き取る。
	やに処理	削り取り、電気ごて焼きのうえ、溶剤などで拭き取る。
	研磨紙ずり	かんな目、けばなどを研磨する。
不透明塗り仕上	節止め	木部下塗り用調合ペイント、セラックニスを塗布する。
	穴埋め	合成樹脂エマルションパテ処理を施す。
	研磨紙ずり	パテの乾燥後、全面を平らに研磨。
透明塗り仕上	目止め（吸込止め）	との粉を塗り、木目が見えるまで研磨。
	着色	色むらのないように塗り、乾いた布で拭き取る。
	漂白	仕上の支障となるはなはだしい変色は漂白剤で修正する。

[鉄鋼面]

作業工程	塗料その他・面の処理
汚れ、付着物除去	スクレーパー、ワイヤブラシなどで除去。
油類除去	溶剤ぶきなど。
さび落とし	ブラスト法、スクレーパー、ワイヤブラシなどで除去。 放置せずに次の工程へ。
化成皮膜処理	りん酸塩化皮膜処理後、油洗い乾燥。 放置せずに次の工程へ。

> **point** ワンポイントアドバイス
>
> 溶接面に付着したスパッタ（溶接中に飛散するスラグや金属粒）は水溶液などでは取れないので、グラインダーやケレンなどで取り除く。

［亜鉛めっき鋼面］

作業工程	塗料その他・面の処理
汚れ、付着物除去	スクレーパー、ワイヤブラシなどで除去。
油類除去	溶剤ぶきなど。
エッチングプライマー塗り	はけまたはスプレーによる1回塗り。 2時間以上8時間以内に次の工程に移る。

［モルタル面・プラスター面］

作業工程	塗料その他・面の処理
乾燥	素地を十分に乾燥させる。
汚れ、付着物除去	素地を傷つけないように除去。
吸込止め	合成樹脂エマルションシーラーを全面に塗り付ける。
穴埋め・パテかい	ひび割れ、穴などを埋めて不陸を調整する。
研磨紙ずり	パテ乾燥後、表面を平らに研磨する。
パテしごき	全面にパテをしごき取り平滑にする。
研磨紙ずり	パテ乾燥後、全面を平らに研磨する。

［ALCパネル面・コンクリート面］

作業工程	塗料その他・面の処理
乾燥	素地を十分に乾燥させる。
汚れ、付着物除去	素地を傷つけないように除去する。
吸込止め（ALCのみ）	合成樹脂エマルションシーラーを全面に塗り付ける。
下地調整塗り	建築用下地調整塗材を全面に塗り付けて平滑にする。
研磨紙ずり	パテ乾燥後、表面を平らに研磨する。
パテしごき	建築用下地調整塗材または合成樹脂エマルションパテを全面に しごき取り平滑にする。
研磨紙ずり	パテ乾燥後、全面を平らに研磨する。

［せっこうボード面］

作業工程	塗料その他・面の処理
乾燥	継目処理部分を十分乾燥させる。
汚れ、付着物除去	素地を傷つけないように除去する。
穴埋め・パテかい	合成樹脂エマルションパテまたはせっこうボード用目地処理材 にて、釘頭、たたき跡、傷などを埋め、不陸を調整する。
研磨紙ずり	パテ乾燥後、表面を平らに研磨する。
吸込止め	合成樹脂エマルションおよびシーラーを全面に塗り付ける。
パテしごき	全面に合成樹脂エマルションパテまたはせっこうボード用目地 処理材をしごき取り平滑にする。

作業工程	塗料その他・面の処理
研磨紙ずり	パテ乾燥後、全面を平らに研磨する。

◉ 施工上の留意点

- 塗装場所の気温が5℃以下、湿度が85%以上となるおそれがある場合、原則として施工は行わない。
- 屋外の木質系素地面の木材保護塗料塗りにおいて、原液は希釈せず、よく攪拌して使用する。
- 合成樹脂エマルションペイント塗りにおいて、流動性を上げるため、水もしくは専用の希釈液で希釈して使用する。
- 多彩模様塗料塗りにおいて、上塗り塗料は希釈せず、撹拌棒で軽く混ぜてから使用する。
- 合成樹脂エマルションペイントは水性であるので溶剤で希釈しない。
- 2液形ポリウレタンエナメル塗りにおいては、中塗りの工程間隔時間の上限は7日とする。

2 塗料

出題頻度 ★

塗料の種類と特徴を、次表にまとめた。

主な塗料の種類	特徴
合成樹脂エマルションペイント（EP）	合成樹脂共重合エマルションやラテックスをベースとして、着色顔料や体質顔料、補助材、添加剤などを加えた水系塗料。塗布された塗料は、水分が蒸発するとともに樹脂粒子が融合して連続塗膜を形成する。
合成樹脂調合ペイント（SOP）	隠ぺい力や耐候性に優れた着色顔料・体質顔料などと、耐水性や耐候性によい長油性フタル酸樹脂ワニスとを組み合わせた塗料。溶剤の蒸発とともに油分の酸化重合が進み、乾燥硬化して塗膜を形成する。
フタル酸樹脂エナメル（FE）	フタル酸樹脂ワニス顔料を配合したもの。平滑性や美装性に優れ、耐候性もよい。
アクリル樹脂エナメル（AE）	常温で短時間に硬化乾燥して素地との付着性がよく、耐候性、耐アルカリ性に優れ、紫外線に対して光沢低下や黄変、変退色が少ない。塩化ビニル樹脂エナメルと比較すると耐薬品性には劣る。

主な塗料の種類	特徴
塩化ビニル樹脂エナメル（VE）	常温で短時間に乾燥硬化して塗膜を形成する。耐アルカリ性、難燃性、耐薬品性に優れる。耐水性についても合成樹脂エマルションペイントより優れている。
クリアラッカー（CL）	工業用ニトロセルロースとアルキド樹脂を主要な塗膜形成要素とした液状の揮発乾燥性の塗料。自然乾燥で短時間に塗膜を形成する。

3 塗装の欠陥

塗装の欠陥と対策について、次表にまとめた。

欠陥の種類	原因	対策
だれ	厚塗りし過ぎる。 希釈し過ぎる。 素地に吸込のないとき。	厚塗りしない。 希釈し過ぎない。 希釈を控え、はけの運行を多くする。
しわ	油性塗料を厚塗りする。 乾燥時に温度を上げる。 下塗りの乾燥が不十分なまま上塗りする。	厚塗りしない。 乾燥時に温度を上げ過ぎない。 下塗り塗料の乾燥を十分に行ってから上塗りする。
ひび割れ	下塗りの乾燥が不十分なままで上塗りする。 厚塗りし過ぎる。	乾燥時間を十分にとる。 厚塗りをしない。
白化	乾燥硬化時に湿度が高い。 塗装後気温が下がる。	リターダーシンナーを用いる。 湿度が高いときは塗装を避ける。 湿度が高く、昼夜の気温差が大きい戸外で作業をする場合は、夕刻までに指触乾燥に達するようにする。
色分かれ	混合が不十分。 溶剤の加え過ぎ。 顔料粒子の分散性の違い。	十分に混合する。 厚塗りしたり、だれが起こると発生しやすいので注意する。 はけ目が多いと目立ちやすいので注意する。
リフティング	上塗り塗料の溶剤が下塗りを侵して、塗膜が縮れたり、剥離する。	塗装間隔を考慮する。 塗養系を代える。 油性の上に溶剤系を塗らない。
はけ目	塗料の流展性が不足している。	十分均一になるようはけを替えて塗り広げる。 希釈を適切にする。

問1　1　塗装の作業工程

塗装工事の素地ごしらえに関する記述として、最も不適当なものはどれか。

(1)　けい酸カルシウム板の吸込止めとして、反応形合成樹脂ワニスを全面に塗布した。

(2)　亜鉛めっき鋼面は、付着性を向上させるためエッチングプライマーを塗布した。

(3)　透明塗料塗りの木部の素地面で、仕上げに支障のおそれがあるはなはだしい変色は、漂白剤を用いて修正した。

(4)　鉄鋼面に付着した溶接のスパッタは、りん酸塩溶液により取り除いた。

> 解説　溶接のスパッタ（溶接中に飛散するスラグや金属粒）は<u>グラインダーやケレンなどで取り除く</u>。　　　　　解答　(4)

問2　3　塗装の欠陥

塗装の欠陥とその対策に関する記述として、最も不適当なものはどれか。

(1)　だれを防止するため、希釈を控えめにし、はけの運行を多くする。

(2)　白化を防止するため、湿度が高いときの施工を避ける。

(3)　ひび割れを防止するため、下塗りが十分乾燥してから上塗りを行う。

(4)　しわを防止するため、厚塗りをし、乾燥時に温度を上げて乾燥を促進する。

> 解説　しわを防止するためには、<u>厚塗りをせず、下塗り塗料の乾燥を十分に行ってから上塗りする</u>。　　　　　解答　(4)

仕上施工（8）
内装（床）工事

第23章

1 合成樹脂塗床

▶ 施工上の留意点（共通事項）

- 施工場所の気温が5℃以下、湿度80%以上、または換気が十分でない場合は原則として施工を行わない。
- 施工中の直射日光を避ける。

▶ 弾性ウレタン樹脂系塗床

- プライマーは1液形ポリウレタンまたは2液形エポキシ樹脂とする。
- プライマー塗りは下地面の清掃を行った後、ローラーばけ、はけ、金ごてなどを用いて均一に塗布する。
- 塗材は金ごて、ローラーばけ、はけなどで気泡が残らないように平滑に仕上げる。
- 1回の塗り厚は2mm以下とする。
- 1回の塗付け量は$2kg/m^2$以下とする。

▶ エポキシ樹脂系塗床

　仕上げの種類には、薄膜流しのべ仕上げ、厚膜流しのべ仕上げ、樹脂モルタル仕上げ、防滑仕上げがある。

　主剤と硬化剤の1回の練混ぜ量は、通常30分以内に使い切れる量とする。

2 ビニル床シート張り

　張付け時の室温が5℃以下または接着剤の硬化前に5℃以下になるおそれ
のある場合は施工を中止する。やむを得ず施工する場合は、採暖などの養生
を行う。

　下地コンクリートの仕上がりの平坦さは、3mにつき7mm以下とする。

　接着剤は下表のものを使用する。

施工箇所	主な種別
一般の床	酢酸ビニル樹脂系 アクリル樹脂系
地下部分の最下階、給湯室、便所、洗面室など 張付け後に湿気および水の影響を受けやすい箇所	エポキシ樹脂系 ウレタン樹脂系

　シートは長めに切断して仮敷きし、24時間以上放置して巻きぐせを取り、
なじませる。

　熱溶接工法では次の点に留意する。

- シート張り後、12時間以上放置し、接着が落ち着いたあとで行う。
- 溝はV字またはU字形とし、幅は均一、深さは床シート厚の2/3程度と
  する。
- 熱溶接機を用い、180〜200℃の温度で 溶接棒と床シートを同時に溶接
  する。溶接棒を余盛りが断面両端にできる程度に加圧しながら溶接す
  る。

（a）　　　　　　　　　（b）

● ビニル床シートの熱溶接

---

point

ワンポイントアドバイス

　一般の床の張付けには酢酸ビニル樹脂系やアクリル樹脂系の接着剤を、地下部分の最
下階、給湯室、便所、洗面室など張付け後に湿気および水の影響を受けやすい箇所に
はエポキシ樹脂系やウレタン樹脂系の接着剤を使用する。

問1 **1 合成樹脂塗床**

合成樹脂塗床に関する記述として、最も不適当なものはどれか。

(1) 下地調整には、塗床材と同質の樹脂にセメントなどを混合した樹脂パテを用いた。

(2) 弾性ウレタン塗床のプライマーとして、2波形エポキシ樹脂系プライマーを使用した。

(3) 無溶剤形エポキシ樹脂塗床の流しのべ工法において、主剤と硬化剤の1回の練混ぜ量は、2時間で使い切れる量とした。

(4) 弾性ウレタン塗床でウレタン樹脂1回の塗り厚は、2mm以下とした。

解説 主剤と硬化剤の1回の練混ぜ量は、通常30分以内に使い切れる量とする。 解答 (3)

問2 **2 ビニル床シート張り**

ビニル床シート張りに関する記述として、最も不適当なものはどれか。

(1) 熱溶接工法の溶接部の溝は、V字形とし、深さを床シート厚さの2/3とした。

(2) 湯沸室の床への張付けには、酢酸ビニル樹脂系接着剤を使用した。

(3) 寒冷期に施工する際、採暖を行い、床シートおよび下地とも5℃以下にならないようにした。

(4) 床シートを立ち上げて幅木としたので、天端処理は、シリコーンシーリング材でシールする方法とした。

解説 給湯室など湿気や水の影響を受けやすい箇所にはエポキシ樹脂系やウレタン樹脂系の接着剤を使用する。 解答 (2)

第24章

仕上施工 (9) 内装 (天井・壁・断熱) 工事

1 せっこうボード張り

出題頻度 ★★★

▶ 共通事項

- 二重張りとする場合、下張りは横張り、上張りは縦張りとし、継目位置を重ねない。
- 下地材に直接張り付ける場合の留付け用小ねじ類の間隔は下表のとおり。

下地	施工箇所	下地材に接する部分の留付け間隔	
		周辺部	中間部
軽量鉄骨下地 木造下地	天井	150mm程度	200mm程度
	壁	200mm程度	300mm程度

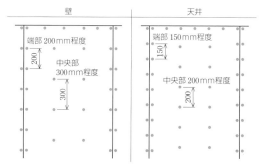

● 留付け用小ねじ類の間隔

- 下地張りの上に張る場合は、接着剤を主として、必要に応じて、小ねじ、タッカーによるステープルなどを併用して張り付ける。
- 軽量鉄骨下地にボードを直接張り付ける場合、ドリリングタッピンねじは、下地の裏面に10mm以上の余長の得られる長さのものを用いる。
- ボード周辺部を固定するドリリングタッピンねじの位置は、ボードの端部から10mm程度内側とする。

- 木製壁下地にせっこうボードを直接張り付ける場合、ボード厚の3倍程度の長さの釘を用いて、釘頭が平らに沈むまで打ち込む。

▶ 直張り工法

- 接着剤の間隔は下表のとおりとする。

施工箇所	接着剤の間隔
ボード周辺部	150～200 mm
床上1.2 m以下の部分	200～250 mm
床上1.2 mを超える部分	250～300 mm

接着剤の間隔はボードの周辺部より中央部のほうが大きい。

- 1回の接着剤の塗付け面積は張り付けるボードの1枚分とする。
- 張付け用接着剤の盛上げ高さは仕上げ厚さの2倍以上とする。
- 接着剤の乾燥とボードの濡れ防止のため、ボード下端と床面の間にスペーサーを置いて10 mm程度浮かせて圧着する。

● 接着剤の盛上げ高さ　　● 接着剤の塗付け間隔

▶ 継目処理工法

[**下塗りおよびテープ張り**]　継目部分の溝（テーパー部分）にジョイントコンパウンドをむらなく塗り付けた上に、直ちにジョイントテープを張り、ジョイントテープの端や小穴からはみ出た余分のジョイントコンパウンドはしごき押さえる。なお、グラスメッシュテープを用いる場合、裏面に接着剤が

塗布されているので、ジョイントコンパウンドによる下塗りを省くことができる。

［中塗り］ 下塗りが乾燥したのち、ジョイントテープが完全に覆われるように、また、ボード面と平らになるように、幅150 mm程度に薄くジョイントコンパウンドを塗り広げる。

［上塗り］ 中塗りの乾燥を確認後、むらを直すように薄くジョイントコンパウンドを塗り、幅200〜250 mm程度に塗り広げて平滑にし、乾燥後、軽く研磨紙ずりをして、さらに平滑に仕上げる。

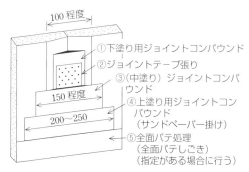

● 継目処理の工程図

2 断熱工事

 出題頻度 ★★★

主な工法	施工上の留意点
硬質ウレタンフォーム吹付け工法	均一に吹くために、吹付面が5℃以上で施工すること。 1回あたりの吹付け厚みが25mm以下、1日の発泡総厚みは80mm以下とする。 厚く付き過ぎて支障となるところは、カッターナイフで表層を除去する。 自己接着性が大きいので、接着剤などを使用する必要はない。
押出法ポリスチレンフォーム張付け工法	断熱材の継目は、セメント系下地調整材などを用いて、すき間ができないようにして全面接着する。
押出法ポリスチレンフォーム打込み工法	断熱材の継目からコンクリートが漏れないように継目は突付けとし、テープ張りなどを施す。

演習問題チャレンジ（章末問題）

問1　1　せっこうボード張り

壁のせっこうボード張りに関する記述として、最も不適当なものはどれか。

(1)　せっこう系接着材による直張り工法において、下地のALCパネル面にはプライマー処理を行った。

(2)　せっこう系接着材による直張り工法において、1回の接着剤の塗付け面積は、張り付けるボード2枚分とした。

(3)　木製壁下地に釘打ちする際に、ボード厚の3倍程度の長さの釘を用いて、釘頭が平らになるまで打ち込んだ。

(4)　下張りボードへの上張りボードの張付けは、主に接着剤を用い、ステープルを併用して張り付けた。

> 解説　1回の接着剤の塗付け面積は、張り付ける<u>ボード1枚分</u>。　　解答　(2)

問2　2　断熱工事

断熱工事における硬質ウレタンフォームの吹付け工法に関する記述として、最も不適当なものはどれか。

(1)　コンクリート面に吹き付ける場合、吹付け面の温度は20〜30℃とする。

(2)　吹付け作業において吹付け厚さの許容誤差は0から＋10mmとする。

(3)　換気の少ない場所では、酸欠状態となりやすいので、強制換気などの対策を行う。

(4)　冷蔵倉庫など断熱層が特に厚い施工では、1日の最大吹付け厚さは100mmとする。

> 解説　厚みが25mm以上は多層吹きとし、1回あたりの吹付け厚みは<u>25mm以下</u>、1日の発泡総厚みは<u>80mm以下</u>とする。　　解答　(4)

仕上施工（10）外装工事

第25章

選択 問題

1 ALCパネル

出題頻度 ★★★

仮置き

パネルはねじれ、反り、ひび割れなどが生じないように仮置きし、汚れや吸水などがないように養生する。パネルを積み重ねて保管する場合は原則として高さ2.0m以下とする。

加工

みぞ掘りは外壁パネル1枚あたり、1本かつ幅30mm以内、深さ10mm以内とする。

孔あけは屋根パネル、床パネルについては1枚あたり1か所とし、主筋の位置を避け、孔径は50mm以下とする。また、外壁パネルについては1枚あたり1か所とし、主筋の位置を避け、孔径はパネル短辺幅の1/6以下とする。

耐火目地材

耐火性能を必要とする伸縮目地には耐火目地材（ロックウール保温板に規定する密度程度のもの、またはセラミックファイバーブランケットの材質と同等以上の品質と規定の密度程度のもの）を充填する。

耐火目地材は20％程度圧縮して使用し、その幅は50mm以上のものを用いる。

⊙ 構法の種類と概要

［縦壁ロッキング構法］

- パネルの重量は、パネル下部の短辺中央で自重受けプレートなどの取付け金物により支持する。
- パネルを支持する梁の外面とパネル裏面との間には、30 mm 以上のクリアランスを設ける。
- パネル幅の最小限度は、原則として 300 mm とする。
- パネルの短辺小口相互の接合部、出隅・入隅部、他部材との取合い部は突付けとせず、10 ～ 20 mm 程度の伸縮目地とする。

［横壁アンカー構法］

- パネルはパネル内部に設置されたアンカーにより、ボルトを用いて、取付け金物により、下地鋼材に取り付ける。
- 柱とパネル裏面とのクリアランスは 70 mm 以上、間柱とパネル裏面とのクリアランスは 25 mm 以上とする。
- パネル積上げ段数 3 ～ 5 段以下ごとにパネルの重量を支持する自重受け金物を設ける。
- パネルの縦目地、出隅・入隅部、自重受け金物を設けた横目地ならびに他部材との取合い部には 10 ～ 20 mm 程度の伸縮目地を設ける。

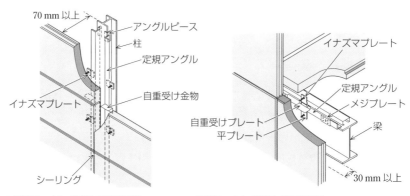

● 縦壁ロッキング構法の取付け例　　● 横壁ロッキング構法の取付け例

［間仕切壁ロッキング構法］

- 間仕切壁用パネル上部と鉄骨梁またはコンクリートスラブ下面との間に、10〜20mmのクリアランスを設けてパネルを配置する。
- パネルの出隅・入隅部の縦目地、ならびに外壁および梁とパネルとの間には10〜20mmの伸縮目地を設ける。

2 押出成形セメント板

出題頻度 ★ ☆ ☆

▶ 加工

- パネルには溝掘りを行ってはならない。
- パネルの欠き込み幅は、パネル幅の1/2かつ300mm以下とする。

▶ 構法の種類と概要

［縦張り構法］

- 駆体とパネル間の開き寸法は35mm以上とする。
- 目地幅は縦（パネル長辺）8mm以上、横（パネル短辺）15mm以上とする。

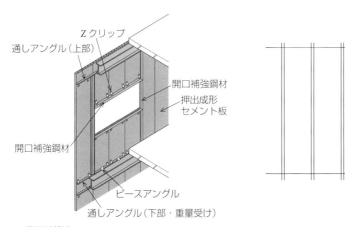

Zクリップ
通しアングル（上部）
開口補強鋼材
押出成形
セメント板
開口補強鋼材
ピースアングル
通しアングル（下部・重量受け）

15mm
8mm

● 縦張り構法

［横張り構法］

- 駆体とパネル間の開き寸法は75mm以上とする。
- 目地幅は縦（パネル短辺）15mm以上、横（パネル長辺）8mm以上とする。
- 積上げ枚数3枚以下ごとに構造体に固定した自重受け金物で受ける。

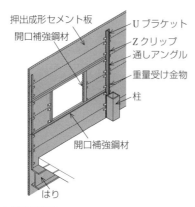

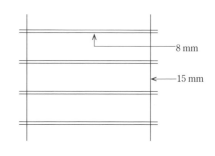

● 横張り構法

取付金物（Zクリップ）

- 下地鋼材に30mm以上のかかり代を確保し、取付ボルトが取付金物（Zクリップ）のルーズホールの中心に位置するように取り付ける。
- パネルへの取付けは、縦張り構法においてはパネルがロッキングできるよう、横張り構法においてはパネルがスライドできるよう、正確かつ堅固に取り付ける。
- 回転防止のため溶接長さを15mm以上とする。

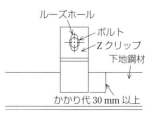

---

point ワンポイントアドバイス

目地幅：縦張りの場合は縦＜横、横張りの場合は横＜縦。

266

3 カーテンウォール工事

▶ 取付け

[駆体付け金物の取付位置の寸法許容差]

方向	寸法許容差
鉛直方向	±10mm
水平方向	±25mm

[主要部材の取付位置の寸法許容差]

項目	寸法許容差
目地の幅	±3mm
目地の心の通り	2mm
目地両側の段差	2mm
各階の基準墨から各部材までの距離	±3mm

▶ 留意点

- 主要部材の取付けはパネル材では3か所以上、棒状材では2か所以上仮止めし、脱落しないように固定する。
- 材の熱伸縮による発音を防止するため、滑動する金物間に摩擦低減材を挟む。
- 分解された構成部材を現地で組み立てる組立て方式をノックダウン方式という。

1 ALCパネル

ALCパネル工事に関する記述として、最も不適当なものはどれか。

(1) パネルの取扱い時に欠けが生じたが、構造耐力上は支障がなかったため、製造業者が指定する補修モルタルで補修して使用した。
(2) 外壁パネルと間仕切パネルの取合い部には、幅が10～20mmの伸縮目地を設けた。
(3) 外壁の縦壁ロッキング構法の横目地は伸縮目地とし、目地幅は15mmとした。
(4) 耐火性能が要求される伸縮目地に、モルタルを充填した。

解説 耐火性能が要求される伸縮目地には、耐火目地材を充填する。

解答 (4)

---

2 押出成形セメント板

外壁に用いる押出成形セメント板の一般的な取付け方法に関する記述として、最も不適当なものはどれか。

(1) 縦張り工法のパネルの目地幅は、縦目地よりも横目地の方を大きくする。
(2) 横張り工法のパネルの取付け金物（Zクリップ）は、取付けボルトが取付け金物のルーズホールの中心に位置するように取り付ける。
(3) 縦張り工法のパネルの取付け金物（Zクリップ）は、パネルがロッキングできるように正確、かつ堅固に取り付ける。
(4) 横張り工法のパネルは、積上げ枚数5枚ごとに構造体に固定した自重受け金物で受ける。

解説　押出成形セメント板は積上げ枚数3枚ごとに、自重受け金物で受ける。　　　　　　　　　　　　　　　　　　　　　　　解答　(4)

問3　3　カーテンウォール工事

メタルカーテンウォール工事に関する一般的な記述として、最も不適当なものはどれか。

(1)　床面に取り付けるファスナーのボルト孔は、躯体の施工誤差を吸収するため、ルーズホールとした。

(2)　部材の熱伸縮による発音を防止するため、滑動する金物間に摩擦低減材を挟んだ。

(3)　パネル材は、脱落防止のために3か所以上仮止めし、本止め後速やかに仮止めボルトを撤去した。

(4)　組立て方式は、すべての構成部材を工場で組み立てるノックダウン方式とした。

解説　ノックダウン式とは分解された構成部材を現地で組み立てる方式のこと。　　　　　　　　　　　　　　　　　　　　　　　解答　(4)

仕上施工（11）改修工事

第26章

1 鉄筋コンクリート造建物の外壁改修工事 出題頻度 ★★★

● コンクリート打放し仕上げ外壁の改修

［ひび割れ］

ひび割れ幅	挙動の有無	工法／材料
0.2 mm未満	する	シール工法／可とう性エポキシ樹脂
	しない	シール工法／パテ状エポキシ樹脂
0.2 mm以上 1.0 mm未満	する	Uカットシール材充填工法／可とう性エポキシ樹脂 樹脂注入工法／軟質形エポキシ樹脂
	しない	樹脂注入工法／硬質形エポキシ樹脂
1.0 mmを超える	する	Uカットシール材充填工法／シーリング用材料
	しない	Uカットシール材充填工法／可とう性エポキシ樹脂

［欠損］

欠損の程度	工法／材料	備考
はがれが切片状に生じた、浅い欠損	充填工法／ポリマーセメントモルタル	—
はがれ、はく落があり、漏水がある	充填工法／エポキシ樹脂モルタル	ひび割れ部の適切な処置後に改修を施す
はがれ、はく落のため、鉄筋が露出している		—

● タイル張り仕上げ外壁（手張り工法）の改修

［タイル張り仕上げ層の浮き］

浮きの場所	1か所の浮き面積	浮きしろ	工法
タイル陶片と下地モルタル間	—	—	アンカーピンニング部分エポキシ樹脂注入タイル固定方法

浮きの場所	1か所の浮き面積	浮きしろ	工法
構造体コンクリートと下地モルタル間	0.25 m² 未満	—	アンカーピンニング部分エポキシ樹脂注入工法
			注入口付アンカーピンニング部分エポキシ樹脂注入工法
	0.25 m² 以上	1.0 mm 以下	アンカーピンニング全面エポキシ樹脂注入工法
			注入口付アンカーピンニング全面エポキシ樹脂注入工法
		1.0 mm を超える	アンカーピンニング全面ポリマーセメントスラリー注入工法
			注入口付アンカーピンニング全面ポリマーセメントスラリー注入工法

［タイル陶片のひび割れ］

ひび割れの状態	ひび割れの幅	コンクリートへの処置	工法
構造体のコンクリートに達するひび割れを含む	構造体のひび割れ幅が 0.2 mm 以上	Uカットシール材充填工法 可とう性エポキシ樹脂使用シーリング用材料使用	タイル部分張替え工法
		樹脂注入工法	
	構造体のひび割れ幅が 0.2 mm 未満	—	
構造体のコンクリートに達するひび割れは含まれない	タイル陶片のひび割れが 0.2 mm 以上	—	

2 既存床仕上げ材の撤去および下地処理 出題頻度

▶ 既存床仕上げ材の除去

［ビニル床シート、ビニル床タイル、ゴム床タイルなどの除去］

- カッターなどで切断し、スクレーパーなどによりほかの仕上材に損傷を与えないよう行う。また必要に応じて、集塵装置付き機器を使用する。
- 接着剤などは、ディスクサンダーなどにより、新規仕上げの施工に支障のないよう除去する。
- 浮き、欠損部などによる下地モルタルの撤去は、ダイヤモンドカッターなどにより、健全部分と縁を切ってから行う。また、カッターの刃の出は、モルタル厚さ以下とする。
- 古いビニル床タイルやビニル床シートはアスベストなどが含有されているおそれがあるので、ダイヤモンドカッターでの切断は避ける。

［合成樹脂塗床材などの除去］ 機械的除去工法は次のとおり行う。

- ケレン棒、電動ケレン棒、電動はつり器具、ブラスト機械などにより除去する。また必要に応じて、集塵装置付き機器を使用する。
- 除去範囲は、下地がモルタル塗りの場合はモルタル下地ごと、コンクリート下地の場合はコンクリート表面から3mm程度とする。
- 目荒し工法は次のとおり行う。
- 既存仕上げ材の表面をディスクサンダーなどにより目荒らしし、接着性を高める。
- 既存下地面に油面などが見られる場合は、油面処理用プライマーで処理を行う。

［フローリング張り床材の撤去］ モルタル埋込工法によるフローリングは、電動ピック、のみなどにより、フローリングとモルタル部分をはつり取り、切片などを除去する。乾式工法によるフローリングは、丸のこなどで適切な寸法に切断し、ケレン棒などではがし取る。撤去しない部分は、必要に応じて、釘の打直しを行う。

［床タイルの撤去］ 張替え部をダイヤモンドカッターなどで縁切りをし、タイル片を電動ケレン棒、電動はつり器具などにより撤去する。床タイルの撤去は、周辺を損傷しないように行う。

［床組の撤去］ 床組を全面撤去する場合は、床組を取り外した後、床・壁面のアンカーボルトなどは、新規仕上げ材の施工に支障のないよう切断する。部分的に撤去する場合は、丸のこなどで適切な寸法に切断した後、床組を取り外す。撤去しない部分は補強を行う。

● コンクリートまたはモルタル面の下地処理

コンクリートまたはモルタルの凸凹・段差部分などは、サンダー掛けまたはポリマーセメントモルタルの充填などにより補修し、コンクリート金ごて仕上げ程度に仕上げる。

新規仕上げが合成樹脂塗床の場合は、エポキシ樹脂モルタルにより補修する。

3 アスファルト防水改修工事 　出題頻度 ★☆☆

▶ 既存保護層などの撤去

　平場の既存防水層などを残す場合で、改修用ドレン（二重ドレン）を設けない場合は、ルーフドレン端部から500mm程度まで保護コンクリートなどの既存保護層を四角形に撤去する。

▶ 既存防水層の撤去

　新規に保護防水密着工法または露出防水密着工法などを施す場合、ルーフドレン周辺の既存防水層は、ルーフドレン端部から300mm程度まで、既存防水層を四角形に撤去する。

▶ 既存下地の補修および処置

　新規に保護防水絶縁工法または露出防水絶縁工法を施す場合、既存防水層撤去後のコンクリート、モルタル面の下地補修、処理は次のとおり行う。
- 下地に付着している防水層残存物などのケレンおよび清掃を行う。
- コンクリート面などのひび割れ部は、ゴムアスファルト系シール材で補修する。ひび割れ幅が2mm以上の場合は、Uカットの上、ポリウレタン系シール材などを充填する。

　新規に保護防水密着工法を施す場合、既存防水層に付着しているコンクリートなどは、既存防水層を損傷しないようにケレンおよび清掃を行う。清掃後、溶融アスファルトまたはアスファルト系下地調整材を1.0kg/m²程度塗布する。

　新規に露出防水密着工法を施す場合、既存露出防水層表面の砂は、既存防水層を損傷しないよう可能な限り取り除き、清掃を行う。清掃後、溶融アスファルトまたはアスファルト系下地調整材を1.0kg/m²程度塗布する。

問1　1　鉄筋コンクリート造建物の外壁改修工事

　鉄筋コンクリート造建物の外壁仕上げの改修工事に関する記述として、最も不適当なものはどれか。

(1)　タイル張り外壁において、漏水がなく、浮きも見られず、単にタイル表面のひび割れ幅が0.3mmだったので、美観上該当タイルをはつって除去し、タイル部分張替え工法で改修した。

(2)　タイル張り外壁において、1か所あたりの下地モルタルと下地コンクリートとの浮き面積が0.2 m²だったので、アンカーピンニング部分エポキシ樹脂注入工法で改修した。

(3)　コンクリート打放し仕上げの外壁において、コンクリート表面に生じた幅が0.3 mmの挙動のおそれのあるひび割れは、硬質形エポキシ樹脂を用いた樹脂注入工法で改修した。

(4)　コンクリート打放し仕上げの外壁において、コンクリート表面のはく落が比較的浅い欠損部分は、ポリマーセメントモルタルを充填し、全面を複層仕上塗材塗りで改修した。

　解説　ひび割れが挙動するおそれがあり、その幅が0.2mm以上1.0mm未満の場合、可とう性エポキシ樹脂を用いたUカットシール材充填工法もしくは軟質形エポキシ樹脂を用いた樹脂注入工法で改修する。　　　　解答　(3)

2 既存床仕上げ材の撤去および下地処理 応用能力問題

内装改修工事における既存床仕上げ材の撤去および下地処理に関する記述として、**不適当なものを2つ選べ**。ただし、除去する資材は、アスベストを含まないものとする。

(1) ビニル床シートは、ダイヤモンドカッターで切断し、スクレーパーを用いて撤去した。

(2) 磁器質床タイルは、目地をダイヤモンドカッターで縁切りし、電動はつり器具を用いて撤去した。

(3) モルタル塗り下地面の既存合成樹脂塗床材の撤去は、下地モルタルを残し、電動はつり器具を用いて下地モルタルの表面から塗床材のみを削り取った。

(4) 既存合成樹脂塗床面の上に同じ塗床材を塗り重ねるため、接着性を高めるよう、既存仕上げ材の表面を目荒しした。

(5) 新規仕上げが合成樹脂塗床のため、既存床材撤去後の下地コンクリート面の凹凸部は、エポキシ樹脂モルタルで補修した。

解説 ビニル床シートは、<u>カッター</u>で切断し、スクレーパーなどを用いて撤去する。既存合成樹脂塗床材の撤去範囲は、モルタル塗り下地面の場合は<u>モルタル下地ごと</u>、コンクリート下地の場合は<u>コンクリート表面から3mm</u>程度とする。 解答 (1)(3)

---

3 アスファルト防水改修工事

アスファルト防水改修工事に関する記述として、**最も不適当なもの**はどれか。

(1) 既存の露出アスファルト防水層の上に、露出アスファルト防水密着工法を行うので、既存防水層表面の砂は可能な限り取り除き、清掃後、アスファルト系下地調整材を$1.0\,\text{kg/m}^2$塗布した。

(2) 既存のコンクリート保護層の上に露出アスファルト防水絶縁工法を行う

際、二重ドレンを設けないので、コンクリート保護層は、ルーフドレン端部から500mmまで四角形に撤去した。

(3) 既存のコンクリート保護層を撤去し、防水層を撤去しないで保護アスファルト防水密着工法を行うので、ルーフドレン周囲の既存防水層は、ルーフドレン端部から150mmまで四角形に撤去した。

(4) 既存のコンクリート保護層および防水層を撤去して保護アスファルト防水絶縁工法を行うので、撤去後の下地コンクリート面の2mm未満のひび割れ部は、ゴムアスファルト系シール材で補修した。

解説 既存のコンクリート保護層を撤去し、防水層を撤去しないで新規に保護防水密着工法を施す場合、ルーフドレン周辺の既存防水層は、<u>ルーフドレン端部から300mm程度</u>まで、既存防水層を四角形に撤去する。

解答 (3)

Ⅱ部

施工管理

施工計画

1 施工計画の基本方針

出題頻度 ★★★

▶ 基本方針（方針を決定するにあたり、検討すべき事項）

- 工程、品質、原価、安全の各管理項目でバランスのとれた計画を検討する。
- いくつかの代替え案を作成し、それぞれの長所、短所を比較検討する。
- 契約工期内で、さらに適正工期かどうかについて検討する。
- 従来の経験だけでなく、新工法、新技術の積極的導入を検討する。
- 安全を確保し、環境保全へ配慮する計画を検討する。

▶ 施工管理相互の関係

　施工管理には、品質（Ⅰ）、工程（Ⅱ）、原価（Ⅲ）、安全の4項目があり、次図の関係で示される。

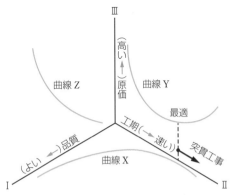

● 品質、工程および原価の相互関係図

- 曲線Ⅹ：時間をかけるほどよい品質となる。

- 曲線 Y：工程が遅いと原価は高くなり、速度を増すと原価は最小に近づき最適速度で最少となる。さらに速度を上げると突貫作業となり原価は高くなる。
- 曲線 Z：よい品質ほど高くなる。

▶ 施工計画書

［施工計画書に記載する項目内容］

- 工事概要：工事名、場所、工期、工事内容など。
- 現場の組織表：現場組織編成、命令指示系統、業務分担など。
- 工程表：バーチャートなどによる主要工期など。
- 安全管理：安全管理組織、活動方針、安全対策、事故時発生時の対策など。
- 資材：使用する資材の数量、規格、商品名、メーカーなど。
- 緊急時体制：異常気象などによる現場災害時の体制、緊急時連絡先など。
- 施工方法：施工順序、関連工事、仮設工事、振動騒音給排水などの設備工事など。
- 交通の管理：工事により発生による交通対策、交通処理など。
- 環境への配慮：騒音、振動、煤煙、粉塵、水質汚染、近隣への影響防止など。

［総合施工計画書］

総合施工計画書は、工事種別施工計画書を作成する前に、総合仮設を含んだ工事の全体的な進め方や、主要工事施工方法、品質目標と管理方針、重要管理事項などを記載し請負者が作成する。

計画図には、仮設設備（仮設電力、水道引込位置など）や工事用機械の配置、材料の運搬経路や主要な作業動線、そして隣地境界に設置する仮囲いの範囲などを記載する。

［工事種別施工計画書］

工事種別施工計画書は仮設計画、安全・環境対策、工程計画、品質計画、養生計画などを記載するもので、請負者から専門工事業者への計画伝達書とするため、請負者が作成する。工事種別施工計画に含まれる施工要領書は、専門工事業者が作成してもよい。

鉄骨工事、カーテンウォール工事、躯体工事、仕上げ工事などの主要な工事について工事種別施工計画書を作成し、仕様材料については、使用箇所、使用材料名、材料の識別方法、製造所名、規格、性能、品質、数量、種類、

材質、保管方法などを記載する。月間実施工程表に管理者や特定行政庁など
の検査日程を記入する。

　あらかじめ監督員の承諾を受けた場合は、すべての工事種別について作成
しなくてもよい。

　実行予算書は、請負者独自の予算書であり、管理者に提出するものではな
い。

2　事前調査・準備作業 　　　　　　　　出題頻度 ★★★

▶ 契約図書の確認

　契約図書には次のようなものがある。目的とする建築物に要求されている
契約図書の内容を確認する必要がある。

【契約書】　当事者名、工事名、工事場所、工期、請負代金額、支払方法、
契約期日などを記載。

【契約約款】　契約内容を細部記載した契約書の添付文書（工事請負契約約款
等）。

【設計図書】　設計図、標準仕様書、特記仕様書、現場説明書。

▶ 現場の事前調査

　施工現場における現場条件を調査して、その現場における最適な施工計画
を策定するため、以下のチェックが必要である。

【敷地】　周辺の道路や隣地との境界標の確認、高低の基準点となるベンチ
マーク（B.M）を定め、高低などの確認。ベンチマークは移動のおそれのな
い箇所に相互チェックできるように数か所に設置する。

【設備】　電気、ガス、水道、排水、電話などの仮設および本設にあたって
使用可能な設備、その容量などの調査。地下水の排水などにあたっては公共
ますの有無や、下水道の排水能力の調査。

【敷地内障害物】　敷地内地上障害物、地下埋設物（給排水管、ガス管、ケー
ブル類、古い構造物の基礎、杭、古井戸、石垣、人体に有害なもの、廃棄物
類で有毒ガス発生のおそれのあるものなど）の調査。

［**敷地周辺の障害物**］ 敷地周辺にある工事に影響で障害を生じやすいもの、工事に支障を与えるおそれのあるもの（周辺の埋設物、建築物、工作物、河川等の護岸、鉄道、高圧線など）の調査。

［**道路、交通状況**］ 機材の搬出入に使用する車両の大きさ、機材の大きさの限度を確認し、工事用車両などの出入りの可能性、機材搬出入経路の交通状況、交差点の位置などの調査、建設残土の搬出や生コン搬入、鉄骨の搬入などの所要時間の推定の調査。

［**近隣建物**］ 近隣に学校、病院または特殊な振動、騒音を嫌う施設の有無など。

［**公共施設**］ 電話ボックス、消火栓、街路樹、電柱、信号機、バス停、交通標識、ガードレールなど。

［**近隣**］ 隣地の建物状況、塀、樹木など。

● 各工事にあたっての調査

状況により、以下の事項については各工事に先行して調査する。

［**工事用の仮設事務所計画**］ 安全保安設備、荷役設備、仮設水道、電力、照明などの調査。

［**杭地業工事計画**］ 地中障害、近接建物、敷地の高低、地下水位などの調査。

［**山留め工事**］ 敷地内を試掘し湧出する地下水の水量や水質、隣接建物の基礎などの調査。

［**根切り計画**］ 地中埋設物、過去の土地利用履歴などの調査。

［**揚重機の設置計画、外部足場設置計画**］ 敷地周辺の電波障害などの調査。

［**鉄骨工事計画**］ 交通規制、周辺の埋設物、架空電線、電波障害、製作工場から現場までの搬入経路などの調査。

3 諸官庁および関係機関への申請・届出 出題頻度 ★★★

● 労働基準監督署長への届出

［**計画の届出**］ 以下の仕事については仕事開始の日の14日前までに計画を

労働基準監督署長に提出する。

- 高さ31 mを超える建築物または工作物の建設、改造、解体または破壊の仕事。
- 最大支間50 m以上の橋梁の建設の仕事。
- 掘削の高さまたは深さが10 m以上である地山の掘削作業を行う仕事。
- ずい道の建設などの仕事。
- 圧気作業による仕事。
- 耐火建築物または準耐火建築物で石綿などが吹き付けられているものにおける石綿などの除去作業を行う仕事。
- 掘削の高さまたは深さが10 m以上の土石の採取のための掘削作業の仕事。
- 坑内掘りによる土石の採取のための掘削作業の仕事。

［設置届をすべき機械など］ 設置工事開始前の30日前までに提出する。

- 足場：設置期間が60日未満のものを除く。吊り足場、張出し足場以外の足場にあっては、高さが10 m以上のもの。
- 型枠支保工：支柱の高さが3.5 m以上の場合
- 架設通路：高さおよび長さが10 m以上の場合
- 軌道装置
- ガス集合溶接装置
- クレーン：3t以上（スタッカ式は1t以上）
- デリック：2t以上
- エレベーター：1t以上
- 建設用リフト：積載荷重0.25t以上でガイドレール高さ18 m以上のもの
- ゴンドラ
- その他

［設置報告をすべきクレーンなど］ 設置前にあらかじめ提出する。

- クレーン：0.5t以上3t未満（スタッカ式は0.5t以上1t未満）
- 移動式クレーン：3t以上
- デリック：0.5t以上2t未満
- エレベーター：0.25t以上1t未満
- その他

● その他関係法令と関係機関への届出・申請

申請・届出名	提出時期	提出先	提出者
確認申請	着工前	建築主事または指定確認検査機関	建築主
建築工事届	着工前	都道府県知事	建築主
建築物除去届	着工前	都道府県知事	施工者
中間検査申請	特定工程後 4日以内	建築主事または指定確認検査機関	建築主
完了検査申請（工事完了届）	完了した日から 4日以内	建築主事または指定確認検査機関	建築主
道路使用許可申請	着工前	警察署長	施工者
道路占用許可申請	着工前	道路管理者	道路占有者
特定建設資材を用いた建築物等に係る解体工事の届出	着工の7日前	都道府県知事または建築主事を置く市町村では市町村長	発注者または自主施工者
特定施設設置届（振動・騒音）	着工の30日前	市町村長	設置者
特定建設作業実施届（振動・騒音）	作業開始の7日前	市町村長	施工者
煤煙発生施設設置届	着工の60日前	都道府県知事または市長	設置者

4 仮設計画

出題頻度 ★★★

　仮設工事は、本体工事を進めるための一時的な建物、工作物などをつくる工事をいい、仮設計画の良し悪しが、工事の品質、安全性、工程の進捗、経済性に影響を与える。

　仮設工事に含まれるものとして、測量、地番調査、仮囲い、縄張り、水盛やり方、仮設事務所などの建物、作業場、材料置場、足場および桟橋、工事別の機械および雑設備、運搬路、揚重設備、通信設備、照明設備、動力用設備、防災および防音設備、養生設備、工事儀式のための設備、各設備の片づけなどがある。

● 仮囲い

　仮囲いは以下の点に留意して設置する。

- 工事場所と外部とを遮断し、第三者の危険防止、盗難防止などの役割を担い、これらの防止に適する構造、材料、設置期間などを定める。
- 周辺や工事の状況により危害防止上支障がない場合、設けなくてもよい。

- 通行人の安全や隣接物を保護し、周辺環境に配慮して設置する。
- 傾斜地の仮囲い鋼板などでできるすき間は、安全のため、土台コンクリートまたは木製幅木などで完全にふさぐこと。
- 出入口は引戸とし、車・人を区別して設置することが望ましい。
- 木造の建築物で高さが13mもしくは軒の高さが9mを超えるものまたは木造以外で2階以上の建築物の工事の仮囲いは、高さ1.8m以上のものを設ける。

▶ 仮設事務所などの建物・作業場・危険貯蔵所・ゲート・門扉など

[**仮設事務所**] 強度や防火性能を満足し、経済性や転用性も重視して計画する。

[**施工者と監理者の事務室**] 同一建物内でそれぞれ独立させ、設置位置は相互の連絡に便利な場所とする。

[**作業員詰所**] 大部屋方式とするほうが、職種数や作業員の増減に対応ができ、火災防止や異業種間コミュニケーションも図りやすい。

[**仮設の危険物貯蔵庫**] 作業員休憩所やほかの倉庫と離れた場所に設置する。

[**溶剤や塗料の保管場所**] 関係労働者以外の労働者が常時立ち入ることがない施錠ができる場所とし、直射日光を避けて風通しのよいところに保管する。

[**溶接に使用するガスボンベ類貯蔵小屋**] 通気をよくするため壁1面は開口とし、ほかの3面は上部に開口を設ける。

[**ゲート**] 鉄筋コンクリート構造の工事で空荷時の生コン車が通過できる高さを確保する。

[**ゲートに設置するハンガー式門扉**] 重量と風圧を軽減するため、上部に網を張る構造がよい。

▶ 作業構台（乗入れ・荷受け構台）・揚重設備

[**最大積載荷重**] 構造および材料に応じて定め、これを超えて積載しない。
[**作業構台への乗入れ部の勾配**] 1/6〜1/10以下とする。

[高さ2m以上の作業床のすき間]　3cm以下とし手摺は85cm以上とする。

[乗入れ構台]　躯体コンクリート打設時に構台大引下の床ならし作業ができるように大引天端を床上端より20〜30cm程度上に計画する。

[山留の切梁支柱と乗入れ構台の支柱の兼用]　荷重に対する安全性を確認したうえでの計画であれば可である。

[仮設の荷受け構台]　吊りワイヤロープおよび鋼線の安全係数が10以上、吊り鎖および吊りフックの安全係数が5以上となるようにする。

[タワークレーンの設置]　地表面または水面からの高さが60m以上になれば航空障害灯を設置する。

[乗入れ構台の構造計算に採用する積載荷重]　施工機械、車両荷重、仮置き資材荷重以外の荷重は雑荷重として、1kN/m²を採用する。

● 設備の仮設計画

[作業員の仮設男性用便所の算定]
- 大便用便房数：同時に就業する男性作業員60名以内ごとに1個以上設置。
- 小便器個数：同時に就業する男性作業員30名以内ごとに1個以上設置。

[工事事務所の使用水量の算定]　50ℓ/人・日（1日あたり1人につき50ℓ）。

[労働者を常時就業させる場所の作業面の照度]　精密作業は300lx以上、普通の作業は150lx以上、粗な作業は70lx以上を維持する。

[工事用使用電力量の算出]　工事機械設備、照明設備、電動機器等の使用する電力負荷を配慮して決めるが、工事用照明は同時に使用することが多く、同時使用係数は1.0とする。極端なピーク時は、変圧器の容量を増加させるとピーク時以外は無駄が生じるため一部を発電機で供給する。

[スタッド溶接機の電力]　本体電源部とスタッドガンおよびアースによるシンプルな溶接機なので、発電機の対応でよい。

[工事用使用電力量の申込方法]　契約電力が50kW未満は低圧受電、50kW以上2,000kW未満は高圧受電、2,000kW以上は特高圧受電となる。

[工事用の動力負荷]　工程表に基づいた電力量山積みの60%を実負荷として計画する。

[現場幹線設備の埋設]　重量物が通過する道路下では、1.2m以上、その他は、0.6m以上とする。

［仮設照明用のビニル外装ケーブル（Fケーブル）］ コンクリートスラブに直接打ち込む計画でよい。

［屋外に設置する溶接用ケーブル以外の移動電線］ 使用電圧が300V以下のものは、2種キャブタイヤケーブルを使用する。

5 工事別施工計画

出題頻度 ★★☆

▶ 土工事

［山留め設計親杭矢板工法］
- 横矢板設置後、矢板の裏側に裏込め材を充填した後、親杭と矢板の間にくさびを打ち込んで裏込め材を締め付けて安定させる。
- 横矢板の親杭のフランジからのはずれを防止するために、桟木またはぬきを横矢板両側に釘で止める。

［水平切梁工法におけるプレロード］ 設計切梁軸力の50〜80%程度の荷重で段階を追って均等な負荷にして導入する。

［ボイリング発生の防止］ 止水板の山留め壁の根入れを深くし、動水勾配を減らす。根切り底面の盤ぶくれに対して有効である。

［逆打ち工法］
- 地下躯体、地上躯体を並行して構築できるため、全体工期の短縮に効果がある。
- 1階の床を先行して施工するため、地下工事の騒音の抑制ができる。
- 1階床を作業床として利用できるため、乗入れ構台が不要である。
- 地下躯体を先行施工し、それを切梁として順次下部の躯体を施工していくため、地下躯体が支保工となり、不整形な平面形状でも適用できる。
- 躯体を山留め架構として利用するため、沈下、移動など周辺地盤に与える影響が少ない。したがって、軟弱地盤における大平面、大深度掘削で用いることが多い。

［埋戻し］ 透水性の悪い山砂を用いた場合は、埋戻し厚さ30cmごとにランマーで締め固めながら行う。

［地下の躯体工事における作業員の通行用の渡り桟橋］ 切梁の上に設置する。

▶ 地業工事（杭地業の支持地盤の確認）

［**鋼杭の打ち込み工法**］　鋼杭は油圧ハンマーやディーゼルハンマーで打撃し、支持力を発現させる方法で、杭は1本ごとに最終貫入量などを測定し、その記録を報告書に記録する。

［**セメントミルク工法**］　全数について掘削深さおよびアースオーガーの駆動用電動機の電流値などから支持地盤を確認し、その記録を報告書に記録する。

［**場所打ちコンクリート杭工法**］　コンクリートの打ち込み中はトレミー管の先端を、コンクリート中に2m以上入れる。

［**アースドリル工法**］　掘削が終了した杭ごとに、超音波孔壁測定結果を記録する。1次スライム処理を底ざらいバケットにより行う。

［**リバース工法**］　1次スライムには底ざらいバケットは用いず、2次スライム処理で、コンクリート打設直前にトレミー管やサクションポンプなどにより孔底に沈積したスライムを除去する。

［**オールケーシング工法**］　全周回転するケーシングの先端に取り付けたケーシングピットで削孔を行い、所定の深さから排出される土を確認、記録をする。

▶ 型枠工事

［**工期短縮のための基礎型枠**］　席板の解体が不要なラス型枠工法とする。
［**外壁タイル張りの剥離防止**］　MCR工法を採用する。

▶ 鉄筋工事

［**鉄筋の組立後の養生**］　スラブ筋や梁配筋など直接鉄筋の上を歩かないように配慮する（道板などを用い、通路などを確保）。

［**鉄筋冷間直角切断機の切断用チップソーにより切断した鉄筋（ガス圧接継手）の圧接端面**］　鉄筋の切断抵抗の低減、銀蝋の切断面への付着防止、台金のひび割れ防止の性能を有するのでグラインダー研削は不要である。

［**先組工法**］　作業の効率を高める。

[SD295の鉄筋末端部の折曲げ内法直径の最小値] 折曲げ角度が180°の場合と90°の場合ともに同じ値でよい。

[工期短縮のため鉄筋を地組みするとき] 継手は機械式継手とする。

● コンクリート工事

[コンクリート打設計画] 同一打込み工区に同時に複数の工場よりコンクリートを供給すると、それぞれの工場の品質責任の所在が不明となるため、同一打込み工区への複数工場からの混合使用は不可である。

[躯体地業工事] 捨てコンクリートを少量ずつ数か所に分けて打ち込むときは、練り混ぜから打込み終了までの時間を90分とする。

[独立柱の型枠組立] コラムクランプは柱型枠を四方から水平に締め付けるもので、セパレーターは用いない。主として、独立柱の型枠を組み立てる場合に用いられる。

[型枠の支柱の取外し] 原則として定められた存置日数以上経過するまで取り外すことはできないが、スラブ型枠の支柱については、コンクリートの強度が圧縮強度試験の結果、設計基準強度の85%または12N/mm²以上の場合、取外し転用は可である。

● 鉄骨工事

[鉄骨の建方計画]

- 建方中の部分架構についても、強風や自重などの荷重に対して安全を確認する。建入れ直しに用いたワイヤロープは、各節、各ブロックの現場溶接が終わるまで緊張させたままにしておく。

- 建入れ修正が容易で鉄骨骨組みの安定性に優れる計画は積上げ方式である。建逃げ方式はスパンごとに最上階まで建て、順次横に逃げる方式で、工事において、部材の剛性が小さい鉄骨部分の建入れ直しは、小ブロックに分けて行う。

[建築構造用圧延鋼材の品質確認] ミルシート、ミルマーク、ステンシル、ラベルなどによる。

[鉄骨工事の現場で使用する鋼製巻尺] JISの1級品とし、張力を50Nとし

て鉄骨製作工場の基準巻尺とテープ合わせを行う。

[高力ボルト孔径] ボルトの公称軸径が22mmの場合は、22mm＋2.0mm
以下（24mm以下）とする。

[高力ボルト接合部の板厚の差] 板厚の差により生じる肌すきが1mm以下
の場合はフィラープレートを用いない。

[公共建築工事標準仕様書の規定] 金物の最小溶接長さは40mmである。
板厚6mm以下の場合の最小ビード長さは30mmである。

▶ 石工事

[外壁乾式工法による石材裏面と躯体コンクリート面の間隔] 70mmを標準
とする。

[壁張り石工事の湿式工法] ぬれ色や白華の防止のため、石裏面処理材を
用いて行う。

[取付け後の大理石面の清掃] 酸性の洗剤やクレンザーなどは厳禁である。
大理石は酸に弱く表面が荒れてしまう。

▶ タイル工事

[外壁タイル張り面の伸縮調整目地の位置] 下地コンクリートのひび割れ誘
発目地と一致させる。

[密着張りにおける振動工具による加振] 張付けモルタルがタイルの周囲か
ら目地部分に盛り上がる状態になるまで行う。

[二丁掛タイルの改良積上げ張りの1日の張り付け高さの限度] 1.5mとする。

▶ 内装工事

[コンクリート下地にせっこうボードの直張り工法] 接着材は水で練り合わ
せて使用するが、練り具合はやや硬めにして、塗りつけた際に、だれない程
度とする。一度に練る量は、1時間以内に使いきれる量とする。

[防火材料の認定を受けた壁紙] 防火性能のあることを表す施工管理ラベ
ルを1区分（1室）ごとに2枚以上張りつけて表示する。

［せっこうボードをせっこうボード系接着剤により直貼り工法で張り付ける場合の1度に練る接着剤］ 練り混ぜてから2時間程度で硬化するため1時間以内に使い切れる量とする。

▶ その他工事

［コンクリートブロック工事］ 1日の積み上げ高さの限度は、1.6m程度とする。

［左官工事］ コンクリート下地で内壁のモルタル塗りの標準は厚さ20mmで、下塗り、中塗り、上塗りの3回塗とする。

［金属工事］ 海岸部における屋外の鋼製手すりには電気亜鉛めっきを使用しない（酸化亜鉛のさびが生じ、白化する）。特にさびやすい環境にある鋼材のめっき方法として、溶融亜鉛めっきが採用される。

［シーリング工事］ ALCパネル間の目地、ガラス目地およびガラス・サッシ間のシーリング材には、低モジュラスシーリング材を用いる。

［メタルカーテンウォール工事］ 躯体付け金物は、本体鉄骨の製作に合わせてあらかじめ鉄骨工場で取付けを行う。

［塗装工事］ 現場さび止め塗装の塗膜厚は、塗料の使用量と塗装面積から推定する。亜鉛めっき鋼面の素地ごしらえの化成皮膜処理はりん酸塩による処理とする。

［防水工事］

- 改質アスファルトシート防水トーチ工法の場合、露出防水用改質アスファルトシートの重ね部は砂面をあぶり、砂を沈めて重ね合わせる。
- アスファルト防水でアスファルトが規定量どおりに施工されているかについては、施工面積と全使用料から単位面積あたりの数量を算出して確認する。

6 材料の試験・検査 出題頻度

　工事の品質、性能、安全などの確認のために試験や検査を行う。試験や検査の結果、材料や施工に不適当なものが発見された場合は、直ちに修正、交換などの対策をとる。使用材料の性能確認や施工方法を決めるときにも、試

験や検査を行う場合がある。

▶ 事前調査・準備

名称	試験・検査
敷地	形状、高低
縄張り	位置、形状
やり方	建物芯位置、高低
根切	土質、深さ、幅、平板載荷試験
敷砂利・割栗石張り	転圧状態、材料確認
埋戻し	土質、埋戻し厚、締固め度

▶ 杭

名称	試験・検査
既製杭	肉厚、長さ、規格、径
打込み杭	鉛直度、接手の溶接、機械の打込み能力、杭頭位置
埋込み杭	固定液の調合・使用量、掘削液、コンクリート調合、鉛直度、接手の溶接、杭頭位置と高さ、埋込み深さ
場所打ち杭	杭径、掘削孔の深さ・形状、安定液とスライム処理、杭頭位置と高さ

▶ 型枠

名称	試験・検査
材料	スリーブ類、厚さ、せき板の材質、基準墨、組立て精度、支保工取り付け状態、埋込み金物類
型枠除去	盛替時期、在置期間

▶ 鉄筋

名称	試験・検査
材料	JIS規格品は規格証明書のチェック、証明書のないものは引張試験
圧接	位置、圧接部を全数目視による外観検査、引張試験
組立て	差し筋、かぶり、鉄筋の規格、径、本数、形状、接手、位置、定着

▶ コンクリート

名称	試験・検査
製造所	工事現場への運搬時間、製造所のJIS規格
調合	試験練り：スランプ・空気量・比重・コンクリートの練り状態・温度、圧縮強度（7日、28日）
打設	打設状況、温度、圧縮強度、スランプ・空気量、塩化物量試験（打込み当初、$150\,\mathrm{m}^3$に1回以上）
養生	養生方法、期間
精度	コンクリート硬化後および欠陥

▶ 鉄骨

名称	試験・検査
製作工場	全国鉄鋼業連合会資格
材料	JIS規格品は規格証明書のチェック、証明書のないものは引張試験
製品	梁の長さの限界許容差を±5mm
組立て	板厚、組立て精度、溶接（目視、寸法、精度、浸透試験、超音波探傷試験）、摩擦面処理、部材サイズ
建方	接合部の確認、締付検査、建方精度（建築学会制度基準）

▶ タイル

　タイルは、付着強度、曲げ強度、吸水率の試験を行うが、含水率の試験は行わない。

　外装タイル張りの合格判定は、タイルの引張接着強度が、$0.4\,\mathrm{N/㎡}$以上とする。

▶ 塗装

　コンクリート面の塗膜厚さの検査は、塗布面積に対する塗料の使用量で行う。

7 材料の保管・取扱い

　各種材料の保管と取扱いは、安全衛生面を考慮しながら、材料の特性に合わせて品質を損なわないようにすることが重要である。

材料	保管・取扱い
セメント	地表面に置かず、上げ床をして、袋は10袋以下の積み重ねとする。防湿を考え、乾燥した場所で風化させないように通風を避ける。
コンクリート合板（せき板）	型枠用合板は、直射日光を避けシートなどで養生する。乾燥させ通風のよい場所で保管する。
鉄筋	直接、地面と接しないようにして、長期間雨露にさらさない。油や泥などにより、汚れや浮錆を発生させない。種類別、長さ別に保管する。
高力ボルト	一度に大量輸送せずに適量を運搬し、梱包は施工直前に開封する（現場受入時に包装を開封しない）。使用しなかったものは再び包装して保管する。保管は3〜5段以下の箱重ねとし、温度変化の少ない乾燥した場所とする。使用前に開封して、トルク係数値試験を行ってから使用する。
溶接棒	吸水しやすいので、開封したまま保管しない。常に乾燥状態にしておく。湿っている場合は、乾燥機で乾燥させて用いる。
アスファルトルーフィング	湿気の影響を受けにくい乾燥した場所に立てて保管する。積み上げは2段以内として保管する。砂付きストレッチルーフィングはラップ部分を上にして立てて保管する。
コンクリートブロック	雨にあたらないように乾燥した場所で保管する。積上げ高さは1.6m以下とする。
ALCパネル	反りやひび割れなどの損傷が発生しないように、積上げ高さは1段を1.0m以下として2段目までとする。ALCパネルは吸水性が高いので、水平に乾燥した台木上で保管する。
板ガラス	室内床にゴム板を敷き、立てた状態で保管する。裸台で持ち込んだ板ガラスは、裸台に乗せたまま立てた状態で保管する。木箱入りガラスは、できるだけ異寸法のものは別々にして、裸板の場合と同様に85°程度の角度で立てた状態で保管する。保管場所に制限があり、異寸法のものが混ざる場合は先に大箱を置き、後から小箱を重ねる。
アルミニウム製建具	傷つきやすく打撃などの衝撃にも弱いため、立てかけて保管する。材料のアルミニウムは、接触腐食（銅・銅合金）を起こすおそれがあり、モルタルやプラスターなどの付着が長期にわたると変色をする場合があるため、これらを速やかに除去する。
砂・砂利	水はけをよくするために床に水勾配をつけて保管する。
プレキャストコンクリート床部材	平置きとし、水平になるように台木を2本敷き、台木の間隔は部材を置いた状態で最も曲げ応力がかからない位置とする。
ユニットタイル	雨露や直射日光および極端な温度変化を避け、屋内に保管する。

材料	保管・取扱い
ロールカーペット	湿気による材料の汚れ、変色防止のため、直射日光の当たらない湿気のない場所で保管し、平坦な床に横にして2～3段までの俵積みとする。
床シート類	直射日光を避け、屋内の乾燥した場所で立てた状態で保管する。
フローリング類	木質材のため湿気を含むと変形するので、コンクリートの上に置く場合などはシートを敷き、角材などの台木の上に積み重ねて保管する。
シーリング材	有効期限を確認して高温多湿や冷凍温度以下にならない場所で保管する。特にエマルジョン乾燥硬化形シーリング材は、凍結温度以下にならないように保管する。
溶剤系のビニル床タイル用接着剤	換気のよい場所で保管する。
フタル酸樹脂系塗料	フタル酸樹脂系塗料が付着した布片は、自然発火のおそれがあるため、塗装材料とは別に保管する。
防水用袋入りアスファルト	荷崩れに注意して10段以上は積まない。
ポリスチレンフォーム保温板	反りぐせがつかないように平坦な式台の上に積み重ねる。
発泡プラスチック系保温版	長期間紫外線を受けると表面が劣化するので、日射を避け、屋内で保管する。
せっこうボード	ゆがんだ形とならないように屋内に平置きとする。

問1 **2 事前調査・準備作業**

建築工事における事前調査に関する記述として、最も不適当なものはどれか。

(1) 鉄骨工事の計画にあたり、周辺道路の交通規制や架空電線について調査した。

(2) セメントによって地盤改良された土の掘削にあたり、沈砂槽を設置して湧水を場外は排水することとしたため、水質調査を省略した。

(3) 解体工事の計画にあたり、近隣建物の所有者の立ち合いを得て、近隣建物の現状について調査した。

(4) 工事車両出入口、仮囲いおよび足場の設置に伴う道路占用の計画にあたり、歩道の有無と道路幅員について調査した。

解説 沈砂槽を設置して湧水を場外に排出するとき、公共用水域に排出されるものはpH5.8以上8.6以下、海域に排出されるものは、pH5.0以上9.0以下と規定されている。よって、<u>水質調査は省略できない</u>。　　　解答　(2)

問2 **2 事前調査・準備作業**

事前調査や準備作業に関する記述として、最も不適当なものはどれか。

(1) 根切り計画にあたって、地中障害物の調査のみならず、過去の土地利用の履歴も調査した。

(2) 建物の位置と高さの基準となるベンチマークは、複数設置すると誤差が生じるおそれがあるので、設置は1か所とした。

(3) 山留め計画にあたって、敷地内の試掘を実施し、湧出する地下水の水質調査を行った。

(4) 地下水の排水計画にあたって、公共ますの有無と下水道に排水能力を調査した。

問3　3　諸官庁および関係機関への申請・届出

　建設業者が作成する建設工事の記録などに関する記述として、最も不適当
なものはどれか。

(1)　承認あるいは協議を行わなければならない事項については、それらの経
　　過内容の記録を作成し、元請の建設業者と工事監理者が双方で確認したも
　　のを工事監理者に提出する。
(2)　試験および検査については、設計図書に示す条件に対する適合性を証明
　　するに足りる資料を添えて記録を作成する。
(3)　建設工事の施工において必要に応じて作成した工事内容に関する発注者
　　との打合せ記録は、元請の建設業者がその交付の日から10年間保存する。
(4)　建設工事の施工において必要に応じて作成した完成図は、元請の建設業
　　者が建設工事の目的物の引渡しの日から10年間保存する。

問4　3　諸官庁および関係機関への申請・届出

　「労働安全衛生法」上、事業者が所轄の労働基準監督署長への計画の届出
を行う必要があるものはどれか。

(1)　耐火建築物に吹き付けられた石綿などの除去
(2)　延べ面積が10,000 m² で高さが13 m工場の解体
(3)　支柱の高さが3.0 mの型枠支保工の設置
(4)　組立てから解体までの期間が30日の張出し足場の設置

解説 耐火建築物または準耐火建築物で石綿などが吹きつけられているものにおける石綿などの除去の作業を行う仕事は、仕事の開始の日の14日前までに計画を労働基準監督署長に届け出る。 解答 (1)

問5 **3** **諸官庁および関係機関への申請・届出**

労働基準監督署長へ提出する計画の届出等に関する記述として、不適当なものはどれか。

(1) 支柱の高さが3.5m以上の型枠支保工の設置届は、その計画を当該工事の開始の日の30日前までに提出する。

(2) 積載荷重1t以上の入荷用のエレベーターの設置届は、その計画を当該工事の開始の日の14日前までに提出する。

(3) ゴンドラの設置届は、その計画を当該工事の開始の日の30日前までに提出する。

(4) 最高高さが35mの建築物の解体の届出は、その計画を当該仕事の開始の日の14日前に提出する。

解説 積載荷重1t以上の入荷用のエレベーターの設置届は、当該工事の開始の日の30日前までに提出する。 解答 (2)

問6 **4** **仮設計画**

仮設計画に関する記述として、最も不適当なものはどれか。

(1) 塗料や溶剤などの保管場所は、管理をしやすくするため、資材倉庫の一画を不燃材料で間仕切り、設ける計画とした。

(2) ガスボンベ類の貯蔵小屋は、壁の一面を開口とし、ほかの3面は上部に開口部を設ける計画とした。

(3) 工事で発生した残材を、やむを得ず高所から投下するので、ダクトシュートを設ける計画とした。

(4) 工事現場の周辺や工事の状況により危害防止上、支障がないので、仮囲いは設けない計画とした。

問7　4　仮設計画

仮設設備の計画に関する記述として、最も不適当なものはどれか。

(1)　工事用の給水設備において、水道本管から供給水量の増減に対する調整のため、2時間分の使用水量を確保できる貯水槽を設置する計画とした。

(2)　工事用の溶接用ケーブル以外の屋外に使用する移動電線で、使用電圧が300Vのものは、Ⅰ種キャブタイヤケーブルを使用する計画とした。

(3)　作業員の仮設便所において、男性用大便所の便房の数は、同時に就業する男性作業員が60人ごとに1個設置する計画とした。

(4)　工事用の照明設備において、普通の作業を行う作業面の照度は、150lxとする計画とした。

問8　4　仮設計画

仮設設備の計画に関する記述として、最も不適当なものはどれか。

(1)　工事用使用電力量が90kW必要となったので、低圧受電で契約することとした。

(2)　工事用電気設備のケーブルを直接埋設するので、その深さを重量物が通過する道路下は1.2m以上とし、埋設表示することとした。

(3)　工事用使用電力量の算出に用いる電灯の同時使用係数は、1.0とすることとした。

(4)　工事用使用電力量が工程上で極端なピークを生じるので、一部を発電機で供給することとした。

問9 4 仮設計画

施工計画に関する記述として、最も不適当なものはどれか。

(1) 地下躯体の工事において、作業員の通行用の渡り桟橋は、切張の上に設置する計画とした。

(2) 乗入れ構台の構造計算に採用する積載荷重は、施工機械や車両などの荷重のほかに、雑荷重として1kN/m²を見込む計画とした。

(3) 部材の剛性が小さい鉄骨は、大ブロックにまとめて建入れ直しを行う計画とした。

(4) 仮設の荷受け構台は、跳ね出しタイプで上階からワイヤロープで吊る構造とし、ワイヤロープの安全係数を10で計画した。

問10 5 工事別施工計画

躯体工事の施工計画に関する記述として、最も不適当なものはどれか。

(1) 場所打ちコンクリート杭工事において、安定液を使用したアースドリル工法の1次孔底処理は、底ざらいバケットにより行うこととした。

(2) 鉄骨工事において、板厚が13mmの部材の高力ボルトは、せん断孔あけとすることとした。

(3) ガス圧接継手において、鉄筋冷間直角切断機を用いて圧接当日に切断した鉄筋の圧接端面は、グラインダー研削を行わないこととした。

(4) 土工事において、透水性の悪い山砂を用いた埋戻しは、埋戻し厚さ300mmごとにランマーで締め固めながら行うこととした。

問11　**5**　**工事別施工計画**

躯体工事の施工計画に関する記述として、最も不適当なものはどれか。

(1)　スラブ型枠の支柱は、コンクリートの圧縮強度が12N/mm²以上、かつ、施工中の荷重および外力について安全であることを確認して取り外し、転用することとした。

(2)　鉄筋の組立て後、スラブ筋や梁配筋などの上を直接歩かないように道板を敷き、通路を確保することとした。

(3)　コンクリートの打設計画において、同一打込み区画に同じメーカーのセメントを使用した複数のレディーミクストコンクリート工場のコンクリートを打ち込むこととした。

(4)　鉄骨の建方計画において、建方中の部分架構についても、強風や自重などの荷重に対して安全であることを確認することとした。

問12　**5**　**工事別施工計画**

仕上工事の施工計画に関する記述として、最も不適当なものはどれか。ただし、仕上げを施す下地はコンクリート面とする。

(1)　乾式工法による外壁石張り工事において、石材をダブルファスナー形式で取り付けるので、石材裏面と下地コンクリート面の間隔を70mmとする計画とした。

(2)　タイル工事において、外壁タイル張り面の伸縮調整目地の位置は、下地

コンクリートのひび割れ誘発目地と一致させる計画とした。

(3) 左官工事において、内壁のモルタル塗り厚が20mmなので、3階塗とする計画とした。

(4) 内装工事において、せっこうボードをせっこう系接着剤による直張り工法で張り付けるので、一度に練る接着剤は、2時間以内に使い切れる量で計画した。

解説 せっこうボードをせっこう系接着剤による直張り工法で張り付ける場合、一度に練る量は、1時間以内に使いきれる量とする。 解答 (4)

問13 5 工事別施工計画

逆打ち工法に関する記述として、最も不適当なものはどれか。

(1) 躯体を山留め架構として利用するため、沈下、移動などの周辺地盤に与える影響が少ない。

(2) 大規模、大深度の工事では、地上と地下の工事を併行して施工することにより全体として工期の短縮ができる。

(3) 不整形な平面形状の場合は、土圧の伝達が確実に行われにくいため適用できない。

(4) 1階の床を先行して施工するため、地下工事の騒音を抑制できる。

解説 地下躯体を先行施工し、それを切梁として順次下部の躯体を施工していくため、地下躯体が支保工となり、不整形な平面形状でも適用できる。 解答 (3)

問14 7 材料の保管・取扱い

材料の保管に関する記述として、最も不適当なものはどれか。

(1) 砂付ストレッチルーフィングは、ラップ部分(張付け時の重ね部分)を上に向けて立てて保管した。

(2) セメントやせっこうプラスターは、床を地表面より30cm以上高くした倉庫に、湿気を防ぐ状態で保管した。

(3) 裸台で運搬してきた板ガラスは、屋内の床にゴム板を敷いて平置きで保管した。

(4) フローリング類は、屋内の床にシートを敷き、角材を並べた上に積み重ねて保管した。

> 解説 裸台に乗せたまま立て置き保管とする。 解答 (3)

問15 7 材料の保管・取扱い

材料の保管または取扱いに関する記述として、最も不適当なものはどれか。

(1) 被膜アーク溶接棒が吸湿しているおそれがあったので、乾燥機で乾燥してから使用した。

(2) ALCパネルの積み上げには、所定の位置に正確に飼物を用い、積み上げ高さは、1段を1.0m以下とし2段までとした。

(3) 抗力ボルトは、現場受入時に包装を開封し、全数を確認してから乾燥した場所で保管した。

(4) 断熱用の押出法ポリスチレンフォーム保温板は、反りぐせ防止のため、平坦な敷台の上に積み重ねて保管した。

> 解説 現場受入時に包装を開封せずに、乾燥した場所に規格種類別、口径別、長さ別に保管する。 解答 (3)

工程管理

1 工程計画の概要

出題頻度 ★★★

▶ 工程計画の手順

工程計画は工事条件の確認、工事内容および作業能率の把握をすることである。

①施工法および施工手順などの基本となる施工計画を立案する。

②各作業の適切な作業時間を検討する。

③全工事が工期内に収まるように工程表を作成する。

④工程表に基づき工事を行う。

⑤工事の進捗状況と工程表を比較して促進調整（人数や工法などの見直し）を行う。

▶ 工程表作成上の検討事項

①各工事の施工速度は工期、品質、経済性、安全性を考慮して設定する。

②対象となる作業の先行作業、後続作業、並行作業（各作業の手順計画）を検討し、次に各作業の所要日数を設定する。

③各作業の1日あたり労務者数の平均化および各作業の1日あたりの作業量の平均化を考慮して設定する。

④下請業者の請負能力、資材の搬入期日、工場製作品の製作日数、地域による労務、資材、機材の調達状況などを検討して設定する。

⑤施工の関連作業工程、関連業者との取合調整、設備工事の試運転工程の確認、施工のできない特殊期間、周囲の状況、季節地域の天候、余裕日数などを考慮して設定する。

経済的工程計画における工程遅延の要因

［現場要因］ 地質が調査結果と相違している、材料供給遅延設備工事との取合調整が遅れているなど。

［天候要因］ 雨天、降雪、強風などによる実働日数、作業日数の不足など。

［計画要因］ 事前調査不足、工法の選定誤り、工程の余裕不足など。

工程計画の立案

［積上方式（順行式）］ 工事内容が複雑な場合や、過去に実施経験が少ない工事においては未知な部分が多いため採用する手法。

［割付方式（逆行式）］ 工期が指定され、工事内容が比較的容易で、施工実績が多い場合に採用する手法。

［タクト手法］ 高層建物で基準階が何階もある場合で、同一作業がその階数分繰り返し行われるような場合に用いられる手法。

［山崩し（山積み表）］ 各作業日に必要となる作業数を合計し、これらを柱状図に表したものが山積み表で、この山積み表の凸凹を均し、毎日の作業者を平均化することを山崩しという。

［マイルストーン］ 工程上の重要な区切りとなる時点や、中間工期として指示される重要な作業の終了時点などをいう（クリティカルパス上にあることが多く、これを進度管理上のポイントとして活用する）。山留め、杭打ち開始日、掘削開始日、掘削完了日、地下躯体完了日、鉄骨建方開始日、最上階躯体コンクリート打設完了日、屋上防水完了日、受電日、外部足場解体完了日、テナント等別途工事開始日などがある。

工程管理における進捗度管理（一般的な手順）

①工程表によって進捗状況を把握する。

②工程会議など出遅れの原因がどこにあるかを調査する。

③遅れている作業の工程表作成や工程表により余裕時間を再検討する。

④作業員の増員、施工方法の改善などの遅延対策を立てる。

▶ 工期の調整

工法、労働力、作業能率および作業手順などを見直すことにより行う。

▶ 工程計画上の所要実働日数・必要人数等の算定

[型枠工事の所要実働日数の算定]

$$日数 = \dfrac{\dfrac{総型枠面積（床面積〔m^2〕× 単位床面積あたりの型枠数量〔m^2/m^2〕）}{床面積〔m^2〕}}{型枠工配置人数〔人/m^2〕} × 型枠施工標準作業量〔m^2/人・日〕$$

[型枠工の1日あたりの必要人数の算定] 鉄筋コンクリート事務所ビルの基準階の場合は次のとおり。

$$人数 = \dfrac{基準階床面積〔m^2〕× 単位床面積あたりの型枠数量〔m^2/m^2〕× 型枠面積あたりの歩掛り〔人/m^2〕}{実数日数〔日〕}$$

[建設資材揚重計画で1日あたりの揚重可能回数の算定]

$$可能回数 = \dfrac{輸送能率（揚重可能回数 ÷ 計算上の最大揚重回数）×3,600秒（=1時間）}{\left(\dfrac{1往復の距離}{揚重機の昇降速度} + 積み込み所要時間 + 荷卸し所要時間 \right) × 1日の作業時間}$$

▶ 施工速度と工事費の関係

[経済速度と最適工期] 直接費（労務費、材料費、共通仮設を除く仮設費など）は、施工速度を速めると超過勤務、割高な材料使用のため増加するが、間接費（管理費、共通仮設費、金利など）は施工速度を速めると逆に減少する。直接費と間接費を合わせた総工事費が最小となる最も経済的な施工速度を経済速度といい、このときの工期を最適工期という。

[ノーマルタイム（標準時間）とクラッシュタイム（特急時間）] 直接費が最小となる点aをノーマルコストといい、これに要する工期をノーマルタイムという。各作業にはどんなに直接費をかけても、ある限度以上には短縮できない時間があり、これをクラッシュタイムという。

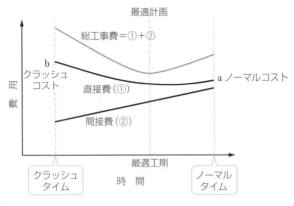

● 工事費曲線

▶ 工期短縮の対策例 (1) 工法変更による短縮

［土工事］ 山留め志保工を水平切梁工法から**アースアンカー工法**に変更。

［躯体工事］

- 内部非耐力壁を現場打ちコンクリートから **ALC** パネルに変更。
- スラブのコンクリート工事を合板型枠工法から**ハーフ PC 板工法**に変更。
- 支保工による合板型枠の工法を**床型枠用鋼製デッキプレート**に変更。
- 鉄骨建方で**水平積み上げ方式**を採用。
- 鉄骨鉄筋コンクリートにおける柱梁の鉄筋について、先に鉄骨に取り付ける**鉄筋先組工法**を採用。

　逆打ち工法は、大規模、大深度の工事では、地上と地下の工事を併行して施工することにより全体として工期の短縮ができるが、中小規模の建物では、必ずしも工期の短縮にはならない。

［仕上工事］

- 浴室などのタイル張り在来工法を**ユニットバス**に変更。
- 内壁の塗装下地をモルタル塗りから**せっこうボード直張り**に変更。
- 在来工法による天井仕上げを**システム天井**に変更。
- タイル後張り工法を**タイル打込みハーフプレキャスト板**に工法に変更。

▷ 工期短縮の対策例（2）構造変更による短縮

［土工事］

- バルコニー床および立上り部分を一体のプレキャストコンクリートに変更。
- 鉄筋コンクリート造の階段を鉄骨階段に変更。

▷ 工期短縮の対策例（3）施工体制、施工準備の拡充による短縮

地上躯体用クレーンを増設する。

▷ 工程の進捗度管理

手順は次のとおり。

①工程表により進捗の現状を把握する。

②工程会議などにより遅れの原因を調査する。

③遅れている作業の工程表の作成や工程表によって余裕時間を再検討する。

④作業員の増員、施工方法の改善などの遅延対策を立てる。

▷ 鉄骨の工場製作工程

鉄骨の工場製作工程とその中で行われる作業は次図のようなものがある。

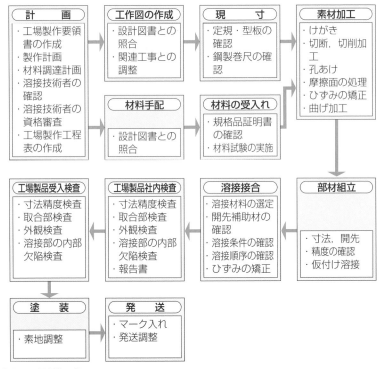

● 鉄骨の工場制作工程

2 各種工程表

出題頻度 ★★

工程表には表現方式により、横線式（棒）工程表（ガントチャート、バーチャート）、斜線式（座標）工程表、曲線工程表、ネットワーク工程表（アロー型ネットワーク、サークル型ネットワーク）がある。

▶ 施工の進度管理

［横線式工程表］

- ガントチャート：縦軸方向に作業名、横軸方向に達成度をとり、予定日程と現在の進行状況を棒グラフで表示したもの。
- バーチャート：一般には横線工程表と呼ばれ、ガントチャート工程表の横軸に工期を入れて棒グラフで表示したもの。

［斜線式（座標）工程表］ グラフ式で表す工程表でバーチャート式工程表をグラフに書き換えて表したもの。縦軸に完成率、横軸に工期を示し、予定を破線、実績を実線で表示する。

［ネットワーク式工程表］ ネットワーク式工程表は○印すなわち結合点（イベント）と矢印（アロー）などの記号を用いた工程表で、各作業の相互関係を表示したもの。作成に熟練を要する。

施工の出来高管理工程表の種類と特徴を次表に示す。

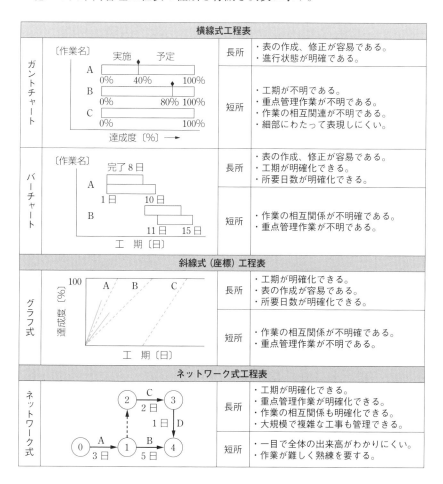

［曲線式工程表］ Sチャートとも呼ばれる。

- 出来高累計曲線：横軸に工期、縦軸に完成率を％で表す。理想的な工程曲線はS字形になることからSカーブと呼ばれている。
- 工程管理曲線：工程曲線の予定と実績を同一グラフに対比して工程の進度を管理するもの。工事の遅れの早期発見と早急な対策を図るため、上方許容限界曲線と下方許容限界曲線を設け、この曲線の区域内で収まる管理をする。上下の曲線で囲まれた形がバナナに似ていることからバナナ曲線と呼ばれる。

工事全体の進捗を表す工程表の種類と特徴を次表に示す。

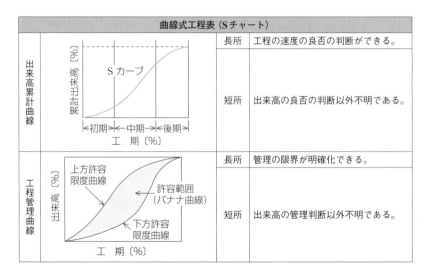

曲線式工程表（Sチャート）		
出来高累計曲線	長所	工程の速度の良否の判断ができる。
	短所	出来高の良否の判断以外不明である。
工程管理曲線	長所	管理の限界が明確化できる。
	短所	出来高の管理判断以外不明である。

3 ネットワーク工程表 `出題頻度 ★★★`

　ネットワーク式工程表は各作業に対する先行作業、並行作業および後続作業の相互関係がわかりやすく、余裕の有無、遅れなどの日数計算が容易で、工期短縮などの計画変更にも対処しやすく、労務計画、機械使用計画、資材搬入計画など円滑に効果的な計画が立てやすい。また、近隣問題、交通状況、埋設物その他労務事情による工程上の問題もチェックしやすい。

◉ ネットワークの記号とルール

[アクティビティ] 矢印（アロー）で表し、工事の工程を分割してできる工事活動の単位をさしていて、作業の時間的経過を示している。左から右に書くのが原則で、矢印の長さは時間に関係がなく、矢印の下に必要な時間数を記入し、上には作業の内容を記入する。

● アクティビティ

[イベント] ○印で表し、作業の開始、終了時点および作業と作業の結節点を示す。イベントに入ってくる多くのアクティビティの全部が完了しないと、そのイベントから出るアクティビティは開始できない。なお、同一のイベント間には1つしかアクティビティを表示してはならない。また、イベントナンバーは、同じ記号が2つ以上あってはならない。

● イベント

[ダミー] 点線の矢印（--▸）で表し、架空の作業を示す。作業の相互関係を結びつけるのに用いる。作業名は未記入で日数は0とし、仕事の流れ（仕事の順序）だけを示す。

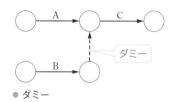

● ダミー

［**パス**］　ネットワークの中で2つ以上の作業のつらなりをいう。

［**フロート**］　作業のもつ余裕時間をいう。

▶ ネットワークの作成

作成の順序は以下のとおり。

①工事のすべての作業を先行作業と後続作業に分ける。

②並行して行う作業と、後続して行う作業に分ける。

③上記の作業を繰り返し、すべての作業をアクティビティとイベントで結合
させ、矢線図を作成する。

▶ ネットワークの計算方法

次図のネットワーク工程表を例として解説する。

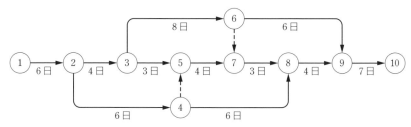

● ネットワーク工程表

計算は、次の❶～❸の基本事項により行う。

❑ ❶最早開始時刻（EST）

各イベントにおいて、最も早く次の作業ができる日時を、その作業の最早
開始時刻という。

最早開始時刻はイベントの右肩の（　　）に0日（スタート）と記入する。

計算は、①→②→③→⑤、①→②→④--▶⑤の順にイベント番号
に沿って行う。イベント⑤のように矢印が③→⑤と④--▶⑤の2方向から
くる場合は、2つの矢印のどちらか大きいほうの値を⑤の最早開始時刻とす
る。

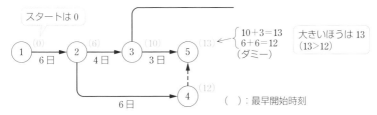

スタートは0

① —6日→ ② —4日→ ③ —3日→ ⑤

⑩+3=13
6+6=12
（ダミー）

大きいほうは13
（13＞12）

6日

④ （12）

（　）：最早開始時刻

● 最早開始時刻の計算例

❷最遅完了時刻（LFT）

全体の工期を守るために、その作業を完了させなければならない日時をその作業の最遅完了時刻という。

最早開始時刻の計算が終わったら、（　　）の上部に□を書きこみ、最終イベントから⑩→⑨→⑧→⑦、⑩→⑨→⑥の順に計算する。

最遅完了時刻の出発点は最終イベントの⑩から始めるが、⑩の最遅完了時刻は最早開始時刻と同じ日数で計算する。

イベント⑥のように、矢印が⑥→⑨、⑥--→⑦の2方向の場合は、2つの矢印のどちらかの小さいほうの値を⑥の最遅完了時刻とする。

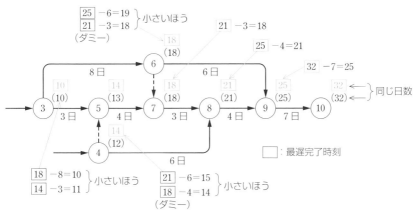

25 −6=19
21 −3=18
（ダミー）
小さいほう

21 −3=18

25 −4=21

32 −7=25

18
（18）

8日

6日

10
（10）

③ —3日→ ⑤ —4日→ ⑦ —3日→ ⑧ —4日→ ⑨ —7日→ ⑩

14
（13）

18
（18）

21
（21）

25
（25）

32
（32）

同じ日数

14
（12）

④

6日

□：最遅完了時刻

18 −8=10
14 −3=11
小さいほう

21 −6=15
18 −4=14
小さいほう
（ダミー）

● 最遅完了時刻の計算例

❸各作業での余裕日数

[自由余裕（フリーフロート、FF）] 先行作業の中で自由に使っても後続作業に影響を及ぼさない余裕時間をいう。FFとTFの関係は、FF≦TFとなる。クリティカルイベントを終点とする作業では、FFはTFに等しい。

$$FF = (矢印の頭のEST) - \{(矢印の尾のEST) + (矢印作業の所要日数)\}$$

⑥➡⑨のフリーフロートの場合の計算を次図に示す。

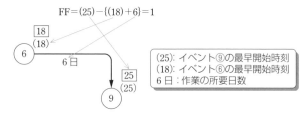

● フリーフロートの計算例

【 干渉余裕（ディペンデントフロート、DF）】 その作業で消費しなければ後続の矢印の最早開始時刻に影響を与える時間をいう。

$$DF = (矢印の頭のLFT) - (矢印の頭のEST) = TF - FF$$

③➡⑤のディペンデントフロートの場合の計算を次図に示す。

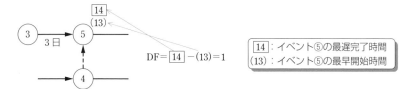

● ディペンデントフロートの計算例

【 全余裕（トータルフロート、TF）】 その作業内でとれる最大余裕時間をいう。

$$TF = (矢印の頭のLFT) - \{(矢印の尾のEST) + (矢線作業の所要日数)\}$$

TF=0の作業を*クリティカル作業*という。TFはフリーフロート（FF）とディペンデントフロート（DF）との和である。

③➡⑤のトータルフロートの場合の計算例を次図に示す。

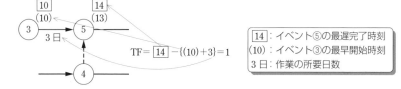

● トータルフロートの計算例

［クリティカルパス］ すべての経路のうちで最も長い日数を要する経路をク

リティカルパスという。この経路の所要日数が工期である。

　クリティカルパス上の作業のフロート（TF、FF、DF）は0である。

　クリティカルパス上の作業は重点管理作業である。

　クリティカルパスは、場合によっては2本以上生じることがある。

　クリティカルパス以外の作業でも、フロートを消化してしまうとクリティ

カルパスになる。

　ネットワークでは、クリティカルパスを通常太線で示す。

▶ ネットワーク工程表によるクリティカルパスの求め方

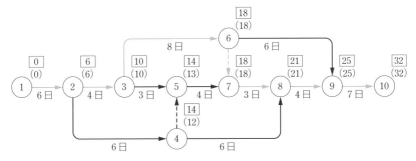

クリティカルパス（ → で示す）

①→②→③→⑥→⑦→⑧→⑨→⑩ （計 32日）
　6日　4日　8日　　3日　4日　7日

番号	ルート	日程
1	①②③⑤⑦⑧⑨⑩	31日
2	①②③⑥⑦⑧⑨⑩	32日
3	①②③⑥⑨⑩	31日
4	①②④⑤⑧⑨⑩	30日
5	①②④⑧⑨⑩	29日

作業	TF	FF	DF
①→②	6－(0+6)＝0	6－(0+6)＝0	6－6＝0
②→③	10－(6+4)＝0	10－(6+4)＝0	10－10＝0
②→④	14－(6+6)＝2	12－(6+6)＝0	14－12＝2
③→⑤	14－(10+3)＝1	13－(10+3)＝0	14－13＝1
③→⑥	18－(10+8)＝0	18－(10+8)＝0	18－18＝0
④→⑧	21－(12+6)＝3	21－(12+6)＝3	21－21＝0
⑤→⑦	18－(13+4)＝1	18－(13+4)＝1	18－18＝0
⑥→⑨	25－(18+6)＝1	25－(18+6)＝1	25－25＝0
⑦→⑧	21－(18+3)＝0	21－(18+3)＝0	21－21＝0
⑧→⑨	25－(21+4)＝0	25－(21+4)＝0	25－25＝0
⑨→⑩	32－(25+7)＝0	32－(25+7)＝0	32－32＝0

● クリティカルパスの求め方

■ ネットワーク工程表での計算過程

イベント番号作	作業	計算	完了時間	最早開始時刻
①	開始	―	―	0
②	①→②	0+6	6	6
③	②→③	6+4	10	10
④	②→④	6+6	12	12
⑤	③→⑤ ④→⑤	10+3 12+0	13 12	13 (13>12)
⑥	③→⑥	10+8	18	18
⑦	⑤→⑦ ⑥→⑦	13+4 18+0	17 18	18 (18>17)
⑧	④→⑧ ⑦→⑧	12+6 18+3	18 21	21 (21>18)
⑨	⑥→⑨ ⑧→⑨	18+6 21+4	24 25	25 (25>24)
⑩	⑨→⑩	25+7	32	32

【ディペンデントフロート（DF）】　後続作業のトータルフロート（TF）に影響を与える。

【フリーフロート（FF）】　その作業認可で使い切っても後続作業のフロートに全く影響を与えない。フリーフリート（FF）が0の場合、トータルフロート（TF）は必ずしも0ではない。トータルフロート（TF）が0の場合、ディペンデントフロート（DF）も0である。結合点に入る作業が1つだけの場合は、その作業のフリーフロート（FF）は0となる。トータルフロート（TF）が0の作業をつないだものがクリティカルパスである。

問1　1　工程計画の概要

工程計画の立案に関する記述として、最も不適当なものはどれか。

(1)　工事を行う地域の労務や資材の調達状況、天候や行事、隣接建造物の状況などを考慮する。

(2)　工期が指定され、工事内容が比較的容易でまた施工実績や経験が多い工事の場合は、積上方式（順行型）を用いる。

(3)　同一設計内容の基準階を多く有する高層建築物の工事においては、タクト手法などを用いる。

(4)　算出した工期が指定工期を超える場合、クリティカルパス上に位置する作業を中心に、作業方法の変更、作業者の増員、工事用機械の台数や機種の変更などの検討を行う。

解説　工期が指定され、工事内容が比較的容易で、施工実績が多い場合に採用する手法は、割付方式（逆行型）である。工事内容が複雑であったり、過去に実施経験が少ない工事においては未知部分が多いため積上方式（順行型）を用いる。　　　　　　　　　　　解答　(2)

問2　1　工程計画の概要

建築工事の工期と費用の一般的な関係として、最も不適当なものはどれか。

(1)　工期を短縮すると、直接費は増加する。

(2)　工期を短縮すると、間接費は増加する。

(3)　直接費と間接費の和が最小となるときが、最適な好機となる。

(4)　総工事費は、工期を最適な工程より短縮しても、延長しても増加する。

問3　1 工程計画の概要

　工程の短縮のための工法として、最も効果の少ないものはどれか。ただし、建物は一般的な事務所ビルで、鉄骨鉄筋コンクリート造、地下1階、地上9階建とする。

(1)　地下躯体工事は、逆打ち工法を採用する。
(2)　柱、梁の鉄筋は、先に鉄骨に取り付ける先組工法を採用する。
(3)　スラブ型枠には、床型枠用鋼製デッキプレートを採用する。
(4)　鉄骨建方は、水平積上げ方式を採用する。

解説　逆打ち工法は、大規模、大深度の工事では、地上と地下の工事を併行して施工することにより全体として工期の短縮ができるが、中小規模の建物では、必ずしも工期の短縮にはならない。　　　　　　　　　解答　(1)

問4　1 工程計画の概要

タクト手法に関する記述として、最も不適当なものはどれか。

(1)　作業を繰り返し行うことによる習熟効果によって生産性が向上するため、工事途中でタクト期間の短縮や作業者数の削減を検討する。
(2)　タクト手法は、同一設計内容の基準階を多く有する高層建築物の仕上工事の工程計画手法として、適している。
(3)　設定したタクト期間では終わることができない一部の作業については、当該作業の作業期間をタクト期間の整数倍に設定する。
(4)　各作業が独立して行われているため、1つの作業に遅れがあってもタクトを構成する工程全体への影響は少ない。

解説　各作業の進捗が密接に関連しているため、1つの作業の遅れはタクトを構成する工程全体に影響を与えることになる。　　　　　　　　　解答　(4)

　鉄筋コンクリート造事務所ビルの基準階の型枠工事の工程を検討する場合、次の条件における型枠工の1日あたりの必要人数として、正しいものはどれか。

条件

基準階床面積	——	$600\,\mathrm{m^2}$
単位床面積あたりの型枠数量	——	$4\,\mathrm{m^2/m^2}$
型枠面積あたりの歩掛り	——	$0.1\,人/\mathrm{m^2}$
実働日数	——	15日

(1)　14人　　(2)　16人　　(3)　18人　　(4)　20人

解説

フロアー面積×単位床面積あたりの型枠数量＝フロアーあたりの型枠面積
　　$600\,\mathrm{m^2}×4\,\mathrm{m^2/m^2}=2400\,\mathrm{m^2}$

フロアーあたりの型枠面積×型枠面積あたりの歩掛り＝延べ人数
　　$2400\,\mathrm{m^2}×0.1\,人/\mathrm{m^2}=240\,人$

延べ人数/実働日数＝1日あたりの必要人数
　　$240\,人/15\,日＝\underline{16\,人/日}$

解答　(2)

問6 **2 各種工程表**

工程管理に関する記述として、最も不適当なものはどれか。

(1)　バーチャート手法は全行程の遅れによる後工程への影響を理解しやすい。

(2)　工事の進捗度の把握には、時間と出来高の関係を示したSチャートが用いられる。

(3)　間接費は一般に工期の長短に相関して増減する。

(4)　どんなに直接費を投入しても、ある限度以上には短縮できない時間をクラッシュタイムという。

問7 2 各種工程表

　工程表および工程管理に関する一般的な記述として、最も不適当なものはどれか。

(1) バーチャート工程表は、ネットワーク工程表に比べて作業の手順が漠然としており、遅れに対する対策が立てにくい。

(2) バーチャート工程表は、作業間の関連が示されないので、クリティカルパスが明確になりにくい。

(3) Sチャートにおいて、グラフの曲線の傾きが水平になると工事が進んでいかないことを示す。

(4) Sチャートにおいて、実績の出来形の累積値がバナナ曲線の内にある場合は、工程の遅れを示す。

問8 3 ネットワーク工程表

　次の条件の工事の総所要日数として、正しいものはどれか。ただし、（　　）内は各作業の所要日数である。

条件

　イ．作業A（3日）およびB（4日）は、同時に着工できる。

　ロ．作業C（6日）は、作業AおよびBが完成後、作業を開始できる。

　ハ．作業D（5日）およびE（8日）は、作業Bが完了後、作業を開始できる。

　ニ．作業F（4日）は、作業CおよびD完成後、作業を開始できる。

ホ. 作業 E および F が完成したとき、全工事は完了する。

(1)　11日　　　(2)　12日　　　(3)　13日　　　(4)　14日

解説　設問のネットワーク工程表は、次のようになる。

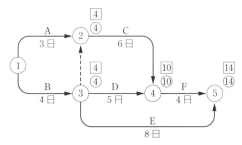

● ネットワーク工程表計算

□：最遅終了時刻（LFT）
○：最早開始時刻（EST）

よって、総所要日数は14日である。　　　　　　　　　　　　　　　解答　(4)

3　ネッワーク工程表

ネットワーク工程表におけるフロートに関する記述として、最も不適当なものはどれか。

(1)　トータルフロートが0の作業をつないだものがクリティカルパスである。

(2)　ディペンデントフロートは後続のトータルフロートに影響を与えるフロートである。

(3)　トータルフロートはフリーフロートからディペンデントフロートを引いたものである。

(4)　フリーフロートはその作業の中で使い切っても後続作業のフロートに全く影響を与えない。

解説　トータルフロートは、フリーフロートとディペンデントフロートの和である。　　　　　　　　　　　　　　　　　　　　　　　　　　解答　(3)

第3章 品質管理

1 品質管理と品質保証 出題頻度 ★★☆

▶ 品質管理の手順

　品質管理には、製品の規格、工程の安定性などの通常の品質管理、品質向上のための作業改善、品質保証のための試験または検査がある。

　品質管理を行う手順はデミングサークル（PDCA）に基づき、計画・実施・検討・処置の順に実行される。

［① 計画（Plan）］

- 製品の特性を定め、品質特性値を決める。
- 品質特性についての品質標準を設定する。
- 品質標準を満足させるために、作業方法（作業標準）を決める。

［② 実施（Do）］ 作業方法（作業標準）に従って施工し、データをとる。

［③ 検討・評価（Check）］ データに基づきヒストグラムや管理図を用いてコスト、安全面を考慮し、品質や工程の良否を判断する。

［④ 処置・改善（Action）］ 安定していれば続行し、工程に異常が生じた場合は、原因を追究し再発防止の処置をとる。計画の修正が必要なときは作業方法（作業標準）を見直し、見直した作業方法（作業標準）で施工する。

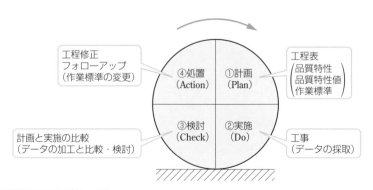

● 品質管理のデミングサークル

［デミングサークル効果］

- 品質が向上し、不良品、クレームの減少につながる。
- 無駄がなくなり、手直しの状況が減少する。
- 品質が均質化される。
- 品質の信頼性が上がり、工事単価が下がる。

各工程の管理項目、管理方法を明らかにしたもので、各作業のプロセスの順番に並べたものである。各工程の流れに従って、どの特性を、どこで、誰が、どのようなデータで管理するのかをわかるようにした管理資料のことをいう。

- 管理値、検査の時期、頻度、方法などを明確化し、管理値を外れた場合の処置を定めておく。
- 管理項目は施工手順に沿って、材料、作業員、機械器具、作業の方法などチェック事項を整理しておく。施工計画書に基づく重点施工管理項目のうちから実施すべき項目を取り上げる。
- 管理項目ごとに工事監理者、施工管理者および専門工事業者の各分担を明確にする。

▶ ISO（国際規格）とJIS（国家規格）による品質保証

［ISO 9000シリーズ（ISO 9000 S）］ ISO 9000 Sは、品質管理、品質保証についてのISOの規格である。生産者が顧客の要求事項を満足させる製品やサービスを継続的に供給するためのシステム（品質システム）を供えているかどうか、また、その実施状況が適切であるかどうかをチェックするための規格である。9001、9002、9003は認定対象となる審査規格である。

外部品質保証として品質システムの設計、開発、製造、据付けおよび付帯サービスにおける品質保証モデルを定義しており、個々の製品の検査や試験方法を定める規格ではない。品質の方針の実施および品質目標の達成のための経営資源として、人やコンピュータソフトを評価するもので、ISO規格を取得した生産者は顧客に品質方針に定めた品質を提供する責務がある。製品

の生産履歴、開発履歴をいつでもたどれるように、そして、品質記録や顧客の要求事項も文書化（ドキュメント化）しておくことが求められる（トレーサビリティの確保）。

[ISO 14000 シリーズ（ISO 14000 S）] ISO 14000 Sは、環境管理に関する規格である。企業が自主的に環境方針を定め、それを実行していくためのマネジメントシステムを規定した規格である。

- 環境の定義：大気、水質、土地、天然資源、植物、動物、人およびそれらの相互関係を含む、組織の活動をとりまくもの。ここでいう「とりまくもの」とは、組織内から地球規模のシステムまで及ぶ。

[JIS Q 9000] ISO 9000の規格の用語集であるが、これをJISによって日本語訳したものがJIS Q 9000（品質マネジメントシステム－基本および用語）である。

2 品質の管理・検査に関する用語 〔出題頻度 ★★★〕

▶ 品質管理に関する用語

用語	定義および解説
品質	本来備わっている特性の集まりが要求事項を満たす程度をいう。
品質システム	品質管理を実施するための組織の構造、責任、手順、工程および経営資源。
品質計画	品質目標を設定すること、ならびにその品質目標を達成するために必要な運用プロセスおよび関連する資源を規定すること。
品質マニュアル	組織の品質マネジメントシステムを規定する文書。
品質マネジメント	品質に関して組織を指揮し、管理するための調整された活動。
マーケットイン	消費者が中心となりその要求する品質に対応すること。
デザインレビュー	設計段階で、性能、機能、信頼性などを価格、納期などを考慮しながら設計について審査し改善を図ること。
ねらいの品質	設計や規格活動の中で設定されている品質。
適合の品質	ねらいに合わせてつくり込まれた品質。
品質保証（QA）	消費者の要求する品質が十分に満たされていることを保証するために、生産者が行う体系的活動。
品質認証制度	生産者が規格または仕様に適合している品質をもつ品物またはサービスを供給できることを中心的な機関が証明する制度（第三者品質認証制度）
設計品質	製造の目標としてねらった品質。ねらいの品質。
製造品質	設計品質をねらって製造した製品の実際の品質。
妥当性確認	客観的証拠を提示することによって、特定の意図された用途または適用に関する要求事項が満たされていることを確認すること。

用語	定義および解説
有効性	計画した活動が実行され、計画した結果が達成された程度。
力量	知識と技能を適用するための実証された能力。
是正処置	検出された不適合またはその他の検出された望ましくない状況の原因を除去するための処置。
予防処置	これから起こり得るであろう状況の原因を除去するための処置。
標準	関係する人びととの間で利益または利便が公正に得られるように統一および単純化を図る目的で定めた取決め。
標準偏差	分散の正の平方根。
交差	規定された許容最大値と規定された許容最小値との差。
偏差	測定値からその期待値を引いた差。
レビュー	設定された目的を達成するための検討対象の適切性、妥当性および有効性を判断するために行われる活動。
許容差	基準にとった値（規定された基準値）と、それに対して許容される限界の値の差。
誤差	観測値や測定結果から真の値を引いた値。
かたより	観測値、測定結果の期待値から真の値を引いた値。
レンジ	計量的な観測値の最大値と最小値の差。
ばらつき	観測値や測定結果の大きさがそろっていないこと、または不ぞろいの程度。ばらつきの大きさを表すには、標準偏差などを用いる。
不確かさ	測定結果に付与される、真の値が含まれる範囲の推定値のこと。
不適合	規定要求事項を満たしていないこと。
欠陥	意図された用途または規定された用途に関連する要求事項を満たしていないこと。
層別	1つの集団を何らかの特徴により、いくつかの層に分割すること。
母集団	考察の対象となる特性をもつすべてのものの集団。
母集団の大きさ	母集団に含まれるサンプリング単位の数。
サンプリング	調査を行いたい母集団の中から、直接調査対象となる標本を抜き出すこと。
サンプルに関しての不適合品率	不適合のアイテムの数を検査したアイテムの総数で除したもの。
管理限界	工程が統計的管理状態にあるとき、管理図上で統計量の値がかなり高い確率で存在する範囲を示す限界。
プロジェクト	開始日と終了日をもち、調整され、管理された一連の活動からなり、時間、コストおよび資源の制約を含む特定の要求事項に適合する目標を達成するために実施される特有のプロセスをいう。
ロット品質	ロットの集団としてのよさの程度。平均値、不適合率、単位あたりの不適合数などで表す。
なみ検査	製品の品質水準が、合格品質水準と違っていると考える特段の理由がないときに用いる検査。
中心線	打点された統計量の長期にわたる平均値か、もしくは、その統計量に対する前もって規定した値を表す管理上の線。
ロット	等しい条件下で生産され、または生産されたと思われる品物の集まり。
工程管理	着工から完成までの製品またはサービスの特性のばらつきを低減し、維持する活動のこと。
手直し	要求事項に適合させるための、不適合成品に対してとる処置。

品質検査に関する用語

用語	定義および解説
検査	品質またはサービスの1つ以上の特性値に対して、測定、試験、検査、ゲージ合わせなどを行って、規格要求事項と比較して、適合しているかどうかを判定する活動。
間接検査	購入検査で、供給者が行った検査を必要に応じて確認することによって購入者の試験を省略する検査。
非破壊検査	非破壊試験の結果から、規格などによる基準に従って合否を判定する方法。素材や製品を破壊せずに、きずの有無やその存在位置などを調べる試験で、超音波探傷試験、放射線透過試験、磁粉探傷試験などがある。
全数検査	製品またはサービスのすべてのアイテムに対して行う検査。
無試験検査	品質情報、技術情報などに基づいて、サンプルの試験を省略する検査をいう。
受入検査	依頼した原材料、部品または製品などを受け入れる段階で行う検査で、生産工程に一定の品質水準のものを流すことを目的で行う。
中間検査	不良なロットが次の工程にわたらないように事前に取り除くことによって損害を少なくするために行う。
抜取検査方式	定められたサンプルの大きさ、およびロットの合格の判定を含んだ規定の方式。
2回抜取検査	サンプルの抜き取りを最大2回実施する検査。

その他品質に関係する用語

用語	定義および解説
偶然原因	製品の品質がばらつく原因の中で、突き止めて取り除くことが困難でやむを得ないとするもの。
耐用寿命	修理系の故障率が著しく増大し、修理しても経済的に引き合わなくなるまでの期間。
故障寿命	使用開始後故障を起こすまでの期間。
プロセス	インプットをアウトプットに変換する、相互に関連するまたは相互に作用する一連の活動。
プロセスアプローチ	組織内で用いられるプロセスおよび、特にそのプロセス間の相互作用を体系的に明確にし、運営管理すること。
マネジメントシステム	方針および目標を定め、その目標を達成するためのシステム。
顧客満足	顧客要求事項を満足しているかどうかに関する顧客の受け止め方。
トレーサビリティ	考慮の対象となっているものの履歴、適用または所在を追跡できること。

3　品質確保の試験および検査

● コンクリート工事

［スランプ試験］ 凝固前の生コンクリートの流動性を示す試験で、工事現場での受入れ時に行われる。コンクリート打設中の変化が認められた場合も行う。

［骨材の粒度試験］ コンクリートの調合設計に必要な細骨材の粗粒率や粗骨材の最大寸法を求めるための試験で、レディーミクストコンクリートにおいては、工事現場での受入時でなく、工場であらかじめ練り混ぜるため工場内検査となる。

［空気量試験］ フレッシュコンクリートの材料であるセメント、水、砂利、砂、混和剤（空気泡減水材）のうち、空気泡を測定する試験である。工事現場での受入れ時に行われる。

［塩化物量試験］ 試験機により、コンクリート中の塩化物量を測定する。使用するコンクリートの計画調合に用いた単位水量を使用し測定、測定値と単位水量から、コンクリート中の塩素イオン量を計算する。1回の試験における塩化物量は、同一試料からとった3個の分取試料についてそれぞれ1回ずつ測定し、その平均値から算定する。工事現場での受入れ時に行う。

［強度試験］ 調合強度管理のための供試体の養生方法は、水中養生による標準養生で行う。材年齢が28日の構造体コンクリートの強度推定試験に用いる供試体の養生方法は、構造体コンクリートの温度にできるだけ近い温度の工事現場で、水中養生か封かん養生で行う。材齢28日までの平均気温が20℃以上の場合、1回の試験結果が調合管理強度以上のものを合格とする。

［圧縮強度試験］ 受入時における検査は、150m³について1回の割合が標準である。1回の試験結果は、任意の一運搬車から採取した試料から作った3個の供試体の試験値の平均値であらわす。マスコンクリートにおいて、構造体コンクリートの圧縮強度の推定試験に用いる供試体の養生は、標準養生とする。

▶ 鉄骨工事

［溶接の検査方法（非破壊試験方法）］

- 磁粉探傷試験：磁場を与えて磁粉を散布し、表面あるいは表面に近い部分の欠陥を検査する方法をいう。
- 放射線透過試験：放射線が物質内部を透過していく性質を利用し、内部欠陥を検出する方法をいう。
- 超音波探傷試験：探触子から発信する超音波の反射波を利用して、溶接の内部欠陥を検出する方法をいう。
- 浸透探傷試験：液体の毛細管現象を利用し、浸透液を欠陥内に浸透させて欠陥を検出する方法をいう。
- マクロ試験：溶接部の断面や表面の溶け込み、熱影響部、欠陥などの状態を肉眼で調べるもので、溶接部の断面や表面を研磨したり、腐食液で処理したりして観察する方法をいう。

［高力ボルト接合（トルシア形高力ボルトのマーキングによる確認）］

- 締付けは、本接合に先立ち仮ボルトで行い、板の密着を図る。
- ボルトの長さ、材質、呼び径などが施工箇所に適したものであることを確認する。
- ボルトの取付け、1次締め、マーキング、本締めの順で施工する。
- 1群のボルトの締付けは、群の中央部より周辺に向かう順序で行い、本締めは標準ボルト張力が得られるように施工する。
- トルシア形は専用トレンチを用いてピンテージが破断するまで締めつける。
- 締付けの確認は、完了後に1次締付けの際に付けたマーキングのずれがないこと、ピンテールの破断などにより全数本締めが完了したこと、とも回り、軸廻りの有無、ナットの回転量ならびにナット面から出たボルトの余長を確認する。

▶ 鉄筋工事（ガス圧接継手）

外観検査は全数行う。

抜取検査は、全数検査に合格した圧接部について、超音波探傷試験、引張試

験により行う。1検査ロットごとに30か所とし、サンプルはランダムに抽出する。

　検査ロットの大きさは、1組の作業班が1日に実施した圧接箇所とする。

　超音波探傷試験において、不合格となった圧接部については、切り取って再圧接する。抜取検査で不合格となったロットについては、試験されていない残り全数に対して超音波探傷試験を行う。

◉ 仕上工事

[タイル工事]

- 外観検査：タイル張り面の色調、仕上がり状態、欠点の有無などについて、限度見本の範囲内であることを確認する。

- 接着力試験：接着力試験器を用いて壁面に対して垂直方向にタイルを引張って接着強度を調べる。セメントモルタルによるタイル後張り工法において、引張接着力試験は、タイル張り施工後2週間を経過して行い、試験体の周辺は試験に先立ち、コンクリート面までカッターで切断する。

- 打音検査：タイル面の浮きやひび割れなどの不良検査は、施工後2週間以上経過してから、タイル用テストハンマーを用いてタイル張り全面にわたり行う。

- タイルの引張圧着試験：タイル（小口平タイル）と同じ大きさの鋼製アタッチメントを用いて行う。

- 壁面2丁掛けタイルの接着力試験：測定するタイルの大きさが小口平の大きさより大きい場合は、小口平タイルの大きさに切断して、それ以下のものはその大きさで行う。

[塗装工事]

- モルタル面はアルカリ度検査を行う（pHコンパレーターを用いる）。

- 現場でさび止め塗装を行う場合は、膜厚測定が難しいため、塗布面積に対する塗料の使用量をもとに行う。

- 工場塗装における鉄鋼面のさび止め塗装の塗膜厚は、硬化乾燥後に電磁微厚計で確認する。

- 防水形の仕上げ塗材仕上げの所要量は、単位面積あたりの使用量をもとに確認する。

コンクリート工事

普通コンクリートの荷卸し地点における空気量の許容差は、指定した空気量に対して±1.5%とする。

スランプ18cmのコンクリートの荷卸しの地点におけるスランプの許容値は、±2.5cmとする。

高流動コンクリートの荷卸し時点におけるスランプフローの許容差は、指定したスタンプフローに対して、±5.1〜±7.5cmとする。

構造体コンクリートの部材の断面寸法の許容差は、柱、梁、壁においては、0〜20mmまでとする。

コンクリート部材の設計図書に示された位置に対する各部材の許容差を、±20mmとする。

ビニル床シート下地のコンクリート面の仕上がりの平坦さは、3mにつき7mm以下を標準とする。

鉄骨工事

鉄骨柱据付け面となるベースモルタル天端の高さの管理許容差は、±3mmとする。

鉄骨梁の製品検査における、梁の長さの限界許容差は、±5mmとする。

通り心と鉄骨建方用アンカーボルトの位置ずれの管理許容差は、±5mmとする。

スタッド溶接後の仕上がり高さの許容差は、指定した寸法の±2mm以内、傾きの許容差は5°以内とする。

鉄骨の隅肉溶接の余盛の高さが5mm以上、溶接ビート長さが10mm以上あれば不合格とする。

鉄骨の建方における柱の倒れの管理許容差は、柱1節の高さの1/1000以下、かつ10mm以下とする。

▶ 壁面タイル張り

　接着力試験で、タイル後張り工法の場合は0.4N/mm²以上、かつ、コンクリート下地の接着界面における破壊率が50%以下の場合を合格とし、タイル先付PC工法、タイル型枠先付工法の場合は0.6N/mm²以上を合格とする。

　接着力試験の供試体の個数は、100m²ごとおよびその端数につき1個以上、かつ全体で3個以上とする。

5　データの整理方法・抜取りおよび全数検査 出題頻度 ★★★

▶ 品質管理に用いる図表

　データの整理方法として、QC 7つの道具といわれる品質管理手法がある。

［パレート図］　不良品、欠点、故障などの発生個（または損失金額）を現象や原因別に分類し、大きい順に並べて、その大きさを棒グラフとし、さらにこれらの大きさを順次累積した折れ線グラフで表し、問題点を抽出する。

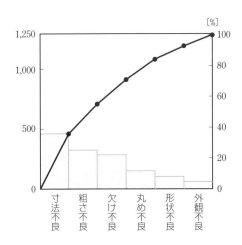

● パレート図（例）

［ヒストグラム］　計量特性の度数分布のグラフ表示の1つで、分布の形や目

標値（規格値）からのばらつき状態を把握するために用いる。偏差とは、平均値からの離れをあらわし、離れの平均を標準偏差という。

高原形：
平均値の多少異なるいくつかの分布が混じりあった場合に表れる形

ふた山形：
平均値の異なる2つの分布が混ざり合っている場合に表れる形

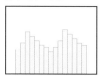

離れ小島形：
異なった分布からのデータがわずかに混入した場合に表れる形

絶壁形：
全数検査で規格値や許容値が決められていて、不良品が選別されている場合に表れる形

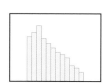

右裾引き形：
理論的に、また規格値などで下限がおさえられており、ある数値以下の値をとらない場合に表れる形

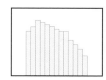

櫛の歯型：
データのまとめ方が悪い場合に表れる形

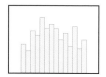

● ヒストグラム形状の特徴

［特性要因図］ 特定の結果と原因系の関係を系統的に表し、重要と思われる原因の究明と対策に手を打つために用いられる。体系的に整理した図は、「魚の骨」とも呼ばれ、ブレーンストーミングなどにより作成される。

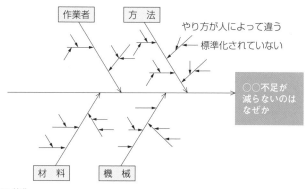

● 特性要因図（例）

［散布図］ 対応する2つの特性を横軸と縦軸にとり、観測値を打点してつくるグラフ表示の1つで、相関関係を調べるために用いる。

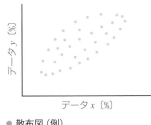

● 散布図（例）

［チェックシート］ 不良数、欠点数などの数えられるデータ（計数値）を表にし、ばらつきの傾向をみる。特性要因図、パレート図、ヒストグラムなどと組み合わせて、不良の原因調査に用いる。

［層別］ データの特性を適当な範囲別にいくつかにグループ分けすることをいう。ヒストグラムを作成するときに用いる。

［管理図］ 工程が安定状態にあるかどうかを調べるため、または工程を安定状態に保持するために用いられる図である。連続した観測値などの値を時間順またはサンプル番号順に打点した上側管理限界線および下側管理限界線をもつ図である。

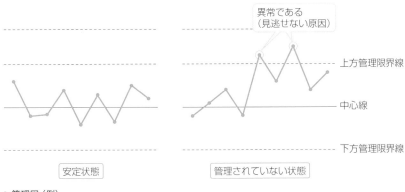

● 管理図（例）

管理図の種類には以下のものがある。

- X管理図（エックス）：サンプルの個々の観測値を用いて工程を評価するための管理図であり、計量値の管理に用いる。
- $\overline{X}$管理値（エックスバー）：平均値で群間の違いを評価するための管理図。
- R管理図（アール）：群のデータのばらつきの範囲を用いて工程の分散を評価するための管理図。
- $\overline{X}$－R管理図（エックスバー・アール）：平均値の変化を見るためのX管理図と、ばらつきの変化を見るためのR管理図を同時に併記できる、計量値の管理図をいう。高力ボルト、レディミクストコンクリートの品質管理に用いられる。
- X－Rs管理図（エックス・アールエス）：合理的な群分けができない場合のX管理図で、各群から、ただ1つの測定値しか得られない場合に用いる。

▶ その他のデータの整理方法

[グラフ] 数量の大きさを比較したり、数量の変化状態を知るために用いる。棒グラフ、折れ線グラフ、円グラフ、帯グラフなどがある。

[親和図法] 解決すべき問題点が、漠然としてはっきりしないとき、問題点を浮き上がらせたり、解決すべき問題の所在や方法、形態を明らかにする手法。

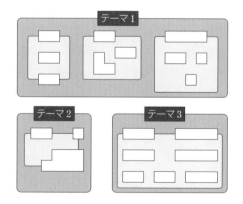

● 親和図法（例）

[連関図法] 複雑な要因が絡み合う場合、その因果関係を明らかにすることで適切な解決方法を見出す手法。データをとる前の考える段階に有効である。

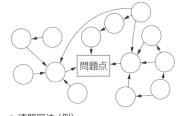

● 連関図法（例）

[系統図法] 目的を果たすための手段を系統的に追求していく方法で、特性要因図の逆の表現方法である。

● 系統図法（例）

[PDPC図法] 事前に考えられるさまざまな結果を予測して、あらかじめ次の手段を計画したり、事前に予想外な結果を招かないための手段を検討するときに用いる手法。

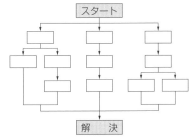

● PDPC図法（例）

[アロー・ダイヤグラム] 建築工事の日程を計画するときにつくるネットワーク工程表を用いる手法。

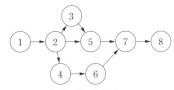

● アローダイヤグラム（例）

［全数検査］ 製品すべてを調べて、不良品を取り除く検査。以下のときに行う。

- 不良品を見逃すと人命にかかわる、または後の工程や消費者に大きな損害を与えるとき。
- 不良率が大きく、所定の品質水準には達していないとき。
- 検査費用に比較して得られる効果が大きいとき。
- 全数検査が容易にできるとき。
- 検査方法で非破壊検査ができるとき。

［抜取検査］ 検査しようとする製品から無作為に抜き取り、少数のサンプルを調べて合否を判定する検査。以下の要件を満たすときに行う。

- 製品がロットで処理できるとき。
- 合格ロットの中にもある程度の不良品の混入が許せるとき。
- 製品の抜取りがランダムにできるとき。
- 品質基準が明確であるとき。
- 計量抜取検査においてロットの検査単位の特性値の分布が正規分布であるとわかっているとき。

［抜取階数による分類］

- 1回抜取検査：1回の抜取検査の結果で合否を判定する。
- 2回抜取検査：1回の抜取検査で、合、再、否の3種類とし、再について再び抜き取り検査を行い、合、否を判定する。
- 逐次抜取検査：一定個数サンプリングして、累計成績をそのつど判定基準と比較し、合格、不合格、検査続行のいずれかの判定をする。

問1 **1 品質管理と品質保証**

建築施工の品質に関する記述として、最も不適当なものはどれか。

(1) 発注者が要求する基本的な品質には、一般的に、建築物の仕上がり状態、機能や性能がある。

(2) 品質計画には、施工の目標とする品質、品質管理および体制などを具体的に記載する。

(3) 品質管理は、品質計画の目標のレベルにかかわらずち密な管理を行う。

(4) 検査の結果に問題が生じた場合には、適切な処理を施し、その原因を検討し再発防止処置を行う。

解説 品質計画は、品質要求事項を満たすことに焦点を合わせた品質マネジメントの一部である。品質に対する方針を定めて目標を決め、決めた根拠をデータなどを集めて明確化させて標準化していくための継続的な努力をいう。 解答 (2)

問2 **1 品質管理と品質保証**

建築施工における品質管理に関する記述として、最も不適当なものはどれか。

(1) 目標品質を得るための管理項目を設定し、次工程に渡してもよい基準としての管理値を明示する。

(2) 施工品質管理表（QC工程表）の作成は、工種別または部位別とし、一連の作業を重要度順に並べる。

(3) 確認が必要な項目は、品質管理計画に基づき、試験または検査を行う。

(4) 材料・部材・部品の受け入れ検査は、種別ごとに行い、必要に応じて監理者の立会いを受ける。

問3 1 品質管理と品質保証

施工品質管理表（QC工程表）の作成に関する記述として、最も不適当なものはどれか。

(1) 管理項目には、重点的に実施すべき項目を取り上げる。

(2) 施工条件、施工体制を明記する。

(3) 工事監理者、施工管理者、専門工事業者の役割分担を明確にする。

(4) 管理値を外れた場合の処置をあらかじめ定めておく。

問4 2 品質の管理・検査に関する用語

JIS Q 9000（品質マネジメントシステム―基本および用語）の用語の定義に関する記述として、最も不適当なものはどれか。

(1) 品質マニュアルとは、組織の品質マネジメントシステムを規定する文書をいう。

(2) 顧客満足とは、顧客の要求事項が満たされている程度に関する顧客の受け止め方をいう。

(3) 是正措置とは、起こり得る不適合またはその他望ましくない起こり得る状況の原因を除去するための措置をいう。

(4) レビューとは、設定された目標を達成するための検討対象の適切性、妥当性および有効性を判定するために行われる活動をいう。

問5　2 品質の管理・検査に関する用語

品質管理の用語に関する記述として、最も不適当なものはどれか。

(1) 誤差とは、試験結果または測定結果の期待値から真の値を引いた値のことである。

(2) 目標値とは、仕様書で述べられる、望ましいまたは基準となる特性の値のことである。

(3) 不適合とは、要求事項を満たしていないことである。

(4) トレーサビリティとは、対象の履歴、適用または所在を追跡できることである。

解説　誤差とは、試験結果または測定結果から真の値を引いた値をいう。

解答 (1)

問6　3 品質確保の試験および検査

鉄筋のガス圧接工事の試験および検査に関する記述として、最も不適当なものはどれか。

(1) 圧接部の抜取検査は、試験方法について特記がなかったので、超音波探傷試験で行った。

(2) 外観検査は、圧接面のずれ、鉄筋中心軸の偏心量、折れ曲がりなどについて行った。

(3) 抜取検査の超音波探傷試験は、1検査ロットに対して3か所無作為に抜き取って行った。

(4) 抜取検査で不合格になったロットについては、試験されていない残り全数に対して超音波探傷試験を行った。

解説　抜取検査の超音波探傷試験として、ロットの大きさは200か所程度を1ロットとして、30か所のランダムサンプリングを行い、不合格数が1か所以下ならロット合格とする。

解答 (3)

品質管理における検査に関する記述として、最も不適当なものはどれか。

(1) 中間検査は不良なロットが次工程に渡らないように事前に取り除くことによって、損害を少なくするために行う検査である

(2) 間接検査は購入者側が受け入れ検査を行うことによって、供給者側の試験を省略する検査である。

(3) 非破壊検査は品物を試験してもその商品価値が変わらない検査である。

(4) 全数検査は工程の品質状況が悪いために不良率が大きく、決められた品質水準に修正しなければならない場合に適用される検査である。

> 解説 間接検査は、供給者の実施したロットについての検査成績をそのまま使用して確認することにより受入れ側の試験・測定を省略する検査で供給者側の試験を省略するものではない。 解答 (2)

品質管理における精度に関する記述として、最も不適当なものはどれか。

(1) 鉄骨工事において、スタッド溶接後のスタッドの傾きの許容差を15°とした。

(2) コンクリート工事において、コンクリート部材の設計図書に示された位置に対する各部材の許容差を、±20mmとした。

(3) コンクリート工事において、ビニル床シート下地のコンクリート面の仕上がりの平坦さを3mにつき7mm以下とした。

(4) カーテンウォール工事において、プレキャストコンクリートカーテンウォール部材の取付け位置の寸法許容差のうち、目地の幅については、±5mmとした。

> 解説 スタッド溶接後の仕上がり高さの許容差は、指定した寸法の±2mm以内、傾きの許容差は5°以内とする。 解答 (1)

問9 4 品質確保の管理値

壁面の陶磁器質タイル張り工事における試験および検査に関する記述として、最も不適当なものはどれか。

(1) 外壁のタイル張りおよび屋内の吹抜け部分のタイル張りの打音検査は、タイル張り面積の全面について行う。

(2) 接着力試験の試供体の個数は、300 m^2 ごとおよびその端数につき1個以上とする。

(3) 二丁掛けタイルの接着力試験に試験体は、タイルを小口平の大きさに切断して行う。

(4) 接着力試験の試供体の周辺部は、試験に先立ち、コンクリート面まで切断する。

解説 接着力試験の試供体の個数は、100 m^2 ごとおよびその端数につき1個以上、かつ全体で3個以上とする。　　　　　　　　　　　　　　解答　(2)

問10 4 品質確保の管理値

コンクリート工事における品質を確保するための管理値に関する記述として、最も不適当なものはどれか。

(1) 普通コンクリートの荷卸し地点における空気量の許容差は、±2.5％とした。

(2) 目標スランプフローが60 cmの高流動コンクリートの荷卸し地点におけるスランプフローの許容差は、±7.5 cmとした。

(3) スランプ18 cmの普通コンクリートの荷卸し地点におけるスランプの許容差は、±2.5 cmとした。

(4) 構造体コンクリートの部材の仕上げにおける柱、梁、壁の断面寸法の許容差は、0 mm～＋15 mmとした。

問11　5　データの整理方法・抜取りおよび全数検査

検査に関する記述として、最も不適当なものはどれか。

(1)　全数検査は、不良品を見逃すと人命に危険を与えたり、経済的に大きな損失を受ける場合に適用される。

(2)　間接検査は、長期にわたって供給側の検査結果がよく、使用実績も良好な品物の受け入れ検査の場合に適用される。

(3)　抜取検査は、品物がロットとして処理できない場合に適用される。

(4)　無試験検査は、工程が安定状態にあり、品質状態が定期的に確認でき、そのまま次工程に流しても損失は問題にならない状態の場合に適用される。

解説　抜取検査は、品物がロットとして処理できるとき適用する。 解答 (3)

安全管理

1 労働災害と公衆災害

出題頻度 ★★

▶ 労働災害の一般事項

[災害発生率の指標] 厚生労働省では、災害発生の尺度として次の指数（度数率、強度率）を用いている。

- 度数率：災害の頻度を示す指標で、100万延べ労働時間あたりの労働災害の死傷者数。度数率＝死傷者数／延べ労働時間×1,000,000

- 強度率：災害の大きさを示す指標で、1,000延べ労働時間あたりの労働損失日数。強度率＝労働損失日数／延べ労働時間数×1,000

- 労働損失日数：死亡および永久全労働不能障害の場合（1～3級）、1件につき7,500日とする。一時労働不能の場合は休業日数×300/365とする。4～14級までの損失日数は、次表のとおりである。

身体障害等級	4	5	6	7	8	9	10	11	12	13	14
損失日数〔日〕	5,500	4,000	3,000	2,200	1,500	1,000	600	400	200	100	50

- 年千人率：労働災害の発生頻度を示す指標で、労働者1,000人あたりの1年間の発生死傷者数で表す。

  年千人率＝年間死傷者数／1日あたりの平均労働者数×1,000

- 重大災害：1事故で3人以上の死傷者が出た場合をいう。

[災害発生時の措置]

- 被害者を救出し、二次災害を防ぐための緊急措置をとる。
- 災害発生についての報告と連絡を行う。
- 災害原因の調査と分析（記録保存をする）を行う。
- 災害防止対策の樹立とその実施を行う。
- 工事再開のための措置を行う。

［安全施工サイクル（毎日のサイクル）］　事故や災害に対し、常に安全を意識した毎日の行動をサイクルで示すと次図のようになる。

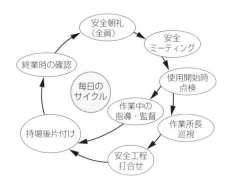

● 安全施工サイクル

◆ 公衆災害

　公衆災害の防止措置として以下の事項があげられる（建設工事公衆災害防止対策要綱・建築工事編による）。

［隣接工事の調整］　隣接輻輳して建設工事が他業者により施工されている場合は、公衆災害防止のため施工者間の連絡調整を行う。

［飛来落下物による危険防止］　飛来落下物に対する防護、塗装・粉塵などの飛散防止のため、足場の外側に建築工事用シートⅠ類を設ける。

［車両交通対策］　道路の通行を制限した後の道路の車線は、1車線の場合は3m以上、2車線の場合は5.5m以上とする。

［歩行者対策］　車道とは別に幅0.75m以上、特に歩行者の多い箇所は、1.5m以上歩行者用通路を確保する。必要に応じて交通誘導員を配置し、歩行者の誘導にあたる。

［歩行者用仮設通路］　工事現場内に公衆を通行させるために設ける仮設通路は原則として、幅1.5m以上、有効高さ2.1m以上確保する。

［仮囲い・出入口］　工事期間中原則として、その地盤面からの高さが1.8m（特に必要の場合は、3m）以上の板塀その他これらに類する仮囲いを設ける。仮囲いに設ける出入口の扉は、引戸または内開き戸とし工事に必要がない限り閉鎖しておくとともに、公衆の出入りを禁じる表示板を掲げる。

［外部足場・防護棚］ 外部足場から俯角75°を超える範囲または水平距離5m以内に隣家、一般の交通その他の用に供せられている場所がある場合には、防護柵（朝顔）を設ける。建築工事を行う部分が、地盤面からの高さが10m以上の場合にあっては1段以上、20m以上にあっては2段以上設ける。最下段の防護柵は、建築工事を行う部分の下10m以内の位置に設ける。なお、外部足場の外側より水平距離で2m以上の歩道防護構台を設けた場合は、最下段の防護柵は省略できる。防護棚は、骨組みの外側から水平距離で2m以上突き出させ、水平面となす角度を20°以上とし、風圧、振動、衝撃、雪荷重などで脱落しないように骨組みに堅固に取り付ける。

［機械電気その他の設備］ 建設機械の使用に際しては、機械類が点灯しないように、その地盤の水平度、支持耐力を調整するなどの措置を講じる。

［地下水対策］ 地下水の排水にあたっては、排水方法および排水経路の確認を行い、当該下水道および河川の管理者等に届出を行い、かつ、土粒子を含む水は、沈砂、ろ過施設などを経て放流する。

［グランドアンカー］ 発注者および施工者は、グランドアンカーの先端が敷地境界の外に出る場合は、敷地所有者または管理者の許可を得なければならない。

［労働災害］ 労働者の業務上の負傷、疾病、傷害または死亡のことをいい、物的災害は含まない。労働者とは所定の事業または事務所に使用される者で、賃金を支払われる者をいう。

［管理に関する用語］

- KYT（危険予知訓練）：工事や製造などの作業に従事する者が事故や災害を未然に防ぐことを目的に、その作業に潜む危険を事前に予想し、指摘し合う訓練をいう。

- ZD（ゼロ・ディフェクト運動）：従業員の努力と工夫で仕事全般について、不良や欠陥をなくすことを目的として展開する社内運動のことをいう。

- ツールボックス・ミーティング：作業現場で、道具箱に腰をかけながら気軽に安全作業などについて話し合い、打合せをすることをいう。

［防護柵を道路上空に設ける場合］ 道路管理者および所轄警察署長の許可を受けなければならない。

［危険物貯蔵］ 工事現場内に危険物を貯蔵する場合には、適正に保管する。特に、可燃性塗料、油類その他引火性材料の危険物またはボンベ類の危険物

は、直射日光を避け、通気、換気のよいところに危険物貯蔵所を設置して保管するとともに、「危険物」「火気厳禁」などの表示を行い取扱者を選任して、保安の管理をさせなければならない。

［コンクリート打設時の飛散防止］ 工事用シートの高さはコンクリート打設階のスラブ高さでは飛散の可能性があり不適である。

2 作業主任者の選任と職務 出題頻度 ★★★

▶ 作業主任者の選任を必要とする作業

　事業者が作業主任者を選任したときは、作業主任者の氏名およびその者に行わせる事項を作業場の見やすい箇所に掲示し、関係労働者に周知させなければならない。作業主任者とその作業内容は次表のとおり。

作業主任者	作業内容
高圧室内作業主任者（免）	高圧室内作業
ガス溶接作業主任者（免）	アセチレン溶接装置またはガス集合溶接装置を用いて行う金属の溶接、溶断または加熱の作業
コンクリート破砕器作業主任者（技）	コンクリート破砕器を用いて行う破砕の作業
地山の掘削作業主任者（技）	掘削面の高さが2m以上となる地山の掘削作業
土止め支保工の組立等作業主任者（技）	土止め支保工の切りばりまたは腹おこしの取付けまたは取りはずしの作業
型わく支保工の組立等作業主任者（技）	型わく支保工の組立てまたは解体の作業
足場の組立等作業主任者（技）	吊り足場（ゴンドラの吊り足場を除く）、張出し足場または高さが5m以上の構造の足場の組立て、解体または変更の作業
木造建築物の組立て等作業主任者（技）	軒の高さ5m以上の木造建築物の構造部材の組立またはこれに伴う屋根もしくは外壁下地の取付け作業
鉄骨の組立等作業主任者（技）	建築物の骨組みまたは塔で、金属製の部材により構成されるもの（その高さが5m以上であるものに限る）の組立、解体または変更の作業
コンクリート造の工作物の解体または破壊の作業主任者（技）	コンクリート造の工作物（その高さが5m以上であるものに限る）の解体または破壊の作業
酸素欠乏危険作業主任者（技）	酸素欠乏危険場所における作業
木材加工用機械作業主任者（技）	木材加工用機械を5台以上（自動送材車式帯のこ盤、3台以上）の木材加工業
有機溶剤作業主任者（技）	有機溶剤を製造し、または取り扱う業務で、厚生労働省令で定めるものに係る作業

（免）：免許を受けた者　（技）：技能講習を修了した者

事業者は、上記に掲げる一の作業を同一の場所で行う場合において、当該作業に係る作業主任者を2人以上選任した場合は、それぞれの作業主任者の職務の分担を定めなければならない。

▶ 作業主任者の職務

[地山の掘削作業主任者]
- 作業の方法を決定し、作業を直接指揮する。
- 器具および工具を点検し、不良品を取り除く。
- 安全帯等および保護帽の使用状況を監視する。

[土止め支保工作業主任者]　事業者は土止め支保工を組み立てるときは、あらかじめ組立図を作成し、かつ、当該組立図により組立てなければならない。
- 作業の方法を決定し、作業を直接指揮する。
- 材料の欠点の有無ならびに器具および工具を点検し、不良品を取り除く。
- 安全帯等および保護帽の使用状況を監視する。

[足場の組立等作業主任者]
- 材料の欠点の有無を点検し、不良品を取り除く。
- 器具、工具、安全帯等および保護帽の機能を点検し、不良品を取り除く。
- 作業の方法および労働者の配置を決定し、作業の進行の状況を監視する。
- 安全帯等および保護帽の使用状況を監視する。

[有機溶剤作業主任者]
- 作業に従事する労働者が有機溶剤により汚染され、またはこれを吸引しないように、作業の方法を決定し、労働者を指揮する。
- 局所排気装置、プッシュプル型換気装置または全体換気装置を1月を超えない期間ごとに点検する。
- 保護具の使用状況を監視する。
- タンクの内部において有機溶剤業務に労働者が従事するときは定められた措置が講じられているか確認する。

3 特定元方事業者および事業者の講ずべき措置

▶ 特定元方事業者が労働災害を防止するために講ずべき措置

- 協議組織の設置および運営を行う。
- 作業間の連絡および調整を行う。
- 作業場所を巡視（毎作業日に1回以上）する。
- 関係請負人が行う労働者の安全または衛生のための教育に対する指導および援助を行う（注：直接に安全教育は行わない）。
- 作業主任者の氏名などを作業場の見やすい箇所に掲示する。
- クレーンなどの運転についての合図を統一的に定める。

▶ 事業者が講ずべき措置

- 明り掘削の作業において、掘削機械の使用によるガス導管、地中電線路など地下工作物の損壊により労働者に危険を及ぼすおそれがあるときは、掘削機械を使用してはならない。
- 車両系建設機械の運転者が運転位置から離れるときは、バケット、ジッパーなどの作業装置を地上に下ろさなければならない。
- 車両系建設機械のブームを上げ、その下で修理、点検を行うときは、ブームが不意に降下することによる労働者の危険を防止するため、安全支柱、安全ブロックなどを用意させなければならない。
- 車両系建設機械の定期自主検査を行ったときは、検査年月日などの事項を記載し、これを3年間保存しなければならない。

▶ 事業者が行う特別な教育を受ける必要がある業務

①研磨砥石の取替えまたは取替え時の業務。
②アーク溶接機を用いて行う金属の溶接、溶断などの業務。
③最大荷重1t未満のフォークリフトの運転業務（道路上を走行させる運転を除く）。
④最大荷重1t未満のシャベルローダーまたはフォークローダーの運転業務

（道路上を走行させる運転を除く）。

⑤最大荷重1t未満の不整地運搬車の運転業務（道路上を走行させる運転を除く）。

⑥機械集材装置（集材機、架線、搬器、支柱およびこれらに付属するものにより構成され、動力を用いて、原木または薪炭材を巻き上げ、かつ、空中において運搬する設備）の運転業務。

⑦胸高直径が70cm以上の立木の伐木、胸高直径が20cm以上で、かつ重心が著く片寄っている立木の伐木、吊切りその他特殊な方法による伐木またはかかり木でかかっている胸高直径が20cm以上の木の処理の業務。

⑧機体重量が3t未満の整地、運搬、積込み、掘削、基礎工事、解体用機械の運転業務。

⑨ローラーなどの締固め用機械の運転業務。

⑩コンクリート打設用機械の作業装置の操作業務。

⑪ボーリングマシーンの運転業務。

⑫作業床の高さが10m未満の高所作業車の運転業務（道路上を走行させる運転を除く）。

⑬動力により駆動される巻上げ機（電気ホイスト、エヤーホイスおよびこれら以外の巻上げ機でゴンドラに係るものを除く）の運転業務。

⑭動力杭打ち基礎用機械の運転および作業装置の操作業務。

⑮小型ボイラーの取扱いの業務。

⑯次に掲げるクレーン（移動式クレーンを除く）の運転業務。
- 吊り上げ荷重が5t未満のクレーン
- 吊り上げ荷重が5t以上の跨線テルハ

⑰吊り荷重が1t未満の移動式クレーンの運転業務（道路上を走行させる運転を除く）。

⑱吊り上げ荷重が5t未満のデリックの運転業務。

⑲建設用リフトの運転業務。

⑳吊り上げ荷重が1t未満のクレーン、移動式クレーンまたはデリックの玉掛けの業務。

㉑ゴンドラの操作の業務。

㉒高圧作業室への送気の調節に関する業務。

㉓高圧室内作業への加圧、減圧の調整に関する業務。

㉔潜水作業者への送気の調整に関する業務。

㉕再圧室を操作する業務。

㉖高圧室内作業に関する業務。

㉗酸素欠乏危険場所における作業に係る業務。

㉘隧道などの掘削の作業またはこれに伴うずり、資材などの運搬、覆工のコンクリートの打設などの作業（当該隧道などの内部において行われるものに限る）に係る業務。

㉙自動車（二輪自動車を除く）用タイヤの組立てに係る業務のうち、空気圧縮機を用いて当該タイヤに空気を充填する業務。

4 仮設工事（足場・作業箇所の高さほか） 出題頻度 ★☆☆☆

▶ 共通仮設工事

　木造の建築物で高さが13mもしくは軒の高さが9mを超えるもの、または木造以外で2階以上の建築物の工事を行う場合は、高さ1.8m以上の仮囲いを設けなければならない。ただし、工事現場の周辺もしくは工事の状況により安全上支障がない場合は、この限りではない。

　仮設通路は屋内に設ける場合は、通路面から1.8m以内に障害物を置かない。鉄骨上の通路の場合は、通路幅は手摺の内側で60cm以上とする。勾配は30°以下とする（階段を設けたものまたは高さが2m未満で丈夫な手掛けを設けたものは除く）。勾配が15°を超えるものには、踏さんその他の滑り止めを設ける。

▶ 直接仮設工事

■ 単管足場

［建地］ 建地間隔は桁行方向を 1.85m 以下、梁間方向を 1.5m 以下とする。建地の最高部から測って、31m を超える部分の建地は、鋼管 2 本組とする。建地脚部には、ベース金物、敷板、敷角、脚輪付きの場合はブレーキなどの措置をして、建地脚部の滑動、沈下を防ぐ。

［布］ 桁行方向のつなぎ材は、布間隔を 1.5m 内外とし、地上第 1 の布の高さは 2.0m 以下とする。建地間の積載荷重の限度は、建地の間隔が 1.85m の場合は、3923N（400kg）とし、1.85m より小さい場合は、その割合で最大積載荷重を決めることができる。作業床の階数が 3 階以上の場合は、建地 1 本あたりの荷重限度を 6868N（700kg）とする。

［壁つなぎ］ 壁つなぎの間隔は、垂直方向 5m 以下、水平方向 5.5m 以下とし、壁つなぎの引張材の間隔を 1m 以内とする。

［水平つなぎ・斜材］ 単管を用いた棚足場の組立てにおいて、3 層 3 スパン

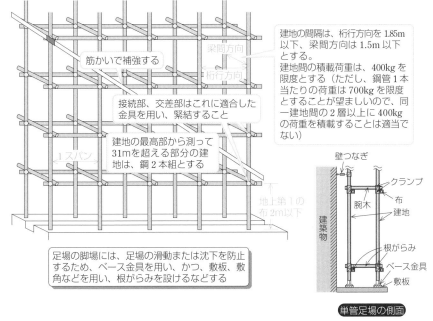

筋かいで補強する

建地の間隔は、桁行方向を 1.85m
以下、梁間方向を 1.5m 以下
とする。
建地間の積載荷重は、400kg を
限度とする（ただし、鋼管 1 本
当たりの荷重は 700kg を限度
とすることが望ましいので、同
一建地間の 2 層以上に 400kg
の荷重を積載することは適当で
ない）

接続部、交差部はこれに適合した
金具を用い、緊結すること

建地の最高部から測って
31m を超える部分の建
地は、鋼 2 本組とする

地上第 1 の
布 2m 以下

1 スパン

足場の脚場には、足場の滑動または沈下を防止
するため、ベース金具を用い、かつ、敷板、敷
角などを用い、根がらみを設けるなどする

梁間方向

桁行方向

壁つなぎ

クランプ

腕木

布

建地

根がらみ

ベース金具

敷板

建築物

単管足場の側面

● 単管足場

以内ごとに水平つなぎ、斜材などを設け一体化する。

[**作業床**]　高さ2m以上の作業場所には、幅が40cm以上、床材間の間隔が3cm以下の作業床を設ける。床材は転位脱落防止のために2点以上の支持物に取り付ける。足場板を長手方向に重ねるときは、支点の上で重ね、その重ねた部分の長さを20cm以上とする。

[**墜落防止**]　墜落により労働者に危険を及ぼすおそれがある箇所には高さが85cm以上の手すりおよび中さん（35cm以上50cm以下）を設置する。高さが10cm以上の幅木を設けるか、もしくは幅木に代わり、メッシュシート（外側）と防網（壁面側）を設置する。

◻ 枠組足場

[**建地**]　建地の間隔は、高さが20mを超える場合および重量物の積載を伴う作業をする場合は、主枠の高さを2m以下とし、かつ、主枠の間隔を1.85m以下とする。建地脚部には、ベース金物、敷板、敷角、脚輪付きの場合はブレーキなどの措置をして、建地脚部の滑動、沈下を防ぐ。

[**足場の高さ**]　足場の高さは原則として、45m以下とする。

[**壁つなぎ**]　壁つなぎの間隔は、垂直方向9m以下、水平方向8m以下とする。

壁つなぎの引張材と圧縮材の間隔を1m以内とする。

[**水平材**]　最上層および5層以内ごとに水平材を入れる。

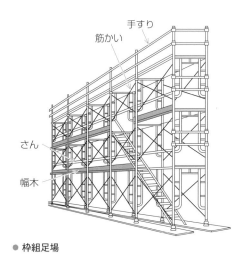

● 枠組足場

［作業床］ 高さ2m以上の作業場所には、幅が40cm以上、床材間の間隔が3cm以下の作業床を設ける。原則として、床材と建地のすき間を12cm未満とする。床材は転位脱落防止のために2点以上の支持物に取り付ける。足場板を長手方向に重ねるときは、支点の上で重ね、その重ねた部分の長さを20cm以上とする。

［墜落防止］ 墜落により労働者に危険を及ぼすおそれがある箇所には、「交差筋かい＋下さん（高さ15cm以上40cm以下）」を設けるか、もしくは、「交差筋かい＋幅木（高さ15cm以上）」を設置する。また、「交差筋かい＋下さん（高さ15cm以上40cm以下）＋幅木（高さ15cm以上）」を兼用設置することもできる。幅木を設けない場合には、「交差筋かい＋下さん＋メッシュシート（外側）＋防網（壁面側）」を設置する。

◘ 吊り足場

［作業床］ 作業床は、40cm以上とし、すき間のないものとする。作業床の外側には、幅15cmのつま先板を設ける。

［墜落防止］ 枠組足場以外の足場（一側足場を除く）についても、足場などからの墜落防止のため、高さが85cm以上の手すりおよび中さん（高さ35cm以上50cm以下）を設置する。

● 吊り足場（例）

［吊り足場の点検］ 吊り足場における作業を行うときは、その日の作業を開始する前に、以下の点検を行う。

- 床材の損傷、取付けおよび掛渡しの状態。
- 建地、布、腕木などの締結部、接続部および取付け部の緩みの状態。
- 緊結材および緊結金物の損傷および腐食の状態。
- 足場用墜落防止設備の取外しおよび脱落の有無。
- 幅木などの取付け状態および取外しの有無。

◻ 移動式足場（ローリングタワー）

- 車輪の直径は**125cm以上**とし、不意の移動を防ぐためブレーキを設ける。
- 移動式足場において、建枠を3段以上重ねて組み立てて使用する場合は、**控枠（アウトリガー）**の取付けが必要である。
- 車輪の下から作業床までの高さが脚輪の主軸間隔の3倍を超えるような枠組み構造部は、高さの中央付近に水平溝として**布枠**を設ける。
- 控え枠を設けない場合の移動式足場の脚輪の下端から作業床までの高さは**H≦7.7L−5**とする（H：脚輪の下端から作業床までの高さ〔m〕、L：脚輪の主軸間隔〔m〕）。

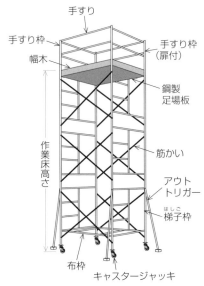

● 移動式足場（ローリングタワー）

◪ その他（登り桟橋、防護棚、工事用シート）

［登り桟橋］　仮設通路に該当する階段部について、墜落防止のため、高さが85cm以上の手すりおよび中さん（高さ35cm以上50cm以下）を設置する。建設工事に使用する高さ8m以上の登り桟橋には、7m以内ごとに踊場を設ける。

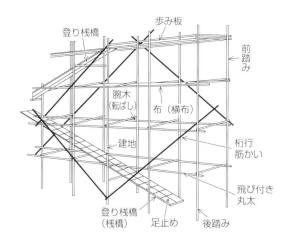

歩み板
登り桟橋
前踏み
腕木（転ばし）
布（横布）
建地
桁行筋かい
飛び付き丸太
登り桟橋（桟橋）
足止め
後踏み

● 登り桟橋

［防護柵（朝顔）］　建築のための工事をする部分が工事現場の境界線から水平距離が5m以内で、かつ、地盤面からの高さが7m以上あるときは、資材などの落下物が通行人や隣家へ危害を及ぼさないよう防護柵を設置する。防護柵のはね出しは、平面に対し、20～30°の角度で、足場から水平距離で2m以上とする。防護柵は、1段目を地上10m以下、2段目以上は下段から10m以下ごとに設ける。通常1段目は、5m以下に設ける。敷板は、ひき材では15mm以上のものを用い、すき間なく全面に張り、一般には足場板または厚さ1.2mm程度の波型鉄板が用いられている。

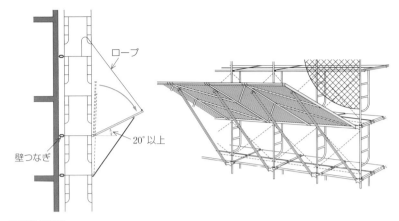

● 防護棚（朝顔）

[**工事用シート**] シートは足場に水平材を垂直方向5.5m以下ごとに設け、シートの周囲を35〜45cm以下の間隔ですき間やたるみが生じないように、足場にしっかり緊結する。緊結材の引張強度は987N（100kg）以上とする。

[**脚立**] 脚立を使用するときは脚立の足と水平面との角度を75°以下とし、かつ、折り畳み式のものは足と水平角度を確実に保つための金具を備える。

[**脚立足場**] 足場板を長手方向で重ねるときは、支点の上で重ね、その重ね長さを20cm以上とする。

[**はしご**] 移動はしごは、幅を30cm以上とし、すべり止め装置の取付けその他転位を防止するために必要な措置を講じる。

[**はしご道**] 勾配は80°以下で、はしごの上端は床から60cm以上突き出させる。

[**昇降設備**] 高さまたは深さが1.5mを超える場所で作業を行うときは、昇降するための設備などを設ける。

◘ **共通の注意事項**

[**作業箇所の高さによる規制**]

・2m以上の高さ：強風、大雨、大雪など悪天候のため危険が予想される場合は、作業を中止する。作業を安全に行うため必要な照度を保持する。墜落で労働者に危険を及ぼすおそれのある場合、作業床を設ける。

・3m以上の高さ：物体を投下する場合、投下設備を設け、監視人を置くなど労働者の危険防止措置を講じる。

［ 関係労働者以外の労働者の立入禁止区域 ］

- 作業構台の組立て作業を行う区域内
- 建築物の骨組みまたは塔であって、金属製の部材により構成される物（その高さが5m以上のもの）の組立て、解体または変更作業を行う区域内
- 軒の高さが5m以上の木造建築物の構造部材の組立てまたはこれに伴う外壁下地の取付け作業を行う区域内
- 足場の組立て作業を行う区域内
- 型枠支保工の組立て作業を行う区域内

5 各種規制で定める安全管理 出題頻度 ★★★

◉ クレーン等安全規則

◾ クレーン
［ 落成検査 ］ 荷重試験は、移動式クレーンに定格荷重の1.25倍に相当する荷重（定格荷重が200tを超える場合は、定格荷重に50tを加えた荷重）の荷を吊って、吊り上げ、旋回、トロリの横行などの作動を行う。安定度試験は、移動式クレーンに定格荷重の1.27倍に相当する荷重の荷を吊って、当該クレーンの安定に関し最も不利な条件で地切りすることにより行う。

［ 建設物等との間の距離 ］ 走行クレーンまたは旋回クレーンと建設物または設備との間に歩道を設けるときは、その幅を60cm以上とする。

［ 特別な教育 ］ 吊り荷重が0.5t以上5t未満のクレーンの業務に労働者を就かせるときは、当該業務に関する安全のための特別な教育を行うこと。

◾ 移動式クレーン
［ 製造検査 ］ 荷重試験は、移動式クレーンに定格荷重の1.25倍に相当する荷重（定格荷重が200tを超える場合は、定格荷重に50tを加えた荷重）の荷を吊って、吊り上げ、旋回、走行などの作動を行う。安定度試験は、移動式クレーンに定格荷重の1.27倍に相当する荷重の荷を吊って、当該クレーンの安定に関し最も不利な条件で地切りすることにより行う。

［ 設置報告書 ］ 吊り上げ荷重が3t以上の移動式クレーンを設置しようとする事業者は、認定を受けた事業者を除き、移動式クレーン設置報告書を所轄労働基準監督署長に提出する。

［検査証の備付け］ 事業者は、移動式クレーンを用いて作業を行うときは、当該移動式クレーンに、その移動式クレーン検査証を備え付けておかなければならない。

［外れ止め装置の使用］ 事業者は、吊り上げ荷重が0.5t以上の移動式クレーンを用いて荷を吊り上げるときは、外れ止め装置を使用しなければならない。

［運転の合図］ 事業者は、移動式クレーンを用いて作業を行うときは、移動式クレーンについて一定の合図を定め、合図を行う者を指名して、その者に合図を行わせること。

［搭乗の制限］ 事業者は、作業の性質上やむを得ない場合または安全な作業の遂行上必要な場合は、移動式クレーンの吊り具に専用の搭乗設備を設けて当該搭乗設備に労働者を乗せることができる。

［立入禁止］ 事業者は、移動式クレーンに係る作業を行う場合にあって、吊りクランプ1個を用いて玉掛けをした荷が吊り上げられているときは、吊り上げられている荷の下に労働者を立ち入らせてはならない。

［強風時における転倒の防止］ 強風により移動式クレーンが転倒するおそれのあるときは、ジブの位置を固定するなど、移動式クレーンの転倒による労働者の危険を防止する措置を講じなければならない。

［運転位置からの離脱の禁止］ 事業者は、移動式クレーンの運転者を、荷を吊ったままで、運転位置から離れさせてはならない。運転者は、荷を吊ったままで、運転位置を離れてはならない。

［作業開始前の点検］ 事業者は、吊り荷重が0.5t以上の移動式クレーンを用いて作業を行うときは、その日の作業を開始する前に、巻過防止装置、過負荷警報装置その他警報装置、ブレーキ、クラッチおよびコントローラーの機能について点検を行うこと。

［検査の記録］ 事業者の自主検査および点検の結果を記録し、3年間保存する。

トラッククレーン　　　　　クローラクレーン　　　　　車両積載型トラッククレーン

浮きクレーン　　　　　　　　鉄道クレーン

● 移動式クレーン

■ エレベーター

［落成検査］ 荷重試験は、エレベーターに積載荷重の1.2倍に相当する荷を載せて、昇降の作動を行う。

［設置報告書］ エレベーター（設置から廃止までの期間が60日未満のものを除く）を設置しようとする事業者は、あらかじめエレベーター設置報告書を所轄労働基準監督署長に提出すること。ただし、認定を受けた事業者については、この限りではない。

■ 建設用リフト

［設置届］ 積載荷重が0.25 t以上でガイドレールの高さが18 m以上の建設用リフトを設置しようとする事業者は、建設用リフト設置届を所轄労働基準監督署長に提出すること。

［作業開始前の点検］ 積載荷重が0.25 t以上で、ガイドレールの高さが10 m以上の建設リフトを用いて作業を行うときは、その日の作業を開始する前に、ワイヤロープが通っている箇所の状態について点検すること。

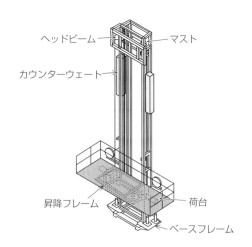

ヘッドビーム — マスト
カウンターウェート —
昇降フレーム — 荷台
ベースフレーム

● 建設用リフト

◘ 玉掛け

[玉掛け用ワイヤロープの安全係数]　事業者は、クレーン、移動式クレーンまたはデリックの玉かけ用具であるワイヤロープの安全係数については、6以上でなければ使用してはならない。

[玉掛け用フックの安全係数]　事業者は、クレーン、移動式クレーンまたはデリックの玉掛け用具であるフックまたはシャックルの安全係数については、5以上でなければ使用してはならない。

[不適切なワイヤロープの使用禁止]　直径の減少が公称径の7%を超えるもの、ワイヤロープ1よりの間においてその数の10%以上の素線が切断しているもの、キンクしたもの、著しい形くずれまたは腐食があるものは使用してはならない。

[特別な教育]　制限荷重が1t以上の揚貨装置または吊り上げ荷重が1t以上のクレーン、移動式クレーンもしくはデリックの玉掛けの業務は、玉掛け技能講習を修了した者などでなければ行ってはならない。そして、この業務に労働者を就かせるときは、当該労働者に対し、当該業務に関する安全のための特別な教育を行う必要がある。

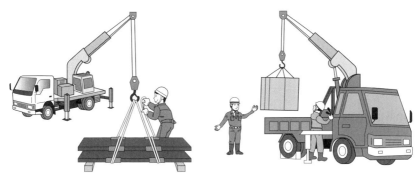

● 玉掛け

有機溶剤中毒予防規則

［有機溶剤作業主任者の職務］ 事業者が有機溶剤作業主任者に行わせる事項は次のとおり。

- 作業に従事する労働者が有機溶剤により汚染され、またはこれを吸入しないように作業方法を決定し、労働者を指揮すること。
- 局所排気装置、プッシュプル型換気装置または全体換気装置を1月を超えないごとに点検すること。
- 保護具の使用状況を監視すること。

［掲示］

- 事業者は、屋内作業などにおいて有機溶剤業務に労働者を従事させるときは、有機溶剤の人体に及ぼす作用、有機溶剤等の取扱い上の注意事項、有機溶剤による中毒が発生したときの応急処置を、作業中の労働者が容易に知ることができるよう、見やすい場所に掲示する。

［有機溶剤等の区分表示］ 事業者は、屋内作業場等において有機溶剤業務に労働者を従事させるときは、当該有機溶剤業務に係る有機溶剤等の区分を、作業中の労働者が容易に知ることができるよう、色分けおよび色分け以外の方法により、見やすい場所に表示すること。

［有機溶剤等の貯蔵］

- 事業者は、有機溶剤等を屋内に貯蔵するときは、有機溶剤がこぼれ、漏洩し、しみ出し、または発散するおそれのないふたまたは栓をした堅固な容器を用いるとともに、関係労働者以外の労働者がその貯蔵場所に立ち入る

ことを防ぐ設備、有機溶剤の蒸気を屋外に排出する設備を設けること。

- 屋内作業等において有機溶剤業務に労働者を従事させるときは、有機溶剤の人体に及ぼす作用、有機溶剤等の取扱い上の注意事項、有機溶剤による中毒が発生したときの応急処置を、作業中の労働者が容易に知ることができるよう、見やすい場所に掲示すること。

［局所排気装置の定期自主検査］　事業者は、局所排気装置については、1年以内ごとに1回、定期に、所定の事項について自主検査を行う。

［測定］　事業者は、屋内作業場について、6か月以内ごとに1回、定期に当該有機溶剤の濃度を測定する。

▶ 酸素欠乏症等防止規則

［用語の定義］
- 酸素欠乏：空気中の酸素の濃度が18%未満である状態をいう。
- 酸素欠乏症等：酸素欠乏症または硫化水素欠乏中毒をいう。

［酸素欠乏危険作業に労働者を従事させる場合の事業者の義務］
- 当該作業を行う場所の空気中の酸素の濃度を、原則として18%以上に保つように換気しなければならない。換気するときは純酸素を使用しない。
- 労働者に対して、酸素欠乏危険作業特別教育を行わなければならない。
- 酸素欠乏危険作業主任者を選任すること。
- 空気呼吸器、はしご、繊維ロープなど、非常の場合に労働者を避難させ、または救出するため必要な用具を備えること。

［地下室に係る措置］　事業者は、地下室、ピットなどの内部における作業に労働者を従事させるときは、酸素欠乏の空気が漏出するおそれのある箇所を閉塞し、酸素欠乏の空気を直接外部へ放出することができる設備を設けるなど酸素欠乏の空気が作業を行う場所に流入することを防止するための措置を講じなければならない。

［濃度の測定］　事業者は、その日の作業を開始する前に、当該作業上における空気中の酸素の濃度を測定しなければならない（作業環境測定）。これを記録して、3年間保存する。

● ゴンドラ安全規則

[検査証の有効期間] 1年である。

[特別な教育] 事業者は、ゴンドラの操作の業務に労働者を就かせるときは、当該労働者に対し、当該業務に関する安全のための特別な教育を行うこと。

[操作の合図] 事業者は、ゴンドラを使用して作業を行うときは、ゴンドラの操作について一定の合図を定め、合図を行う者を指名して、その者に合図を行わせること。ただし、ゴンドラを操作するものに単独で作業を行わせるときはこの限りではない。

[安全帯等]

- 吊り下げのためのワイヤロープが1本であるゴンドラで作業を行うときは、安全帯等は当該ゴンドラ以外のものに取り付けること。
- 吊り下げのためのワイヤロープが2本のゴンドラで作業を行うときは、安全帯をそのゴンドラに取り付けて作業を行うことができる。

[立入禁止] 事業者は、ゴンドラを使用して作業を行っている箇所の下方には関係労働者以外の者がみだりに立ち入ることを禁止し、かつ、その旨を見やすい箇所に表示する。

[照明] 事業者は、ゴンドラを使用して作業を行う場所については、当該作業を安全に行うため必要な照度を確保する。

[作業開始前の点検] 事業者は、ゴンドラを使用して作業を行うときは、ワイヤが通っている箇所の状態の点検などをその日の作業を開始する前に行う。

[定期自主検査] 事業者は、ゴンドラについて、1か月以内ごとに1回、定期に所定の事項について、自主検査を行う。自主検査を行ったときは、その結果を記録し、3年間保存する。

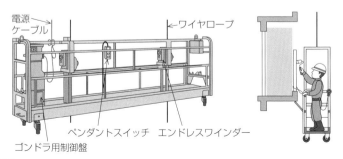

電源ケーブル　←ワイヤロープ

ペンダントスイッチ　エンドレスワインダー
ゴンドラ用制御盤

● ゴンドラ

問1　1　労働災害と公衆災害

労働災害に関する記述として、最も不適当なものはどれか。

(1)　労働損失日数は、一時労働不能な場合、暦日による休業日数に300/365を乗じて算出する。

(2)　労働災害における労働者とは、所定の事業または事務所に使用される者で、賃金を支払われる者をいう。

(3)　度数率は、災害発生の頻度を示すもので、100万延べ実労働時間あたりの延べ労働損失日数を表す。

(4)　永久一部労働不能で労働基準監督署から障がい等級が認定された場合、労働損失日数は、その等級ごとに定められた日数となる。

> 解説　度数率は、100万延べ実労働時間当たりの<u>労働災害による死傷者数</u>で表す。労働災害の発生の頻度を示す。
> 度数率＝労働災害の死傷者数/延べ実労働時間数×1,000,000　　　解答　(3)

問2　1　労働災害と公衆災害

労働災害に関する記述として、最も不適当なものはどれか。

(1)　労働災害には、労働者の災害だけでなく、物的災害も含まれる。

(2)　労働災害の災害発生率として、年千人率や度数率などが用いられる。

(3)　労働災害における重大災害とは、一時に3名以上の労働者が死傷または罹病した災害をいう。

(4)　労働災害における労働者とは、所定の事業または事務所に使用されるもので、賃金を支払われる者をいう。

問3　1　労働災害と公衆災害

建設工事の公衆災害を防止するための措置に関する記述として、「建設工事公衆災害防止対策要綱（建築工事編）」上、誤っているものはどれか。

(1)　建設機械の使用に際しては、機械類が転倒しないように、その地盤の水平度、支持耐力の調整などを行った。

(2)　防護柵（朝顔）は、骨組みの外側から1.5m突き出し、水平面となす角度を20°以上とした。

(3)　地盤アンカーの施工において、アンカーの先端が敷地境界の外に出るので、隣地所有者の許可を得た。

(4)　地下水の排水に当たっては、排水方法および排水経路を確認し、当該下水道および河川の管理者に届け出た。

解説　防護柵（朝顔）は、骨組みの外側から水平距離2m以上突き出させ、水平面となす角度を20°以上とし、風圧、振動、衝撃、雪荷重などで脱落しないように骨組みに堅固に取り付ける。　　　　　　　　　　解答　(2)

問4　1　労働災害と公衆災害

建築工事において、公衆災害を防止するために施工者が行う対策として、最も不適当なものはどれか。

(1)　騒音伝播防止のため防音パネルを取り付けた型枠足場の壁つなぎの取付け間隔は、垂直方向3.6m以下、水平方向3.7m以下とした。

(2)　外部足場の外側より水平距離で2m以上の出のある歩道防護構台を設けた場合は、最下段の防護柵は省略することができる。

(3)　飛来落下物の防護、塗装・粉塵などの飛散防止のため、足場の外側に建築工事用シートⅠ類を使用した。

(4)　高さが30mの建築工事において、通行人などに対する危害防止のための最下段の防護柵は、建築工事を行う部分の下15mの位置に設けた。

問5　**1**　**労働災害と公衆災害**

「労働安全衛生規則」上、事業者が作業を行う区域内に関係労働者以外の労働者の立ち入りを禁止しなければならないものはどれか。

(1)　高さが2mの足場の組立作業
(2)　高さが3mの鉄骨造建築物の組立作業
(3)　高さが4mのコンクリート造建築物の解体作業
(4)　軒の高さが5mの木造建築物の解体作業

問6　**2**　**作業主任者の選任と職務**

作業主任者の選任に関する記述として、「労働安全衛生法」上、誤っているものはどれか。

(1)　同一場所で行う型枠支保工の組立作業において、作業主任者を3名選任したので、それぞれの職務を分担した。
(2)　掘削面の高さが2mの地山の掘削作業なので、地山の掘削作業主任者を選任しなかった。
(3)　作業主任者の氏名およびその者に行わせる事項を、作業上の見やすい箇所に掲示することにより関係労働者に周知した。
(4)　高さが4.5mの平屋建ての鉄骨の組立作業なので、建築物等の鉄骨の組

立等作業主任者を選任しなかった。

問7 ② 作業主任者の選任と職務

足場の組立等作業主任者の職務として、「労働安全衛生規則」上、定められていないものはどれか。

(1) 組立作業区域内への関係労働者以外の労働者の立入りを禁止すること。
(2) 器具、工具、安全帯等および保護帽の機能を点検し、不良品を取り除くこと。
(3) 安全帯等および保護帽の使用状況を監視すること。
(4) 足場の組立てに当たり、材料の欠点の有無を点検し、不良品を取り除くこと。

問8 ③ 特定元方事業者および事業者の講ずべき措置

特定元方事業者の講ずべき措置として「労働安全衛生規則」上、定められていないものはどれか。

(1) 関係請負人との関係および関係請負人相互間における、作業間の連絡および調整を行う。
(2) 新規に入場した下請事業者の作業員に対し、医師による健康診断を行う。
(3) 毎作業日に少なくとも1回、作業場所の巡回を行う。
(4) 作業用の仮設の建設物の配置に関する計画を作成する。

問9　3　特定元方事業者および事業者の講ずべき措置

　事業者が講ずべき措置について、「労働安全衛生法」上、誤っているものはどれか。

(1)　明り掘削作業において、掘削機械の使用するガス導管、地中電線路等地下工作物の損壊による労働者に危険を及ぼすおそれがあるときは、掘削機械を使用してはならない。

(2)　車両系建設機械の運転者が運転位置から離れるときは、バケット、ジッパーなどの作業装置を地上におろさせなければならない。

(3)　車両系建設機械の定期自主検査を行ったときは、検査年月日などの事項を記載し、これを2年間保存しなければならない。

(4)　車両系建設機械のブームを上げ、その下で修理、点検を行うときは、ブームが不意に降下することによる労働者の危険を防止するため、安全支柱、安全ブロックなどを用意させなければならない。

問10　4　仮設工事（足場・作業箇所の高さほか）

　仮設工事に関する記述として、「労働安全衛生法」上、誤っているものはどれか。

(1)　作業を行う箇所の深さが1.4mであったので、昇降するための設備は設けなかった。

(2)　高さ5mの作業構台に床材間のすき間は、3cmとした。

(3)　登り桟橋の高さが15mであったので、地盤面からの高さ8mの位置に

踊場を設けた。

(4) 単管足場の場合、建地を2本組とする部分は、建地の最高部から測って 31 m を超える部分とした。

問11 4 **仮設工事（足場・作業箇所の高さほか）**

足場に関する記述として、最も不適当なものはどれか。

(1) 移動式足場は、控枠（アウトリガー）なしとし、幅1.2 m、高さ1.7 mの建枠を3段重ねて組み立てて使用した。

(2) 脚立足場において、足場板を脚立上で重ね、その重ね長さは20 cm以上とした。

(3) 単管足場における建地間の積載荷重は、400 kgを限度とした。

(4) 作業床は、吊り足場の場合を除き、幅は40 cm以上とし、床材間のすき間は3 cm以下とした。

解説 控え枠を設けない場合の移動式足場の脚輪の下端から作業床までの高さは、次の式による。

$H \leq 7.7L - 5$ （H：脚輪の下端から作業床までの高さ〔m〕 L：脚輪の主軸間隔〔m〕）

$H \leq 7.7 \times 1.2 - 5 = 4.24$ m

したがって、高さ1.7 mの建枠3段（5.1 m）では高すぎる。 解答 (1)

4 仮設工事（足場・作業箇所の高さほか）

　作業箇所等の高さに関する記述として、「労働安全衛生規則」上、誤っているものはどれか。

(1)　高所から物体を投下するとき、適当な投下設備を設け、監視人を置くなどの必要があるのは、3m以上の高さから投下する場合である。

(2)　強風、大雨、大雪など悪天候のため危険が予想されるときに作業を禁止しなければならない作業箇所の高さは、3m以上の場合である。

(3)　作業を安全に行うため必要な照度を保持しなければならない作業箇所の高さは、2m以上である。

(4)　作業に従事する労働者が、墜落するおそれのあるとき、作業床を設ける必要があるのは、高さが2m以上の箇所で作業を行う場合である。

解説　強風、大雨、大雪など悪天候のため危険が予想されるときに作業を禁止しなければならない作業箇所の高さは、2m以上の場合である。

解答　(2)

問13 **5 各種規制で定める安全管理**

　クレーンに関する記述として、「クレーン等安全規則」上、誤っているものはどれか。

(1)　吊り上げ荷重が3t以上の移動式クレーンを用いて作業を行う際、その移動式クレーン検査証を、当該クレーンに備え付けた。

(2)　旋回クレーンと建設物との間に歩道を設ける際、その幅を60cm以上とした。

(3)　吊り上げ荷重が1t以上の移動式クレーンの玉掛けの業務は、玉掛け技能講習を修了した者に行わせた。

(4)　クレーンの落成検査における荷重試験は、クレーンの定格荷重の荷を吊って行った。

問14 **5 各種規制で定める安全管理**

酸素欠乏危険作業に労働者を従事させるときの事業者の責務として、「酸素欠乏症等防止規則」上、誤っているものはどれか。

(1) 酸素欠乏危険作業については、衛生管理者を選任しなければならない。

(2) 酸素欠乏危険場所での空気中の酸素の濃度測定は、その日の作業を開始する前に行わなければならない。

(3) 酸素欠乏危険場所で空気中の酸素の濃度測定を行ったときは、その記録を3年間保存しなければならない。

(4) 酸素欠乏危険場所では、原則として、空気中の酸素の濃度は18%以上に保つように換気しなければならない。

解説 酸素欠乏危険作業については、酸素欠乏危険作業主任者を選任しなければならない。 解答 (1)

問15 **5 各種規制で定める安全管理**

有機溶剤等の使用および貯蔵に関する記述として、「有機溶剤中毒予防規則」上、誤っているものはどれか。

(1) 屋内作業場において有機溶剤業務に従事させるときは、有機溶剤等の取扱い上の注意事項について労働者が見えやすい場所に掲示しなければならない。

(2) 屋内作業場において有機溶剤業務に従事させるときは、有機溶剤による中毒が発生したときの応急措置について労働者が見えやすい場所に掲示しなければならない。

(3) 有機溶剤等を屋内に貯蔵するとき、有機溶剤等が発散するおそれのないふたまたは栓をした堅固な容器を用いる場合は、有機溶剤の蒸気を屋外に

排出する設備を設けなくてもよい。

(4) 有機溶剤濃度の測定を必要とする業務を行う屋内作業場については、6月以内ごとに1回、定期に、濃度測定を行わなければならない。

解説 有機溶剤等を屋内に貯蔵するとき、有機溶剤等が発散するおそれのないふたまたは栓をした堅固な容器を用いる場合は、有機溶剤の蒸気を屋外に排出する設備を<u>設けなけれならない</u>。　　　　　解答 (3)

ゴンドラに関する記述として、「ゴンドラ安全規則」上、誤っているものはどれか。

(1) ゴンドラを使用して作業するときは、原則として、1月以内ごとに1回自主検査を行わなければならない。

(2) ゴンドラの操作の業務に労働者をつかせるときは、当該労働者に対し、当該業務に係る技能講習を修了した者でなければならない。

(3) ゴンドラを使用して作業を行う場所については、当該作業を安全に行うため必要な照度を保持しなければならない。

(4) 吊り下げのためのワイヤロープが1本であるゴンドラで作業を行うときは、安全帯等は当該ゴンドラ以外のものに取り付けなければならない。

解説 ゴンドラの操作の業務に労働者をつかせるときは、当該労働者に対し、当該業務に関する安全のための特別な教育を行わなければならない。<u>当該業務に係る技能講習を修了した者とは、規定されていない</u>。　解答 (2)

III部

建築法規・法令

第 1 章

建築基準法

1 用語の定義

用語	定義
建築物	土地に定着する工作物のうち、屋根および柱もしくは壁を有するもの（これに類する構造のものを含む）。これに附属する門もしくは塀、観覧のための工作物または地下もしくは高架の工作物内に設ける事務所、店舗、興行場、倉庫その他これらに類する施設（鉄道および軌道の線路敷地内の運転保安に関する施設ならびに跨線橋、プラットホームの上家、貯蔵槽その他これらに類する施設を除く）。建築設備を含むものとする。
特殊建築物	学校（専修学校および各種学校を含む。以下同様）体育館、病院、劇場、観覧場、集会場、展示場、百貨店、市場、ダンスホール、遊技場、公衆浴場、旅館、共同住宅、寄宿舎、下宿、工場、倉庫、自動車車庫、危険物の貯蔵場、と畜場、火葬場、汚物処理場その他これらに類する用途に供する建築物をいう。
建築設備	建築物に設ける電気、ガス、給水、排水、換気、暖房、冷房、消火、排煙もしくは汚物処理の設備または煙突、昇降機もしくは避雷針をいう。
居室	居住、執務、作業、集会、娯楽その他これらに類する目的のために継続的に使用する室をいう。
主要構造部	壁、柱、床、梁、屋根または階段をいい、建築物の構造上重要でない間仕切壁、間柱、附け柱、揚げ床、最下階の床、廻り舞台の床、小ばり、ひさし、局部的な小階段、屋外階段その他これらに類する建築物の部分を除くものとする（注：基礎は含まれていない）。
延焼のおそれのある部分	隣地境界線、道路中心線または同一敷地内の2以上の建築物（延べ面積の合計が 500 m² 以内の建築物は、1の建築物とみなす）相互の外壁間の中心線から、1階にあっては 3m 以下、2階以上にあっては 5m 以下の距離にある建築物をいう。
設計図書	建築物、その敷地または工作物に関する工事用の図面（原寸図その他これに類するものを除く）および仕様書をいう。
建築	建築物を新築し、増築し、改築し、または移転することをいう。
大規模の修繕	建築物の主要構造部の1種以上について行う過半の修繕をいう。
大規模の模様替	建築物の主要構造部の1種以上について行う過半の模様替をいう。
敷地	1の建築物または用途上不可分の関係にある2以上の建築物のある一団の土地をいう。
地階	床が地盤面下にある階で、床面から地盤面までの高さがその階の天井の高さの 1/3 以上のものをいう。
構造耐力上主要な部分	基礎、基礎ぐい、壁、柱、小屋組、土台、斜材（筋かい、方づえ、火打材その他これらに類するもの）、床版、屋根版または横架材（梁、桁その他これらに類するもの）で、建築物の自重もしくは積載荷重、積雪荷重、風圧、土圧もしくは水圧または地震その他の振動もしくは衝撃を支えるものをいう。
耐水材料	れんが、石、人造石、コンクリート、アスファルト、陶磁器、ガラスその他これらに類する耐水性の建築材料をいう。

用語	定義
設計者	その者の責任において、設計図書を作成した者をいう。
特定行政庁	建築主事を置く市町村の区域については当該市町村の長をいい、その他の市町村区域については都道府県知事をいう。
防火構造	建築物の外壁または軒裏の構造のうち、防火性能に関して政令で定める技術的基準に適合する鉄網モルタル塗、しっくい塗その他の構造で、国土交通大臣が定めた構造方法を用いるものまたは国土交通大臣の認定を受けたものをいう。
不燃材料	建築材料のうち、不燃性能に関して政令で定める技術的基準（通常の火災による加熱が加えられた場合に、加熱開始後20分間、燃焼しないこと、防火上有害な損傷（変形・溶融・亀裂等）を生じさせないこと、避難上有害な煙またはガスを発生させないこと）に適合するもので、国土交通大臣が定めたものまたは国土交通大臣の認定を受けたものをいう。
耐火建築物	主要構造部が耐火構造であることまたは耐火性能の技術的基準に適合するもの。外壁の開口部で延焼のおそれのある部分に、防火戸その他の政令で定める防火設備を有するもの。
準耐火建築物	主要構造部が準耐火構造であることまたは耐火性能の技術的基準に適合するもの。外壁の開口部で延焼のおそれのある部分に、防火戸その他の政令で定める防火設備を有するもの。
建ぺい率	建築面積の敷地面積に対する割合をいう。 建ぺい率（％）＝建築面積／敷地面積×100
容積率	延べ面積の敷地面積に対する割合をいう。 容積率（％）＝延べ面積／敷地面積×100
敷地面積	敷地の水平投影面積による。
建築面積	建築物（地階で地盤面上1m以下にある部分を除く）の外壁またはこれに代わる柱の中心線（軒、ひさし、はね出し縁その他これらに類するもので当該中心線から水平距離1m以上突き出たものがある場合においては、その端から水平距離1m後退した線）で囲まれた部分の水平投影面積による。
床面積	建築物の各階またはその一部で壁その他の区画の中心線で囲まれた部分の水平投影面積による。
延べ面積	建築物の各階の床面積の合計による。

2 手続規定 出題頻度 ★★★

　建築主は、建築物を建築しようとするときは、その計画を建築基準法およびこれに基づく条例や関係する規定に適合させなければならない。この計画した建築物がこれらの法令等に適合しているかどうかの確認を受けるために、確認検査機関等に確認申請を行い確認済証の交付を受ける必要がある。

● 建築基準法の適用の除外規定

　文化財保護法の規定によって国宝、重要文化財、重要有形民俗文化財、特別史跡名勝天然記念物または史跡名勝天然記念物として指定され、または仮

指定された建築物には適用しない。

この法律の施工前から存する建築物もしくはその敷地またはすでに建築、修繕もしくは模様替の工事中の建築物もしくはその敷地、またはこれらの規定に適合しない部分を有する場合においては、当該規定は適用しない。

◉ 確認申請が必要な建築物等

[建築物] 確認申請が必要な建築物を次表に示す。なお、防火地域および準防火地域外の建築物の増築、改築または移転で、その部分の床面積の合計が10 m² 以内のものについては、申請は不要である。

区域	用途・構造		規模	工事種別
都市計画区域内外を問わず全域	①特殊建築物	(1) 劇場、映画館、演芸場、観覧場、公会堂、集会場	その用途に供する部分の床面積の合計>100 m²	新築、増築、改築、移転、大規模の修繕、大規模の模様替え、特殊建築物への用途変更
		(2) 病院、診療所（患者の収容施設のあるもの）、ホテル、旅館、共同住宅、寄宿舎、児童福祉施設等		
		(3) 学校、体育館、博物館、美術館、図書館、ボーリング場、スキー場、スケート場、水泳場、スポーツの練習場		
		(4) 百貨店、マーケット、展示場、キャバレー、カフェー、ナイトクラブ、バー、ダンスホール、遊技場、公衆浴場、待合、料理店、飲食店、物品販売業を営む店舗（床面積が10 m² 以内のものを除く）		
		(5) 倉庫		
		(6) 自動車車庫、自動車修理工場、映画スタジオ、テレビスタジオ		
	②木造		次のいずれかに該当するもの ・階数≧3 ・延べ面積>500 m² ・高さ>13 m ・軒高>9 m	新築、増築、改築、移転、大規模の修繕、大規模の模様替え、特殊建築物への用途変更
	③木造以外		・階数≧2 または 　延べ面積>200 m²	
都市計画区域、準都市計画区域、準景観地区または知事の指定区域	④①から③を除くすべての建築物			新築、増築、改築、移転

[確認申請が必要な建築設備および工作物]　確認申請が必要な建築設備および工作物を次表に示す。

法令	種別・条件
建築基準法第87条の2	建築設備（建築基準法施行令第146条第1項） ①エレベーター、エスカレーター ②法第12条第3項の規定により特定行政庁が指定するもの（屎尿浄化槽および合併処理浄化槽は除く）
建築基準法第88条第1項	一般工作物（建築基準法施行令第138条第1項） ①煙突（ストーブの煙突は除く）　高さ＞6m ②鉄筋コンクリート柱、鉄柱、木柱等（旗竿、架空電線等は除く）　高さ＞15m ③広告塔、広告板、装飾塔、記念塔等　高さ＞4m ④高架水槽、サイロ、物見塔等　高さ＞8m ⑤擁壁（開発行為許可または宅地造成許可を受けているものは建築基準法に基づく工作物の確認申請は不要）　高さ＞2m 遊技施設の類の工作物（建築基準法施行令第138条第2項） ①観光用乗用エレベーター、エスカレーター（一般交通用は除く） ②高架の遊技施設（ウォーターシュート、コースターの類） ③原動機を使用する回転遊技施設（メリーゴーラウンド、観覧車、オクトパス、飛行塔等）
建築基準法第88条第2項	製造施設、貯蔵施設、遊技施設等の工作物（建築基準法施行令第138条第3項）（用途地域の制限を受ける工作物で、特定行政庁の許可を受けた場合において築造できる工作物） ①コンクリートプラント、クラッシャープラント、アスファルトプラント ②自動車車庫の用途に供する工作物 ③飼料、肥料、セメント等を貯蔵するサイロ ④ウォーターシュート、コースター、メリーゴーラウンド等 ⑤汚物処理場、ごみ焼却場、その他の処理施設

▶ 建築物の完了検査および中間検査

[完了検査]

- 建築主は、工事を完了したときは国土交通省令で定めるところにより、建築主事の検査を申請しなければならない。
- 建築主事の検査の申請は工事が完了した日から4日以内に建築主事に到達するようにしなければならない。
- 建築主事が申請を受理した場合においては、建築主事または委任を受けた者はその申請を受理した日から7日以内に、当該工事に係る建築物およびその敷地が建築基準関係規定に適合しているかどうかを検査しなければならない。
- 建築主事は検査をした場合において、当該建築物およびその敷地が建築基

準関係規定に適合していることを認めたときは、国土交通省令で定めるところにより、当該建築主に対して検査済証を交付しなければならない。

- 指定確認検査機関が工事の完了の日から4日が経過する日までに、当該工事に係る建築物およびその敷地が建築基準関係規定に適合しているかどうかの検査を引き受けた場合において、当該検査の引受けに係る工事が完了したときについては建築主事の完了検査は必要としない。

[中間検査]

- 建築主は、特定工程（階数が3以上である共同住宅の床および梁に鉄筋を配置する工事の工程のうち政令で定める工程または、特定行政庁が、その地方の建築物の建築の動向または工事に関する状況その他の事情を勘案して、区域、期間または建築物の構造、用途もしくは規模を限って指定する工程）を終えたときは、建築主事の検査を申請しなければならない。
- 特定工程に係る工事を終えた日から4日以内に建築主事に到達するようにしなければならない。
- 建築主事が申請を受理した場合においては、建築主事等はその申請を受理した日から4日以内に申請に係る工事中の建築物等について、検査前に施工された工事に係る建築物の部分およびその敷地が建築基準関係規定に適合するかどうかを検査しなければならない。
- 建築主事等は、検査をした場合において、工事中の建築物等が建築基準関係規定に適合することを認めたときは、建築主に対して特定工程に係る中間検査合格証を交付しなければならない。
- 特定工程後の工程に係る工事は、当該特定工程に係る中間検査合格証の交付を受けた後でなければ、これを施工してはならない。

検査済証交付前の建築物の使用制限

次のいずれかに該当する場合には、検査済証の交付を受ける前においても、仮に、当該建築物または建築物の部分を使用し、または使用させることができる。

- 特定行政庁が安全上、防火上および避難上支障がないと認めて仮使用の承認をしたとき。
- 建築主から完了検査申請が提出され受理された日から7日を経過したとき。

▶ 維持保全

建築物の所有者、管理者または占有者は、その建築物の敷地、構造および建築設備を常時適法な状態に維持するように努めなければならない。

▶ 違反建築物に対する措置

特定行政庁は建築基準法令に違反した建築物または建築物の敷地については、建築物の建築主、工事の請負人、もしくは現場管理者または建築物の敷地の所有者、管理者もしくは占有者に対して、当該工事の施工の停止を命じ、または、相当の猶予期限を付けて、当該建築物の除却、移転、改築、増築、修繕、模様替、使用禁止、使用制限その他これらの規定または条件に対する違反を是正するために必要な措置をとることを命じることができる。

▶ 報告

特定行政庁、建築主事または建築監視員は建築物もしくは建築物の敷地の所有者、管理者もしくは占有者、建築主、設計者、工事監理者または工事施工者に、建築物の敷地、構造、建築設備もしくは用途または建築物に関する工事の計画もしくは施工の状況に関する報告を求めることができる。

▶ 届出

建築主が建築物を建築しようとする場合または建築物の除却の工事を施工する者が建築物を除却しようとする場合においては、これらの者は、建築主事を経由して、その旨を都道府県知事に届け出なければならない。ただし、当該建築物または当該工事に係る部分の床面積の合計が10m²以内である場合においてはこの限りでない。

▶ 業務

［建築士］ 建築士が行える設計、監理の区分と業務を次表に示す。

構造	木造				鉄筋コンクリート造・鉄骨造等		
	高さ13m以下 軒高9m以下			高さ13m 軒高9m	高さ13m以下 軒高9m以下		高さ13m 軒高9m
延べ面積〔m²〕	階数1	階数2	階数3以上		階数2以下	階数3以上	
～30	建築士でなくても可				建築士でなくても可		
30～100					一級、二級建築士でなければ不可		
100～300	一級、二級、木造建築士でなければ不可			一級建築士でなければ不可			
300～500	一級、二級建築士でなければ不可						
500～1,000	一級建築士のみ可						
1,000～							

[建築監視員] 建築工事場に立ち入る場合においては、身分証明書を携帯し、関係者に提示しなければならない。

3 一般規定

▶ 構造と規模についての規定

[構造計算が必要な建築物]

木造	木造以外	主要構造部（床、屋根、階段を除く）が石造・れんが造・コンクリートブロック造
階数≧3 延べ面積>500m² 高さ>13m 軒の高さ>9m	階数≧2 延べ面積>200m²	高さ>13m 軒の高さ>9m

[大規模建築物の主要構造部]

大規模建築物とは、高さ13m、軒の高さが9mを超える建築物、または延べ面積が3000m²を超える建築物をいう。

主要構造部（床、屋根および階段を除く）のうち自重または積載荷重（特定行政庁が指定する多雪区域における建築物の主要構造部にあっては、自重、積載荷重または積雪荷重）を支える部分に、木材、プラスチックその他の可燃材料を用いたものは、耐火建築物として基準に適合するものとしなければならない。

● 防火壁・界壁・隔壁・間仕切壁

［防火壁を必要とする建築物］　延べ面積が1000 m²を超える建築物は床面積1000 m²以内ごとに防火壁で区画する。また、外壁、軒裏で延焼のおそれのある部分は防火構造とし、屋根も防火上有効なものとしなければならない。

［界壁］　界壁とは長屋、共同住宅の各戸の境界をいい、準耐火構造とし小屋裏または天井裏に達するようにしなければならない。遮音性能に関して政令で定める技術的基準に適合するもので、国土交通省が定める構造方法を用いたものが必要である。

［隔壁］　建築面積が300 m²を超える建築物の小屋組が木造の場合は、けた行間隔12 m以内ごとに、小屋裏に準耐火構造の隔壁を設けなければならない。

［間仕切壁］　学校、病院、診療所、児童福祉施設、ホテル、マーケット等として使われる建築物のその用途に使用する部分の防火上主要な間仕切壁は、準耐火構造とし小屋裏または天井裏に達するようにしなければならない。

● 一般構造

［居室の採光］　居室は自然採光を取り入れるため、その採光に必要な窓の開口部の有効面積が室の床面に対して一定の割合以上でなければならない。常時開放できるふすま等で仕切られた2室は1室とみなすことができる。

居室の種類	採光に有効な面積／居室の床面積
①幼稚園、小学校、中学校、高等学校または中等教育学校の教室	1/5以上
②保育所の保育室	
③病院または診療所の病室	1/7以上
④寄宿舎の寝室または下宿の宿泊室、住宅（共同住宅の住戸を含む）	
⑤児童福祉施設等（保育所を除く）の寝室および主たる用途に供する居室	
⑥①の学校以外の学校の教室	1/10以上
⑦病院、診療所、児童福祉施設等の居室のうち、入院患者または入所者の談話、娯楽等を目的とする居室	

［居室の換気］ 居室には換気のための窓その他の開口部を設け、その換気に有効な部分の面積は、その居室の床面積に対して1/20としなければならない。ただし、政令で定める技術的基準に従って換気設備を設けた場合においてはこの限りでない。次の居室については、政令で定める技術的基準に従って換気設備を設けなければならない。

- 有効換気面積が床面積の1/20未満の居室。
- 劇場、映画館、演芸場、観覧場、公会堂、集会場等の特殊建築物の居室。
- 調理室、浴室その他で、かまど、コンロ、その他火を使用する設備または器具を設けたもの。

［居室の天井高］

- 居室の天井高は2.1m以上とする。
- 天井高が1室で異なるとき、その高さは平均高とし、次の式による。

$$天井高〔m〕= \frac{室の容積〔m^3〕}{室の面積〔m^2〕}$$

［居室の床の高さおよび防湿方法］ 最下階の居室の床が木造である場合の床の高さおよび防湿方法は、次に定めるところによる。

- 床の高さを、直下の地面からその床の上面まで45cm以上とする。
- 外壁の床下部分には、壁の長さ5m以下ごとに、面積300cm^{2}以上の換気孔を設け、これにねずみの侵入を防ぐための設備を設ける。ただし、床下をコンクリート、たたきその他で覆う場合および当該最下階の居室の床の構造が、地面から発生する水蒸気によって腐食しないものとして、国土交通大臣の認定を受けたものである場合は、この限りでない。

［階段］ 階段の幅、蹴上げ、踏面の寸法は次表のとおりとする。

階段の種類	階段・踊場の幅	蹴上	踏面
①小学校の児童用	140cm以上	16cm以下	26cm以上
②中学校、高等学校、中等教育学校の生徒用 床面積が1500m^{2}を超える物品販売店舗 劇場、映画館、演芸場、観覧場、公会堂、集会場の客用	140cm以上	18cm以下	26cm以上
③直上階の居室の床面積の合計が200m^{2}を超える地上階 居室の床面積の合計が100m^{2}を超える地階、地下工作物内のもの	120cm以上	20cm以下	24cm以上
④①から③までに掲げる階段以外のもの	75cm以上	22cm以下	21cm以上

※住宅の階段は規模にかかわらず、蹴上23cm以下、踏面15cm以上としてよい（共同住宅の共用のものを除く）。
※屋外階段の幅は60cm以上、直通階段の幅は90cm以上とする。
※廻り階段の部分における踏面の寸法は、踏面の狭いほうの端から30cmの位置において測るものとする。

- 踊場：前表中①および②の階段は高さ3m以内ごとに、その他は4m以内ごとに踊場を設けなければならない。このときの直通階段の踊場の踏幅は1.2m以上とする。
- 手すり：高さ1m以上の階段の部分には、階段およびその踊場の両側（手すりが設けられた側を除く）には、側壁またはこれに代わるものを設けなければならない。階段の幅が3mを超える場合においては、中間に手すりを設けなければならない。ただし、蹴上が15cm以下で、かつ、踏面が30cm以上のものにあっては、この限りでない。
- 階段に代わる傾斜路：階段に代わる傾斜路は、幅、踊場、手すりについては、階段と同じ規定である。勾配は1/8以下で滑りにくい仕上げとする。

[共同住宅等のバルコニー] 手すりの高さは1.1m以上とする。

[便所] 下水道法に規定する処理区域内においては、便所は水洗便所以外の便所としてはならない。

◉ 耐火構造・準耐火構造・防火構造・防火区画等

[防火区画]
- 給水管、配電管等が、準耐火構造の防火区画を貫通する場合：そのすき間を不燃材料で埋めること。
- 換気設備のダクトが準耐火構造の防火区画を貫通する場合：火災により煙が発生した場合または火災により温度が急激に上昇した場合に自動的に閉鎖する構造の防火ダンパーを設けること。
- 建築物の11階以上の部分で各階の床面積の合計が100m²を超えるもの：原則として、床面積の合計100m²以内ごとに耐火構造の床もしくは壁または防火設備で区画すること。
- 主要構造部を準耐火構造とし、かつ、3階以上の階に居室を有する建築物の昇降機の昇降路の部分を、準耐火構造の床もしくは壁または防火設備で区画すること。
- 主要構造部を耐火構造とした建築物で延べ面積が1,500m²を超えるものは、原則として床面積の合計が1,500m²以内ごとに1時間準耐火基準に適合する準耐火構造の床もしくは壁または特定防火設備で区画しなければならない。

[耐火建築物・準耐火建築物としなければならない特殊建築物]

用途	耐火建築物		耐火建築物または準耐火建築物
	その用途のある階	その用途の床面積の合計	その用途の部分の床面積の合計
劇場、映画館、演芸場	主階が1階にない	客席の床面積合計が200m²以上（屋外観覧席が1,000m²以上）	—
	3階以上にある		
観覧場、公会堂、集会場	3階以上にある		
病院、診療所（有床）、ホテル、旅館、下宿、共同住宅、寄宿舎、児童福祉施設等	3階以上にある	—	2階の部分の用途が300m²以上（病院、診療所は2階に病室があるもの）
学校、体育館、博物館、美術館、図書館、ボウリング場、水泳場等	3階以上にある	—	2,000m²以上
百貨店、マーケット、バー、公衆浴場、料理店、飲食店、物販店等（床面積10m²を超える）	3階以上にある	3,000m²以上	2階部分の用途が500m²以上
倉庫	—	3階以上の用途の床面積合計が200m²以上	1,500m²以上
自動車倉庫、自動車修理工場等	3階以上にある	—	150m²以上（準耐火建築物はイ準耐と口準耐2のみ可）
危険物の貯蔵庫 処理場（「消防法」27条2項）	—	—	危険物の数量の限度（「消防法施行令」116条）による

イ準耐：「主要構造物＝準耐火構造」＋「延焼のおそれのある部分の開口部＝防火設備」

口準耐1：「外壁＝耐火構造」＋「屋根＝不燃」＋「延焼のおそれのある部分の開口部＝防火設備」

口準耐2：「柱、梁＝不燃材」＋「屋根＝不燃」＋「延焼のおそれのある部分の外壁＝防火構造」＋「延焼のおそれのある部分の開口部＝防火設備」

[内装の制限]
一定の用途、階数、開口部の条件を有する建築物の火気を使用する設備もしくは器具を設けた室は、政令で定めるものを除き壁、天井の室内に面する部分の仕上げを防火上支障のないようにしなければならない。自動車車庫または自動車修理工場の用途に供する特殊建築物は、内装の制限を受けない建物から除外され、すべて制限を受ける。

▶ 避難施設等

［客席からの出口の戸］ 劇場、映画館、演芸場、観覧場、公会堂または集会場における客席からの出口の戸は内開きとしてはならない。

［廊下の幅］ 小学校、中学校、高等学校または中等教育学校における児童用または生徒用のもので、両側に居室がある廊下の場合は2.3m以上、その他の廊下の場合は1.8m以上とする。

［2以上の直通階段］ 劇場、映画館、演芸場、観覧場、公会堂または集会場の用途に供する階でその階に客席、集会室その他これらに類するものを有する場合は、その階から避難階または地上に通じる2以上の直通階段を設ける。

［屋外への出口等の施錠装置の構造（避難階段から屋外に通じる出口）］ 直接手で開くことができ、屋内から鍵を用いることなく解錠できるものとする。

［非常用の照明装置］ 学校等や病院の病室、下宿の宿泊室または寄宿舎の寝室その他これらに類するもの等には設置しなくてもよい。照明は直接照明とし、床面において1lx以上の照度を確保する。照明器具の構造は火災時において温度が上昇した場合であっても著しく光度が低下しないものとし、予備電源を設ける。

［非常用の進入口］ 建築物の高さが31m以下の部分にある3階以上の階には、原則として、非常用進入口を設ける。

▶ 避雷設備

高さ20mを超える建築物には、原則として、有効に避雷設備を設けなければならない。

▶ 昇降機

高さ31mを超える建築物には、非常用の昇降機を設けなければならない。

▶ 仮設建設物に対する建築基準法の適用除外と適用規定

次に該当する場合については、建築基準法の緩和規定がある。

- 災害により破損した建築物の応急な修繕または国・地方公共団体または日本赤十字社が災害のために建築する場合。
- 被災者が自ら使用するために建築し、延べ面積が30 m² 以内のものに該当する応急仮設建築物の建築であり、その災害が発生した日から1か月以内にその工事に着手する場合。
- 災害があった場合において建築する停車場や官公署、その他これらに類する公益上必要な用途のための応急仮設建築物、または工事を施工するために現場に設ける事務所・下小屋・材料置き場等に該当する仮設建築物。

仮設建築物に対する建築基準法の適用除外と適用規定を次表に示す。

条文	内容
(1) 建築基準法の規定のうち適用されない主な規定	
第6条	建築確認申請手続き
第7条	建築工事の完了検査
第15条	建築物を新築または除去する場合の届出
第19条	建築物の敷地の衛生および安全に関する規定
第43条	建築物の敷地が道路に2 m以上接すること
第52条	延べ床面積の敷地面積に対する割合（容積率）
第53条	建築面積の敷地面積に対する割合（建ぺい率）
第55条	第1種低層住居専用地域等の建築物の高さ
第61条	防火地域内の建築物
第62条	準防火地域内の建築物
第63条	防火地域または準防火地域内の屋根の構造（50 m² 以内）
[第3章]	集団規定（第41条の2〜第68条の9） 都市計画区域、準都市計画区域内の建築物の敷地、構造、建築設備に関する規定
(2) 建築基準法のうち適用される主な規定	
第5条の4 第20条	建築士による建築物の設計および工事監理
	建築物は、自重、積載荷重、積雪、風圧、地震等に対する安全な構造とすること。
第28条	事務室等に採光および換気のための窓を設置すること
第29条	地階における住宅等の居室の防湿措置
第32条	電気設備の安全および防火に関すること
(3) 防火地域内および準防火地域内に50 m² を超える建築物を設置する場合	
建築基準法第63条の規定が適用されるので、建築物の屋根の構造は次のいずれかとする。 ・不燃材料でつくるかまたはふく。 ・準耐火構造の屋根（屋外に面する部分を準不燃材料でつくったもの） ・耐火構造の屋根の屋外面に断熱材および防水材を張ったもの	

問1 **1 用語の定義**

　用語の定義に関する記述として、「建築基準法」上、誤っているものはどれか。

(1)　共同住宅の用途に供する建築物は、特殊建築物である。

(2)　建築物に関する工事用の仕様書は、設計図書である。

(3)　事務所の執務室は、居室である。

(4)　建築物の基礎は、主要構造部である。

> 解説　主要構造部は、壁、柱、床、梁、屋根、階段をいう。建築物の基礎は主要構造部に含まれない。
>
> 解答　(4)

問2 **1 用語の定義**

　用語の定義に関する記述として、「建築基準法」上、誤っているものはどれか。

(1)　倉庫の用途に供する建築物は、特殊建築物である。

(2)　建築物の屋根は、主要構造部である。

(3)　地下の工作物内に設ける店舗は、建築物である。

(4)　構造上重要でない最下階の床の過半の修繕は、大規模の修繕に該当する。

> 解説　大規模の修繕とは、建築物の主要構造部の一種以上について行う過半の修繕をいい、建築物の構造上重要でない最下階の床は除かれる。
>
> 解答　(4)

建築確認手続き等に関する記述として、「建築基準法」上、誤っているものはどれか。

(1)　鉄骨造2階建ての新築工事において、特定行政庁の仮使用の承認を受けたときは、建築主は検査済証の交付を受ける前においても、仮に、当該建築物を使用することができる。

(2)　特定工程後の工程に係る工事は、当該特定工程に係る中間検査合格証の交付を受けた後でなければ、施工することはできない。

(3)　防火地域および準防火地域内において、建築物を増築しようとする場合で、その増築部分の床面積が$10\,\mathrm{m}^2$以内のときは、建築確認を受けなくても建築することができる。

(4)　鉄筋コンクリート造3階建ての既存の建築物にエレベーターを設ける場合、建築確認を受けなければならない。

解説　防火地域、準防火地域においては、増築、改築、移転で床面積$10\,\mathrm{m}^2$以内であっても建築確認を受けて建築しなければならない。　　　解答　(3)

次の記述のうち、「建築基準法」上、誤っているものはどれか。

(1)　特定行政庁は、建築基準法に違反した建築物の工事の請負人に、当該工事の施工の停止を命じることができる。

(2)　建築物の所有者、管理者または占有者は、建築物の敷地、構造および建築設備を常時適法な状態に維持するように努めなければならない。

(3)　建築基準法の規定は、文化財保護法の規定によって重要文化財に指定され、または仮指定された建築物についても適用される。

(4)　建築主事は、建築物の工事施工者に、当該工事の施工状況に関する報告を求めることができる。

問5　3　一般規定

次の記述のうち、「建築基準法」上、誤っているものはどれか。

(1)　居室には、原則として、その居室の床面積の1/10以上の換気に有効な部分の面積を有する窓その他の開口部を設けなければならない。

(2)　階段に代わる傾斜路の勾配は、1/8を超えてはならない。

(3)　下水道法に規定する処理区域内においては、汚水管が公共下水道に連結された水洗便所以外の便所としてはならない。

(4)　共同住宅の2階以上の階にあるバルコニーの周囲に設ける手すりの高さは、1.1m以上としなければならない。

解説　居室には換気のための窓その他の開口部を設け、その換気に有効な部分の面積はその居室の床面積に対して<u>1/20以上</u>とする。　　解答　(1)

問6　3　一般規定

防火区画等に関する記述として、「建築基準法」上、誤っているものはどれか。

(1)　主要構造部を耐火構造とした建築物で、延べ面積が1,500m²を超えるものは、原則として、床面積の合計1,500m²以内ごとに準耐火構造の床、壁または特定防火設備で区画しなければならない。

(2)　建築物の11階以上の部分で、各階の床面積の合計が100m²を超えるものは原則として床面積の合計100m²以内ごとに耐火構造の床、壁または防火区画で区画しなければならない。

(3)　共同住宅の各戸の界壁は準耐火構造とし、小屋裏または天井裏に達せし

めなければならない。

(4) 給水管が準耐火構造の防火区画を貫通する場合は、そのすき間を準不燃
材料で埋めなければならない。

解説 給水管、配電管等が防火区画を貫通する場合は、防火区画と管のす
き間をモルタル等の不燃材料で埋めなければならない。また、貫通部から
1m以内の範囲は不燃材料とする。　　　　　　　　　　　　解答 (4)

問7　3　一般規定

避難施設等に関する記述として、「建築基準法」上、誤っているものはど
れか。

(1) 小学校には、非常用の照明装置を設けなければならない。
(2) 集会場で避難階以外の階に集会場を有するものは、その階から避難階ま
たは地上に通じる2以上の直通階段を設けなければならない。
(3) 映画館の客用に供する屋外への出入り口の戸は、内開きとしてはならな
い。
(4) 高さ31mを超える建築物には、原則として、非常用の昇降機を設けな
ければならない。

解説 小学校は学校等の建築物に該当し、非常用照明装置の設置該当建築
物から除外されている。　　　　　　　　　　　　　　　　解答 (1)

問8　3　一般規定

防火地域および準防火地域以外の地域に次の建築物を建築する場合、「建
築基準法」上、耐火建築物としなくてもよいものはどれか。

(1) マーケットの用途に供する2階建ての建築物で、延べ面積が1,000m²の
もの
(2) 劇場の用途に供する建築物で、主階が2階にあるもの

(3)　3階をホテルの用途に供する建築物

(4)　公会堂の用途に供する建築物で、客席の床面積の合計が500m²のもの

> 解説　マーケットの用途に供する建築物は、3階以上でその用途に供する部分の床面積の合計が3,000m²以上のものは耐火建築物にしなくてはならない。
>
> 解答　(1)

問9　3　一般規定

工事を施工するために現場に設ける仮設事務所に関する記述として、「建築基準法」上、誤っているものはどれか。

(1)　建築主事または指定確認検査機関の確認を必要としない。

(2)　構造耐力上の安全に関する基準に適合する必要がある。

(3)　居室には換気に有効な窓、換気設備を設ける必要はない。

(4)　準防火地域内にあり、延べ面積が50m²を超える場合は、屋根を不燃材料でつくるか、またはふく等の構造とする必要がある。

> 解説　居室（執務、作業等のために継続的に使用する室）には採光および換気のための窓の設置が必要である。
>
> 解答　(3)

ここが出題される！

集団規定として、道路、用途地域、建ぺい率、容積率、建築物の高さ、防火地域等の規定がある。

・都市計画区域内の建築物の敷地は、道路に2m以上接していなければならない。

・用途地域には、住居系（第1種低層住居専用地域、第2種低層住居専用地域、第1種中高層住居専用地域、第2種中高層住居専用地域、第1種住居地域、第2種住居地域、準住居地域）、商業系（近隣商業地域、商業地域）、工業系（準工業地域、工業地域、工業専用地域）がある。

・建ぺい率とは建築面積の敷地面積に対する割合をいう（建築面積／敷地面積）。

・容積率とは延べ面積の敷地面積に対する割合をいう（延べ面積／敷地面積）。

・高さ制限には、道路斜線制限、隣地斜線制限、北側斜線制限、日影規制、高度地区規制、第1種、第2種低層住宅専用地域制限がある。

・都市計画では火災に対する規制として防火地域、準防火地域を指定している。

建設業法

1 建設業の許可

▶ 大臣許可と知事許可

［国土交通大臣許可］ 2以上の都道府県の区域内に営業所を設けて営業しようとする者が受ける。

［都道府県知事許可］ 1つの都道府県の区域内にのみ営業所を設けて営業しようとする者が受ける。

　営業所とは本店または支店もしくは常時建設工事の請負契約を締結する事務所のことをいう。建設業の許可は営業について地域的制限はなく、知事許可で全国の営業活動や建設工事の施工ができる。

▶ 許可を必要としない場合（軽微な建設工事のみの請負）

　軽微な建設工事とは以下の工事のことである。

- 建築一式工事では請負金額が1,500万円に満たない工事、または延べ面積が150 m^2 に満たない木造住宅工事をいう。
- 建築一式工事以外の建設工事では請負金額が500万円に満たない工事をいう。

▶ 一般建設業の許可と特定建設業の許可

　建設業の許可は大臣許可と知事許可ごとに、下請契約の金額等に応じて、特定建設業または一般建設業に区分される。この場合、一般建設業の許可を受けた者が特定建設業の許可も受けたときは、一般建設業の許可の効力は失われる。建設業の許可を受けようとする者は、その営業所ごとに一定の資格または実務経験を有する専任の技術者を置かなければならない。

[特定建設業の許可] 発注者から直接請け負う1件の建設工事につき、その工事の全部または一部を下請代金の額（下請契約が2以上ある場合はその総額）が建設工事業の場合は6,000万円以上、その他の業種の場合は4,000万円以上となる下請契約を締結して施工しようとする者は特定建設業の許可を受けなければならない（発注者が国や地方公共団体であっても同様）。

特定建設業の許可を受けようとする者は、発注者との間の請負契約においてその請負代金の額が8,000万円以上であるものを履行するに足りる財産的基礎を有していなければならない。

建設業者は2以上の建設工事の種類について建設業の許可を受けることができ、鉄筋工事等、建築一式工事以外の工事を請け負う建設業者であっても、特定建設業者となることができる。

特定建設業のうち、総合的な施工技術を必要とするものとして政令で指定するものを指定建設業という。土木工事業、建築工事業、電気工事業、管工事業、鋼構造物工事業、舗装工事業、造園工事業の7業種が該当する。

[一般建設業の許可] 特定建設業以外は、一般建設業の許可を受ける。

特定建設業と一般建設業とは、発注者から直接請け負う建設工事を下請に出して施工する場合の下請代金の限度額により区分される。特定建設業の許可を受けていない者が元請負人となった場合、この下請代金の額以上の下請契約を締結することはできない。

一般建設業では、営業所ごとに置かなければならない専任の者は許可を受けようとする建設業に係る建設工事に関して10年以上の実務経験を有する者とする。

[特定建設業者と一般建設業者の違い] 2か所以上の都道府県の区域内に営業所を設けて営業するものは、国土交通大臣の許可を要するが、これは建設業の許可であり、特定建設業の許可が必要となるのは、元請契約により受注した場合に限る。元請として、1件の工事を、下請業者に合計4,000万円（建築一式工事は6,000万円）以上の発注をするかどうかによる。

[業種別許可] 建設の許可は28の業種に区分され、かつそれぞれ一般建設業と特定建設業に分けて受ける必要がある。

建設業者は、許可を受けた建設業に係る建設工事を請け負う場合においては、当該建設工事に附帯する他の建設業に係る建設工事を請け負うことができる。

建設工事と建設業許可の種類を次表に示す。

	建設工事の種類	建設業許可の種類		建設工事の種類	建設業許可の種類
1	土木一式工事	土木工事業	15	板金工事	板金工事業
2	建築一式工事	建設工事業	16	ガラス工事	ガラス工事業
3	大工工事	大工工事業	17	塗装工事	塗装工事業
4	左官工事	左官工事業	18	防水工事	防水工事業
5	とび・土工・コンクリート工事	とび・土工・コンクリート工事業	19	内装仕上工事	内装仕上工事業
6	石工事	石工事業	20	機械器具設置工事	機械器具設置工事業
7	屋根工事	屋根工事業	21	熱絶縁工事	熱絶縁工事業
8	電気工事	電気工事業	22	電気通信工事	電気通信工事業
9	管工事	管工事業	23	造園工事	造園工事業
10	タイル・れんが・ブロック工事	タイル・れんが・ブロック工事業	24	さく井工事	さく井工事業
11	鋼構造物工事	鋼構造物工事業	25	建具工事	建具工事業
12	鉄筋工事	鉄筋工事業	26	水道施設工事	水道施設工事業
13	舗装工事	舗装工事業	27	消防施設工事	消防施設工事業
14	しゅんせつ工事	しゅんせつ工事業	28	清掃施設工事	清掃施設工事業

許可の有効期間

許可の有効期限は5年で、許可の更新を受けようとする者は、有効期間満了の30日前までに許可申請書を提出しなければならない。

許可基準

許可基準（許可を受ける者の資格等）は次のとおり。

- 許可を受けようとする者（法人の場合は役員のうち常勤の者1人、個人の場合はその者またはその支配人のうちの1人）が、許可を受けようとする建設業に関し、5年以上経営業務の管理責任者としての経験があること。
- 営業所ごとに置く責任者が、一定の有資格者であること（学歴と実務経験年数の組合せによる）。
- 請負契約を履行するに足りる財産的基礎、金銭的信用があること。
- 特定建設業の場合は、営業所ごとに置く責任者が国土交通大臣の定める資格を有する者であること。

▶ 廃業の届出

　許可を受けた建設業を廃止したときは、30日以内に国土交通大臣または都道府県知事にその旨を届け出なければならない。

　建設業者として営業を行う個人が死亡した場合（許可に係る建設業者が死亡したとき）は、その相続人は30日以内に国土交通大臣または都道府県知事に廃業を届け出なければならない。建設業の許可は相続人に継承されない。

▶ 免許の取消

　建設業の許可を受けた建設業者は、許可を受けてから1年以内に営業を開始せず、または引き続いて1年以上営業を休止した場合は、当該許可は取り消される。

2　請負契約　出題頻度 ★★

▶ 請負契約書の作成と記載すべき内容

　請負契約の当事者は、契約の締結に際して次に掲げる事項を書面に記載し、署名または記名捺印をして相互に交付しなければならない。変更の場合も同様とする。

- 工事内容
- 請負代金の額
- 工事着手の時期および工事完成の時期
- 請負代金の全部または一部の前金払または出来形部分に対する支払の定めをするときは、その支払の時期および方法
- 設計変更、工事着手の延期、工事の全部もしくは一部の中止の申出があった場合における工期の変更、請負代金の額の変更または損害の負担およびそれらの額の算定方法
- 天災その他不可抗力による工期の変更または損害の負担およびその額の算定方法
- 価格等の変動もしくは変更に基づく請負代金の額または工事内容の変更

- 工事の施工により第三者が損害を受けた場合における賠償金の負担
- 注文者が工事に使用する資材を提供し、または建設機械その他の機械を貸与するときは、その内容および方法
- 注文者が工事の全部または一部の完成を確認するための検査の時期および方法ならびに引渡しの時期
- 工事完成後における請負代金の支払時期および方法
- 瑕疵担保責任またはその責任の履行に関して講じるべき保証保険契約の締結その他の措置に関する定めをするときは、その内容
- 履行の遅滞その他債務不履行の場合における遅延利息、違約金その他の損害金
- 契約に関する紛争の解決方法

　請負契約の当事者は、相手方の承諾を得て、電子情報処理組織を使用する方法等によって、契約を行うことができる。

▶ 現場代理人の選任等に関する通知

　請負人は、請負契約の履行に関し工事現場に現場代理人を置く場合に、当該現場代理人の権限に関する事項および当該現場代理人の行為についての注文者の請負人に対する意見の申出の方法を、書面により注文者に通知しなければならない。

▶ 注文者の禁止行為と権利

［注文者の禁止行為］
- 不当に低い請負代金の禁止：注文者は自己の取引上の地位を不当に利用して、原価に満たない金額を請負代金の額とする請負契約を締結してはならない。
- 不当な使用資材等の購入強制の禁止：注文者は請負契約の締結後、自己の取引上の地位を不当に利用して、使用する資材もしくは機械器具の購入先を指定し、これらを請負人に購入させて、その利益を害してはならない。

［注文者の権利］　注文者は請負人に対して、建設工事の施工につき著しく不適当と認められる下請人があるときは、その変更を請求できる。これを下

請負人の変更請求という。ただし、あらかじめ注文者の書面または電子情報処理組織を利用する方法による承諾を得て選定した下請負人については変更の請求はできない。

建設工事の見積

建設業者は請負契約に際して、工事内容に応じ、工事の種別ごとに材料費、労務費その他の経費の内訳を明らかにして、建設工事の見積を行うように努めなければならない。注文者から請求されたときは、請負契約が成立するまでの間に建築工事の見積書を提出しなければならない。

注文者は請負契約を締結する前に、工事内容および契約上の事項について、できる限り具体的な内容を提示し、かつ、建設業者が見積をするために必要な政令（令6条1項）で定める一定の期間を設けなければならない。

なお、令6条1項3号に、工事1件の予定価格が5,000万円以上の工事については、15日以上と規定されている。

一括下請負の禁止

建設業者は、請け負った建設工事をいかなる方法をもってするかを問わず、一括して他人に請け負わせてはならない。建設業を営む者は建設業者から請け負った建設工事を一括して請け負ってはならない。ただし、元請負人があらかじめ発注者の書面による承諾を得た場合には適用しない（共同住宅を新築する建設工事を除く）。

請負契約とみなす場合

委託その他いかなる名義をもってするかを問わず、報酬を得て建設工事の完成を目的として締結する契約は、建設工事の請負契約とみなして、建設業法の規定を適用する。

▶ その他の注意事項

［現場代理人の選任］ 現場代理人の選任については注文者の承諾は不要で、注文者へ書面による通知を行えばよい。

［契約の保証］ 請負契約において請負代金の全部または一部の前金払をする定めがなされたときは、注文者は建設業者に対して前金払をする前に、保証人を立てることを請求できる。公共工事の前払金保証事業会社の保証に係る工事および軽微な工事（工事1件の請負代金の額が500万円に満たない工事）の場合は除く。

注文者から請求された建設業者は保証人を立てなければならない。

- 建設業者の債務不履行の場合の遅延利息、違約金その他の損害金の支払の保証人
- 建設業者に代わって自ら工事を完成することを保証する他の建設業者

建設業者が保証人を立てることを請求された場合において、これを立てないときは注文者は契約の定めにかかわらず前金払をしないことができる。

3 元請負人の義務と施工体制台帳 出題頻度 ★★☆

▶ 元請負人の義務

［下請負人の意見の聴取］ 請け負った建設工事を施工するために必要な工程の細目、作業方法その他元請負人において定めるべき事項を定めるときはあらかじめ下請負人の意見をきかなければならない。

［下請代金の支払］ 請負代金の出来形部分に対する支払または工事完成後の支払を受けたときの、支払われた金額の出来形に対する割合および下請負人の施工した出来形部分に応じた下請負代金の支払は、支払を受けた日から1か月以内のできる限り短い期間内に支払わなければならない。

［着手費用の支払］ 元請負人は前払金の支払を受けたときは、下請負人に対して資材の購入、労働者の募集、その他建設工事の着手に必要な費用の支払について、前払金を支払うよう適切な配慮をしなければならない。

［完了検査］ 下請負人からその請け負った建設工事が完成した旨の通知を受けたときは通知を受けた日から20日以内で、かつできる限り短い期間内

に検査を完了しなければならない。

［引渡し］ 完成を確認した後、下請負人が引渡しを申し出たときは直ちに引渡しを受けなければならない。下請契約で工事完成の時期から20日を経過した日以前の一定の日に引渡しを受ける旨の特約がされている場合は特約された日が引渡し日となる。

［特定建設業者の下請代金の支払期日］ 工事検査完了後、下請負人が目的物の引渡しを申し出た日から50日以内のできる限り短い期間に下請代金を支払わなければならない。

［下請負人に対する特定建設業者の指導等］

- 元請負業者である特定建設業者は、下請負人に対して工事に係る法律や労働規定等の指導に努めなければならない。
- 発注者から直接建設工事を請け負った特定建設業者は、請け負った建設工事の下請負人が労働者の意思に反して労働を強制している場合は、その事実を指摘し、是正を求めるように努めなければならない。

▶ 施工体制台帳

［施工体制台帳および施工体系図の作成］ 特定建設業者は、発注者から直接建設工事を請け負った場合、下請代金の総額が建築一式工事にあっては6,000万円以上のもの、それ以外の建設工事（監理技術者を置く場合）にあっては4,500万円以上のものについては、建設工事の適正な施工を確保するために、公共工事、民間工事を問わず元請負人・下請負人の関係を示した施工体系図および下請負人の称号を明記した施工体制台帳を作成し、工事現場ごとに備えなければならない。

［施工体制台帳の記載事項等］

- 施工体制台帳には、当該建設工事について、下請負人の商号または名称、当該下請負人に係る建設工事の内容および工期を記載しなければならない。
- 施工体制台帳に記載された下請負人は、請け負った建設工事の一部を他の建設業者に請け負わせたとき、その建設業者の商号または名称等の国土交通省令で定められた事項を、台帳を作成した元請負人に通知しなければならない。
- 施工体制台帳が必要な場合は、当該建設工事における各下請負人の施工の

分担関係を表示した施工体制図を作成し、これを当該工事現場の見やすい場所に掲げなければならない。

- 施工体制台帳は工事現場ごとに備え置き、発注者から要求があったときはその発注者の閲覧に供しなければならない。

4 施工技術の確保 出題頻度 ★★★

◉ 主任技術者・監理技術者の設置

建設業者は、その請け負った建設工事を施工するときは、当該建築工事に関し、その工事現場における建設工事の技術上の管理をつかさどるものとして主任技術者を置かなければならない。

発注者から直接建設工事を請け負った特定建設業者は、当該建設工事を施工するために締結した下請契約の請負代金の総額が建築工事業で6,000万円以上、その他の業種で4,000万円以上となる場合は、主任技術者に代えて監理技術者を置かなければならない。

主任技術者および監理技術者は、工事現場における建設工事を適正に実施するため、当該建設工事の施工計画の作成、工程管理、品質管理その他の技術上の指導監督の職務を誠実に行わなければならない。

主任技術者・監理技術者の設置基準と資格要件を次表に示す。

許可区分	一般建設業 （28業種）	特定建設業（28業種）		
		特定建設業 （28業種）	指定建設業以外 （21業種）	指定建設業 （7業種）
工事請負の方式	①元請（発注者からの直接請負）下請金額が建築工事業で6,000万円未満、その他業種で4,000万円未満 ②下請 ③自社施工	①元請（発注者からの直接請負）下請金額が建築工事業で6,000万円未満、その他業種で4,000万円未満 ②下請 ③自社施工	①元請（発注者からの直接請負）下請金額が4,000万円以上	①元請（発注者からの直接請負）下請金額が建築工事業で6,000万円以上、その他業種で4,000万円以上
現場に置くべき技術者	主任技術者	主任技術者	監理技術者	監理技術者
上記技術者の資格要件	法7条2号 イ、ロ、ハによる	法7条2号 イ、ロ、ハによる	法15条2号 イ、ロ、ハによる	法15条2号イ、ハによる
	（一般建設業と特定建設業の許可基準で営業所に置く専任の技術者と同じ）			

▶ 専任の主任技術者・監理技術者を置かなければならない工事

建設業者は、次の要件に該当する工事を施工するときは、元請、下請にかかわらず、工事現場ごとに専任の主任技術者または監理技術者を置かなければならない。

[**専任の主任技術者・監理技術者を置く工事**]　公共性のある施設もしくは工作物または多数の者が利用する施設もしくは工作物に関する重要な建設工事（下記①〜④のいずれかに該当する場合）で、工事1件の請負代金が建築一式工事で7,000万円以上、その他の工事で3,500万円以上のもの。

①国または地方公共団体が注文者である施設または工作物に関する建設工事
②鉄道、軌道、索道、橋、護岸、堤防、道路、ダム、河川に関する工作物、砂防用工作物、飛行場、港湾施設、漁港施設、運河、上下水道等の工事
③電気、ガス事業用施設の工事
④学校、図書館、工場等公衆または不特定多数が使用する施設の工事

[**監理技術者資格者証を交付されている管理技術者を専任で置く工事**]

専任の者でなければならない監理技術者は、監理技術者資格者証の交付を受けているものであって、国土交通大臣の登録を受けた講習を受講した者のうちから選任する。

国、地方公共団体、政令で定める公共法人が発注する工事を直接請け負い、下請代金が建築工事業で6,000万円以上、その他業種で4,000万円以上となる下請契約を締結して施工する場合、発注者から請求があったときは監理技術者資格者証を提示しなければならない。

▶ 監理技術者資格証の交付

資格証には交付を受ける者の氏名、公布の年月日、交付を受ける者が有する監理技術者資格、建設業の種類その他の国土交通省令で定める事項を記載する。

申請者が2以上の監理技術者資格を有する者であるときは、これらの監理技術者資格をあわせて記載した資格者証を交付する。

資格者証の有効期間は5年とする（専任の者でなければならない監理技術者は、当該専任の期間中のいずれの日においても、その日の前5年以内に行

われた国土交通大臣の登録を受けた講習を受講していなければならない）。

［専任］ 他の工事現場との兼務を認めず、常時継続的にその現場に勤務していることをいう。

［専任の主任技術者・監理技術者］ その建設工事を施工する建設業者と直接的かつ恒常的な雇用関係にある者。

- 公共性のある重要な工事であっても、密接な関連のある2つ以上の工事を同一の施工業者が同一の場所または近接した場所において施工する場合、同一の専任の主任技術者が管理できる。
- 監理技術者については大規模な工事の統合的な監理を行う性格上、常時継続的に一工事現場に置かれていることが必要であり、2以上の工事を兼任することは認められていない。

---

point ワンポイントアドバイス

「下請負人として建設工事を請け負った建設業者は、下請代金の額にかかわらず、主任技術者を置かなければならない」は正しく、「特定建設業者は発注者から直接請け負った建設工事を施工するときは、下請契約の請負代金の額にかかわらず、当該建設工事に関する主任技術者を置かなければならない」は誤りである。

演習問題チャレンジ（章末問題）

問1 1 建設業の許可

建設業の許可に関する記述として、「建設業法」上、誤っているものはどれか。

(1) 鉄筋工事等、建築一式工事以外の工事を請け負う建設業者であっても、特定建設業者となることができる。

(2) 建設業者は、許可を受けた建設業に係る建設工事を請け負う場合、当該建設工事に附帯する他の建設業に係る建設工事を請け負うことができる。

(3) 特定建設業許可とは、2以上の都道府県の区域内に営業所を設けて営業をしようとする建設業者に対して行う国土交通大臣の許可をいう。

(4) 建設業者は、2以上の建設工事の種類について建設業の許可を受けることができる。

> 解説　建設業の許可は、大臣許可と知事許可ごとに一般建設業と特定建設業に区分される。営業について地域的制限はなく、知事許可で全国の営業活動や建設工事の施工ができる。　　　　　　　　　　　　解答　(3)

問2 1 建設業の許可

「建設業法」上、建設業の許可を要しない軽微な建設工事に該当するものはどれか。

(1) 工事一件の請負代金の額が1,000万円の建築一式工事

(2) 延べ面積が150 m² の木造住宅工事

(3) 工事一件の請負代金の額が500万円の電気工事

(4) 工事一件の請負代金の額が500万円の造園工事

> 解説　建築一式工事では、請負金額が1,500万円に満たない工事は、軽微な建設工事に該当する。　　　　　　　　　　　　　　　　解答　(1)

請負契約に関する記述として、「建設業法」上、誤っているものはどれか。

(1) 注文者は、請負契約の締結後、自己の取引上の地位を不当に利用して、建設工事に使用する資材や機械器具の購入先を指定して請負人に購入させ、その利益を害してはならない。

(2) 建設工事の請負契約書には、契約に関する紛争の解決方法に関する事項を記載しなければならない。

(3) 共同住宅の新築工事を請け負った建設業者は、あらかじめ発注者の書面による承諾を得れば、その工事を一括して他人に請け負わせることができる。

(4) 注文者は、請負人に対して、建設工事の施工につき著しく不適当と認められる下請負人があるときは、あらかじめ注文者の書面による承諾を得て選定した下請負人である場合を除き、その変更を請求することができる。

> 解説　建設業者は、請け負った建設工事を、いかなる方法をもってするかを問わず、一括して他人に請け負わせてはならない。ただし、元請負人があらかじめ発注者の書面による承諾を得た場合には、適用しない（共同住宅を新築する建設工事を除く）。　　　　解答　(3)

請負契約に関する記述として、「建設業法」上、誤っているものはどれか。

(1) 請負契約においては、各当事者の履行の遅滞その他債務の不履行の場合における遅延利息、違約金その他の損害金に関する事項を書面に記載しなければならない。

(2) 注文者は、工事現場に監督員を置く場合、当該監督員の権限に関する事項およびその行為についての請負人の注文者に対する意見の申出の方法に関し、書面により請負人の承諾を得なければならない。

(3) 建設業者は、建設工事の注文者から請求があったときは、請負契約が成立するまでの間に、建設工事の見積書を交付しなければならない。

(4) 建設業者は、共同住宅を新築する建設工事を請け負った場合、いかなる

方法をもってするかを問わず、一括して他人に請け負わせてはならない。

> 解説 注文者は工事現場に監督員を置く場合、当該監督員の権限に関する事項およびその行為についての請負人の注文者に対する意見の申出の方法を、書面により請負人に通知しなければならないが、<u>請負人の承諾を得る必要はない</u>。
>
> 解答 (2)

問5 3 元請負人の義務と施工体制台帳

元請負人の義務に関する記述として、「建設業法」上、**誤っているもの**はどれか。

(1) 元請負人が請負代金の出来形部分に対する支払を受けたときは、下請負人に対しこれに相応する下請代金を、当該支払を受けた日から1か月以内で、かつ、できる限り短い期間内に支払わなければならない。

(2) 発注者から直接建設工事を請け負った特定建設業者は、当該建設工事の下請負人が、その下請負に係る建設工事の施工に関し、建設業法その他法令の規定に違反しないよう、当該下請負人の指導に努めるものとする。

(3) 元請負人は、前払金の支払を受けたときは、下請負人に対して、資材の購入、労働者の募集その他建設工事の着手に必要な費用を前払金として支払うよう適切な配慮をしなければならない。

(4) 元請負人は、下請負人の請け負った建設工事の完成を確認した後、下請負人が申し出たときは、1か月以内に当該建設工事の目的物の引渡しを受けなければならない。

> 解説 完成を確認した後、下請負人が引渡しを申し出たときは直ちに引渡しを受けなければならない。下請契約で工事完成の時期から20日を経過した日以前の一定の日に引渡しを受ける旨の特約されている場合は特約された日が引渡し日となる。
>
> 解答 (1)

主任技術者または監理技術者に関する記述として、「建設業法」上、誤っているものはどれか。

(1) 公共性のある施設または多数の者が利用する施設に関する重要な建設工事で政令で定めるものについては、主任技術者または監理技術者は、工事現場ごとに、専任のものでなければならない。

(2) 専任の主任技術者を必要とする建設工事のうち、密接な関係のある2以上の建設工事を同一の建設業者が同一の場所または近接した場所において施工するものについては、同一の選任の主任技術者がこれらの建設工事を管理することができる。

(3) 発注者から直接、塗装工事を500万円で請け負った建設業者は、主任技術者を工事現場に置かなければならない。

(4) 元請負人から鉄骨工事を1億円で請け負った建設業者は、監理技術者を工事現場に置かなければならない。

解説　発注者から直接建設工事を請け負った特定建設業者は、当該建設工事を施工するために締結した下請契約の請負代金の額が政令で定める金額以上になる場合においては、当該建設工事に関し、その工事現場における建設工事の施工の技術上の管理をつかさどるものとして監理技術者を置かなければならないと規定されている。元請負人から請け負った建設業者は発注者から直接請け負っていないので監理技術者を置く必要はなく、主任技術者を置けばよい。　　　　　　　　　　　　　　　　解答　(4)

工事現場に置く技術者に関する記述として、「建設業法」上、誤っている
ものはどれか。

(1) 建築一式工事に関し10年以上実務の経験を有するものを、建築一式工
事の主任技術者としておくことができる。

(2) 建設業者は、請け負った建設工事を施工するときは、現場代理人の設置
にかかわらず、主任技術者または監理技術者を置かなければならない。

(3) 主任技術者または監理技術者は、当該建設工事の施工計画の作成、工程
管理、品質管理その他技術上の管理および施工に従事する者の技術上の指
導監督を行わなければならない。

(4) 特定建設業者は、発注者から直接請け負った建設工事を施工するとき
は、下請契約の請負代金の額にかかわらず、当該建設工事に関する主任技
術者を置かなければならない。

解説 発注者から直接建設工事を請け負った特定建設業者は、当該建設工
事を施工するために締結した下請契約の請負代金の額が政令で定める金額
以上になる場合においては、当該工事現場における建設工事の施工の技術
上の管理をつかさどるもの(監理技術者)を置かなければならない。

解答 (4)

第3章 労働基準法

1 労働契約と賃金

出題頻度 ★★☆

● 労働契約

[労働契約の締結] 使用者が労働者を雇用することは労働契約を締結することである。労使間の紛争防止のために労働契約書を取り交わす。労働基準法で定める基準に達しない労働条件を定める労働契約は、その部分については無効とする。

[契約期間] 労働契約は、一定の事業の完了に必要な時間を定めるほかは3年を超える期間について締結してはならない。高度な知識、技術等を有する労働者との労働契約や60歳以上の者については契約期間の上限を5年とすることができる。

[労働条件の明示] 使用者は労働者に対して賃金、労働時間その他労働条件を明示しなければならない。その他労働条件とは、下記のとおりである。

- 労働契約の期間に関する事項。
- 就業の場所および従事すべき業務に関する事項。
- 退職に関する事項（解雇の事由を含む）。

労働者は使用者より明示された労働条件が事実と相違する場合においては、即時に労働契約を解除することができる。

[賠償予定の禁止] 使用者は労働契約の不履行について違約金を定め、または損害賠償額を予定する契約をしてはならない。

[前借金相殺の禁止] 使用者は、前借金その他労働することを条件とする前貸の債権と賃金を相殺してはならない。

[強制貯金] 使用者は労働契約に附随して貯蓄の契約をさせ、または貯蓄金を管理する契約をしてはならない。

[解雇制限] 次の期間は使用者は労働者を解雇してはならない。

- 業務上の負傷、疾病により療養のため休業する期間およびその後30日間。

ただし、使用者が打切補償（平均賃金の1,200日分）を支払う場合または天災事変その他やむを得ない事由のために事業の継続が不可能となった場合はこの限りでない。

- 産前産後の休業期間およびその後30日間。
- 負傷、疾病による休業期間が3年を超えて打切補償を支払う場合。

［解雇の予告］　解雇については、30日前に予告しなければならない。予告しない場合は、30日分以上の平均賃金を支払わなければならない。

［退職時等の証明］　労働者が退職の場合において、使用期間、業務の種類、その事業における地位、賃金または退職の事由（解雇の場合にあっては、その理由を含む）について証明書を請求した場合は、使用者は遅滞なくこれを交付しなければならない。

◉ 賃金

［賃金の支払］　賃金は通貨で、直接労働者にその全額を支払わなければならない。賃金は毎月1回以上、一定の期日を定めて支払わなければならない。賃金の支払は、労働者の同意があっても、銀行によって振り出された当該銀行を支払人とする小切手によることはできない。

［非常時の支払］　労働者や家族の災害、疾病、出産、葬儀、婚礼または1週間以上に渡って帰省する場合に請求があれば、支払期日前であっても既往の労働に対する賃金を支払わなければならない。

［休業手当］　使用者の責に帰すべき事由による休業の場合は、休業期間中、当該労働者にその平均賃金の60/100以上の手当を支払わなければならない。

［出来高払制の保障給］　出来高払制その他の請負制で使用する労働者については、使用者は労働時間に応じ一定額の賃金の保障をしなければならない。

2　労働時間・災害補償・就業規則　　出題頻度 ★★

◉ 労働時間・休憩・休日・年次有給休暇

［1日8時間・1週40時間労働の原則］　使用者は、労働者に休憩時間を除き1週間について40時間、1日について8時間を越えて労働させてはならない。

【1か月単位の変形労働時間制】 使用者は、労働者に前項の規定にかかわらず、特定の日に8時間以上、特定の週に40時間を越えて労働させることができる（就業規則等の定めがある場合のみ）。ただし、1か月以上を平均して1週間の労働時間が40時間を越えてはならない。

【休憩】 使用者は、労働時間が6時間を越える場合は45分、8時間を超える場合は1時間の休憩を労働時間の途中に一斉に与えなければならない。休憩時間の利用は労働者の自由とし、軽微な作業でも与えることはできない。

【休日】 休日は週休制とするかまたは4週間を通じて4日以上とする。また、休日労働をさせる場合の取扱いは、時間外労働の場合と同じである。

【時間外・休日および深夜の割増賃金】 使用者が労働時間を延長し、または休日労働をさせた場合は、2割5分以上5割以下の範囲内で割増賃金を支払わなければならない。深夜労働時間（午後10時から午前5時の間）については、2割5分以上の割増賃金を支払わなければならない。

【時間算定】 事業所を異にする場合においても、労働時間に関する規定の適用については通算する。

【年次有給休暇】 使用者は、雇入れの日から換算して6か月間継続勤務し全労働日の8割以上出勤した労働者に対して、継続または分割した10労働日の有給休暇を与えなければならない。

使用者は事業の正常な運営を妨げられない限り、労働者の請求する時季の年次有給休暇を与えなければならない。

使用者は、1年6か月以上継続勤務した労働者に対しては、次表の左欄に掲げる6か月経過日から起算した継続勤務年数の区分に応じ、同表の右欄に掲げる労働日を加算した有給休暇を与えなければならない。

6か月経過日から起算した継続勤務年数	1年	2年	3年	4年	5年	6年以上
労働日	1労働日	2労働日	4労働日	6労働日	8労働日	10労働日

▶ 年少者（満18歳未満）の就業規則

【最低年齢】 使用者は児童が満15歳に達した日以後の最初の3月31日が終了するまでは使用してはならない。

【未成年者の労働契約】 親権者または後見人は未成年者に代わって労働契

約を締結してはならない。未成年者は独立して賃金の請求ができるが、親権者または後見人は未成年者に代わって受け取ってはならない。

[青少年者の深夜業] 使用者は満18歳に満たない者を午後10時から午前5時までの間において使用してはならない。ただし、交替制によって使用する満16歳以上の男性については、この限りでない。

[危険有害業務の就業制限] 使用者は、満18歳に満たない者に運転中の機械もしくは動力伝導装置の危険な部分の掃除、注油、検査、修繕をさせてはならない。運転中の機械もしくは動力伝導装置にベルトまたはロープの取付け、取外しをさせてはならない。動力によるクレーンの運転をさせてはならない。その他厚生労働省令で定める危険な業務に就かせ、または厚生労働省令で定める重量物を取り扱う業務に就かせてはならない。

　使用者は、満18歳に満たない者を毒劇薬、毒劇薬物その他有害な原料もしくは材料を取り扱う業務、著しく塵埃もしくは粉末を飛散する業務に就かせてはならない。有害ガス、有害放射線を発散する場所または高温もしくは高圧の場所において業務その他安全、衛生または福祉に有害な場所における業務に就かせてはならない。

[満18歳未満者の就業制限と業務範囲]

• 重量物を取り扱う業務。

<table>
<tr><th colspan="2">性別と年齢</th><th>断続作業の重量〔kg〕</th><th>継続作業の重量〔kg〕</th></tr>
<tr><td rowspan="2">男</td><td>満16歳未満</td><td>15以上</td><td>10以上</td></tr>
<tr><td>満16歳以上満18歳未満</td><td>30以上</td><td>20以上</td></tr>
<tr><td rowspan="2">女</td><td>満16歳未満</td><td>12以上</td><td>8以上</td></tr>
<tr><td>満16歳以上満18歳未満</td><td>25以上</td><td>15以上</td></tr>
</table>

• クレーン、デリック（起重機）または揚貨装置の運転業務。
• 最大積載荷重2t以上の人荷共用、荷物用のエレベーターまたは高さが15m以上のコンクリート用エレベーターの運転業務。
• 乗合自動車または最大積載量が2t以上の貨物自動車の運転業務。
• クレーン、デリック（起重機）または揚貨装置の玉掛け業務（2人以上の者によって行う玉掛け業務の補助作業は除く）。
• 動力により駆動される土木建築機械または船舶荷扱用機械の運転業務。
• 手押しかんな盤または単軸面取り盤の取扱い業務。
• 土砂が崩壊するおそれのある場所または深さが5m以上の地穴における業務。

- 高さが5m以上の場所で墜落のおそれのある業務。
- 足場の組立、解体または変更の業務（地上または床上における補助作業の業務は除く）。
- 胸高直径が35cm以上の立木の伐採の業務。
- 危険物の製造または取扱い業務で、爆発、発火、引火のおそれのあるもの。
- 土石、獣毛の塵埃、粉末が著しく飛散する場所での業務。
- 削岩機、鋲打機等、身体に著しい振動を与える機械器具を用いて行う業務。
- 多量の高熱物体や低熱物体を取り扱う業務。

▶ 災害補償

　業務上の負傷や疾病にかかった場合は、使用者は次の補償をしなければならない。

［療養補償］　療養を行うための費用の負担を行わなければならない。

［休業補償］　療養のため労働ができない場合には、平均賃金の60/100の休業補償を行わなければならない。

［障害補償］　身体に障害が残ったときは、障害補償を行わなければならない。

［遺族補償］　業務上の死亡は、遺族に対して平均賃金の1,000日分の遺族補償を行わなければならない。

［葬祭料］　葬祭を行う者に平均賃金の60日分の葬祭料を支払わなければならない。

［打切補償］　療養開始後3年経過しても治らない場合は、平均賃金の1,200日分の打切補償を行い、その後補償を行わなくてもよい。

▶ 就業規則

［作成および届出の義務］　常時10人以上の労働者を使用する使用者は就業規則を作成し、行政官庁に届け出なければならない。変更した場合も同様とする。

［作成の手続］　使用者は就業規則の作成または変更について、当該事業場に労働者の過半数で組織する労働組合がある場合においてはその労働組合、

労働者の過半数で組織する労働組合がない場合においては労働者の過半数を
代表する者の意見を聴かなければならない。

[法令および労働協約との関係]　就業規則は法令または当該事業場について
適用される労働協約に反してはならない。行政官庁は、法令または労働協約
に抵触する就業規則の変更を命じることができる。

[留意事項]

- 労働時間、休憩および休日に関する規定は、監督または監理の地位にある
  者または機密の事務を扱う者については適用されない。
- 坑内労働その他厚生労働省令で定める健康上の有害な業務の労働時間の延
  長は、1日について2時間を超えてはならないと規定されているが、ク
  レーンの運転の業務は厚生労働省令で定める健康上特に有害な業務に含ま
  れない。
- 建設事業が数次に請負によって行われる場合においては、災害補償につい
  てはその元請負人を使用者とみなす。

問1　1　労働契約と賃金

　労働契約に関する記述として、「労働基準法」上、誤っているものはどれか。

(1)　労働契約は、期間の定めのないものを除き、原則として、3年を超える期間について締結してはならない。

(2)　労働基準法に定められている基準に達しない労働条件を定める労働契約は、その部分については無効となり、無効となった部分は労働基準法に定められている基準が適用される。

(3)　労使合意の契約があれば、労働をすることを条件とする前貸の債権と賃金を相殺することができる。

(4)　労働契約の締結に際して、使用者から明示された労働条件が事実と相違する場合には、労働者は、即時に労働契約を解除することができる。

> 解説　使用者は前借金その他労働することを条件とする前貸の債権と賃金を相殺してはならないと規定されている。労使合意の契約があっても相殺はできない。
>
> 解答　(3)

問2　1　労働契約と賃金

　労働契約に関する記述として、「労働基準法」上、誤っているものはどれか。

(1)　使用者は労働者の退職の場合において、請求があった日から、原則として、7日以内に賃金を支払い、労働者との権利に属する金品の返還しなければならない。

(2)　満60歳以上の労働者との間に締結される労働契約は、契約期間の定めのないものを除き、一定の事業の完了に必要な期間を定めるもののほかは

5年を超える期間について締結してはならない。

(3) 使用者は労働者が業務上負傷し、休業する期間とその後30日間はやむを得ない事由のために事業の継続が不可能となった場合においても解雇してはならない。

(4) 使用者は試しの使用期間中の者で14日を超えて引き続き使用されるに至った者を解雇しようとする場合、原則として、少なくとも30日前にその予告をしなければならない。

> 解説　使用者は労働者が業務上負傷し、または疾病にかかり療養のために休業する期間およびその後30日間は解雇してはならない。ただし、打切補償を支払う場合または天災事変その他やむを得ない事由のために事業の継続が不可能になった場合においてはこの限りではないと規定されている。
>
> 解答　(3)

問3　2　労働時間・災害補償・就業規則

労働時間に関する記述として、「労働基準法」上、誤っているものはどれか。

(1) 使用者は、労働時間が8時間を超える場合には、少なくとも45分の休憩時間を労働時間の途中に与えなければならない。

(2) 使用者は、事業の正常な運営を妨げられない限り、労働者の請求する時季に年次有給休暇を与えなければならない。

(3) 使用者は、原則として、労働者に対し休憩時間を自由に利用させなければならない。

(4) 使用者は、労働者に対し毎週少なくとも1回の休日を与えるか、または4週間を通じ4日以上の休日を与えなければならない。

> 解説　使用者は労働時間が6時間を超える場合においては少なくとも45分、8時間を超える場合においては少なくとも1時間の休憩時間を労働時間の途中に与えなければならないと規定されている。
>
> 解答　(1)

次の記述のうち、「労働基準法」上、誤っているものはどれか。

(1) 常時10人以上の労働者を使用する使用者は就業規則を作成し、行政官庁に届け出なければならない。

(2) 使用者は、満18歳に満たない者を、動力により駆動される土木建築用機械の運転の業務に就かせてはならない。

(3) 建設事業が数次の請負によって行われる場合においては、災害補償については、その元請負人を使用者とみなす。

(4) 賃金(退職手当を除く)の支払は、労働者本人の同意があれば、銀行によって振り出された当該銀行を支払人とする小切手によることができる。

> 解説 賃金は原則として、通貨で直接労働者にその全額を支払わなければならない。使用者は労働者の同意を得た場合には、当該労働者が指定する銀行等への振込みの方法とすることはできるが、小切手による支払はできない。 解答 (4)

第4章 労働安全衛生法

1 用語の定義

出題頻度 ★

用語	定義
労働災害	労働者の就業に係る建設物、設備、原材料、ガス、蒸気、粉塵等により、または作業行動その他業務に起因して、労働者が負傷し、疾病にかかり、または死亡することをいう。
労働者	労働基準法第9条に規定する労働者（事業に使用される者で、賃金を支払われる者。同居の親族のみを使用する事業または事務所に使用される者および家事使用者を除く）をいう。
事業者	事業を行う者で労働者を使用するものをいう。
作業環境測定	作業環境の実態を把握するため、空気環境その他の作業環境について行うデザイン、サンプリングおよび分析をいう。

2 安全衛生管理体制

出題頻度 ★★★

▶ 個々の事業場単位の安全衛生管理組織

[**総括安全衛生管理者**] 常時100人以上の労働者を使用する事務所にて選任。

[**安全管理者・衛生管理者**] 常時50人以上の労働者を使用する事務所にて選任。

[**安全衛生推進者**] 常時10人以上50人未満の労働者を使用する事務所にて、総括安全衛生管理者に代わり選任。

[**産業医**] 常時50人以上の労働者を使用する事務所にて選任。

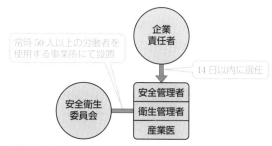

● 50人以上100人未満・単一事務所

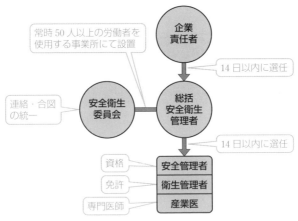

● 100人以上・単一事務所

▶ 下請混在現場における安全衛生管理組織

［**統括安全衛生責任者**］　常時**50人以上**を使用する混在事業所にて選任。
［**元方安全衛生管理者**］　統括安全衛生責任者を選任した事業所にて選任。
［**安全衛生責任者**］　統括安全衛生責任者を選任した事業所以外の請負人で、
当該仕事を自ら行う者は選任。

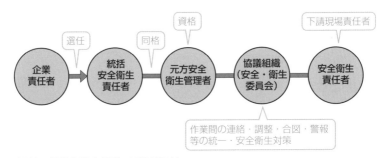

● 50人以上・複数事務所（元請・下請が混在）

● 50人以下の事業所（行政指導）

● 安全衛生管理組織

[総括安全衛生管理者] 事業場で常時100人以上の労働者を使用する場合、選任すべき事由が発生した日から14日以内に総括安全衛生管理者を選任し、次の業務を統括管理させなければならない。

- 労働者の危険または健康障害を防止するための措置に関すること。
- 労働者の安全または衛生のための教育の実施に関すること。
- 健康診断の実施その他健康の保持増進のための措置に関すること。
- 労働災害の原因の調査および再発防止対策に関すること。

[安全管理者] 事業場で常時50人以上の労働者を使用する場合、選任すべき事由が発生した日から14日以内に安全管理者を選任しなければならない。

[衛生管理者] 事業場で常時50人以上の労働者を使用する場合、選任すべき事由が発生した日から14日以内に衛生管理者を選任しなければならない。

[安全衛生推進者] 事業場で常時10人以上50人未満の労働者を使用する場合、選任すべき事由が発生した日から14日以内に安全衛生推進者を選任しなければならない。

[産業医] 事業場で常時50人以上の労働者を使用する場合、選任すべき事由が発生した日から14日以内に医師のうちから産業医を選任しなければならない。

[統括安全衛生責任者] 1の場所において元請、下請混在する事業場で常時50人以上の労働者を使用する場合に選任される（同一場所において行われることによって生じる労働災害を防止するため）。特定元方事業者は統括安全衛生責任者を選任し、元方安全衛生管理者の指揮をさせなければならない。都道府県労働局長は労働災害を防止するため必要があると認めるときは、統括安全衛生管理者の業務の執行について事業者に勧告することができる。事業者とは当該統括安全衛生責任者を選任した事業者をいう。

[元方安全衛生管理者] 統括安全衛生責任者を選任した建設業を営む事業者は、厚生労働省令で定める資格を有する者のうちから、その事業場に専属の元方安全衛生管理者を選任しなければならない。

[店社安全衛生管理者] 建設業を営む元方事業者は、主要構造部が鉄骨造または鉄骨鉄筋コンクリート造である建築物の建設事業場で常時20人未満の労働者を使用する場合、またはその他の建築物の建設事業場で常時50人

未満の労働者を使用する場合、厚生労働省令で定める資格を有する者のうちから、店社安全衛生管理者を選任しなければならない。8年以上の建設工事の施工における安全衛生の実務に従事した経験を有する者は店社安全衛生管理者となる資格がある。

[安全衛生責任者] 統括安全衛生責任者を選任した事業者以外の請負人で、当該仕事を自ら行うものは、安全衛生責任者を選任して、その者に統括安全衛生責任者との連絡その他厚生省令で定める事項を行わせなければならない。安全衛生責任者、統括安全衛生責任者ともに事業者の事業の実施を統括管理するものとして任命した者であればよく、安全管理者や衛生管理者等の国家資格等は不要である。工程に関する計画を作成することもない。

[安全衛生委員会] 建設業を営む事業者は事業場で常時50人以上の労働者を使用する場合、安全委員会および衛生委員会、またはこれらを1つにした安全衛生委員会を毎月1回以上開催し、重要な記録を3か年保存する。

3 安全衛生教育・特別教育ほか 出題頻度 ★★

▶ 安全衛生教育

事業者は次の各場合、従事する業務に関する安全衛生のための教育を行わなければならない。

①労働者雇入れ時の教育

- 機械、原材料等の危険性または有害性およびこれらの取扱い方法。
- 安全装置、有害物抑制装置または保護具の性能およびこれらの取扱い方法。
- 作業手順に関すること。
- 作業開始時の点検。
- 当該業務に関して発生するおそれのある疾病の原因および予防に関すること。
- 整理、整頓および清潔の保持に関すること。
- 事故時（異常時）等における応急措置および退避に関すること。
- その他当該業務に関する安全または衛生のために必要な事項。

②作業内容変更時の教育

③特別な危険有害業務従事者への教育

④職長等への教育

⑤危険有害業務従事者への教育
⑥安全衛生水準向上のための教育

▶ 特別教育（事業者が行う特別な教育）

　事業者は危険または有害な業務に労働者を就かせるときは、安全衛生のための特別な教育を行わなければならない。特別な教育を行ったときは当該特別教育の受講者、科目等の記録を作成して、これを**3年**間保存しておかなければならない。

▶ 就業制限

　事業者はクレーンの運転その他の業務で、政令で定めるものについては、都道府県労働局長の当該業務に係る免許を受けた者または、都道府県労働局長の登録を受けた者が行う技能講習を修了した者その他厚生労働省令で定める資格を有する者でなければ、当該業務に就かせてはならない。また、業務に就くものは常に免許証を携帯しなければならない。

業務	資格・免許
発破の場合におけるせん孔、装てん、結線、点火ならびに不発の装薬または残薬の点検および処理の業務	発破技士 （免許取得者）
制限荷重が5t以上の揚貨装置（クレーン）の運転業務	揚貨装置運転士 （免許取得者）
ボイラー（小型ボイラーを除く）の取扱いの業務	ボイラー技士（免許取得者）
吊り上げ荷重が5t以上のクレーン（跨線テルハを除く）の運転業務、吊り上げ荷重が5t以上のデリックの運転業務	クレーン・デリック運転士 （免許取得者）
吊り上げ荷重が5t以上の移動式クレーンの運転業務	移動式クレーン運転士 （免許取得者）
潜水器を用い、かつ、空気圧縮機もしくは手押しポンプによる送気またはボンベからの給気を受けて、水中において行う業務	潜水士 （免許取得者）
吊り上げ荷重が1t以上5t未満の移動式クレーンの運転業務	小型移動式クレーン運転 （技能講習終了者）
可燃性ガスおよび酸素を用いて行う金属の溶接、溶断または加熱の業務	ガス溶接 （技能講習修了者）
最大荷重が1t以上のフォークリフトの運転業務	フォークリフト運転 （技能講習修了者）
機体重量が3t以上の整地、積込み、掘削用機械の運転業務	車両系建設機械運転 （技能講習修了者）

業務	資格・免許
最大荷重が1t以上のショベルローダーまたはフォークローダーの運転業務	ショベルローダー等運転 （技能講習修了者）
最大積載量が1t以上の不整地運搬車の運転業務	不整地運搬車運転 （技能講習修了者）
作業床の高さが10m以上の高所作業車の運転業務	高所作業車運転 （技能講習修了者）
制限荷重が1t以上の揚貨装置または吊り上げ荷重が1t以上のクレーン、移動式クレーンもしくはデリックの玉掛けの業務	玉掛け （技能講習修了者）

※表中の運転業務は、作業場内に限られ、道路上を走行させる場合には、道路交通法による。

▶ 労働者の就業にあたっての措置

　事業者は中高年者について、その心身の条件に応じて適正な配置を行うよう努めなければならない。

　就業制限にかかわる業務に従事するときは、これに係る免許証その他その資格を証する書面を携帯しなければならない。

▶ その他の留意事項

［建設用リフト］　荷物のみを運搬することを目的とするエレベーターで、土木、建築等の工事の作業に使用される。人が乗ることは禁止されている。

［管理者の選任報告］　事業者は、下記の管理者を選任したときは遅滞なく、報告書を当該事業所の所在地を管轄する労働基準監督署長（所轄労働基準監督署長）に提出しなければならない。

- 総括安全衛生管理者の選任
- 安全管理者の選任
- 衛生管理者の選任

問1 　**1　用語の定義　3　安全衛生教育・特別教育ほか**

次の記述のうち、「労働安全衛生法」上、誤っているものはどれか。

(1) 　労働災害とは、労働者の就業に係る建設物、設備、原材料、ガス、蒸気、粉塵等により、または作業行動その他業務に起因して、労働者が負傷し、疾病にかかり、または死亡することをいう。

(2) 　作業環境測定とは、作業環境の実態を把握するため空気環境その他の作業環境について行うデザイン、サンプリングおよび分析をいう。

(3) 　建設用リフトとは、人および荷を運搬することを目的とするエレベーターで、土木、建築等の工事の作業に使用されるものをいう。

(4) 　石綿等とは、石綿または石綿をその重量の0.1％を超えて含有する製剤その他をいう。

解説　建設用リフトとは、荷のみを運搬することを目的とするエレベーターで、土木、建築等の工事の作業に使用されるものをいう。　　　解答　(3)

問2 　**2　安全衛生管理体制**

建設業の事業場における安全衛生管理体制に関する記述として、「労働安全衛生法」上、誤っているものはどれか。

(1) 　事業者は、常時100人の労働者を使用する事業場では、総括安全衛生管理者を置かなければならない。

(2) 　事業者は、常時50人の労働者を使用する事業場では、安全管理者を選任しなければならない。

(3) 　事業者は、常時50人の労働者を使用する事業場では、衛生管理者を選任しなければならない。

(4) 　事業者は、常時30人の労働者を使用する事業場では、産業医を選任しなければならない。

問3 2 **安全衛生管理体制**

建設業の事業場における安全衛生管理体制に関する記述として、「労働安全衛生法」上、誤っているものはどれか。

(1) 事業者は、総括安全衛生管理者を選任すべき事由が発生した日から14日以内に選任しなければならない。

(2) 事業者は、常時10人以上50人未満の労働者を使用する事業場では、安全衛生推進者を選任しなければならない。

(3) 特定元方事業者は、関係請負人が行う労働者の安全または衛生のための教育に対する指導および援助を行わなければならない。

(4) 元方事業者は、店社安全衛生管理者を選任したときは、遅滞なく、所轄労働基準監督署長に届け出なければならない。

問4 3 **安全衛生教育・特別教育ほか**

事業者が、新たに職務に就くこととなった職長（作業主任者を除く）に対して行う安全衛生教育に関する事項として、「労働安全衛生法」上、定められていないものはどれか。

(1) 作業方法の決定に関すること。

(2) 労働者に対する指導または監督の方法に関すること。

(3) 異常時等における措置に関すること

(4) 労働者の健康診断に関すること。

解説 労働者の健康診断に関することに関しては、職長に対して行う安全衛生教育に関する事項に定められていない。健康診断は事業者が行う事項である。 解答 (4)

1 騒音規制法

▶ 定義と地域の指定

[**特定施設**] 工場または事業場に設置される施設のうち、著しい騒音を発生する次の施設。

①金属加工機械（製管機械、ブラスト）

②空気圧縮機および送風機（原動機の定格出力が7.5kW以上のもの）

③土石用または鉱物用の破砕機、摩砕機、ふるいおよび分級機（原動機の定格出力が7.5kW以上のもの）

④建設用資材製造機械

  • コンクリートプラントで混練容量が0.45m²以上のもの

  • アスファルトプラントで混練重量が200kg以上のもの

⑤木材加工機械（ドラムバーカー、帯のこ盤、丸のこ盤、かんな盤）

[**規制基準**] 特定施設を設置する工場または事業場（特定工場等）において発生する騒音の、敷地の境界線における大きさの許容限度。

[**特定建設作業**] 建設工事として行われる作業のうち、著しい振動を発生する次の作業。当該作業がその作業を開始した日に終わるものを除く。

番号	作業の種類
1	くい打機（もんけんを除く）、くい抜機またはくい打くい抜機（圧入式くい打くい抜機を除く）を使用する作業（くい打機をアースオーガーと併用する作業を除く）
2	びょう打機を使用する作業
3	さく岩機を使用する作業（作業地点が連続的に移動する作業にあっては、1日における当該作業に係る2地点の最大距離が50mを超えない作業に限る）
4	空気圧縮機（電動機以外の原動機を用いるものであって、その原動機の定格出力が15kW以上のものに限る）を使用する作業（さく岩機の動力として使用する作業を除く）
5	コンクリートプラント（混練機の混練容量が0.45m²以上のものに限る）またはアスファルトプラント（混練機の混練重量が200kg以上のものに限る）を設けて行う作業（モルタルを製造するためにコンクリートプラントを設けて行う作業を除く）

番号	作業の種類
6	バックホウ（一定の限度を超える大きさの騒音を発生しないものとして環境大臣が指定するものを除き、原動機の定格出力が80kW以上のものに限る）を使用する作業
7	トラクターショベル（一定の限度を超える大きさの騒音を発生しないものとして環境大臣が指定するものを除き、原動機の定格出力が70kW以上のものに限る）を使用する作業
8	ブルドーザー（一定の限度を超える大きさの騒音を発生しないものとして定格出力が40kW以上のものに限る）を使用する作業

［区域の指定］　都道府県知事は住居が集合している地域、病院または学校の周辺の地域、その他の地域で、騒音を防止することにより住民の生活環境を保全する必要があると認めるものを指定する。

● 特定建設作業に関する規定

［特定建設作業の実施の届出］　指定地域内において特定建設作業を伴う建設工事を施工しようとする者は、当該特定建設作業の開始の日の7日前までに次の事項を市町村長に届け出なければならない。ただし、災害その他非常の事態の発生により特定建設作業を緊急に行う必要がある場合は、この限りでない。

①氏名または名称および住所ならびに法人にあっては、その代表者の氏名

②建設工事の目的に係る施設または工作物の種類

③特定建設作業の場所および実施の期間

④騒音の防止方法

⑤特定建設作業の種類と使用機械の名称・形式

⑥作業の開始および終了時間

⑦添付書類（特定建設作業の工程が明示された建設工事の工程表と作業場所付近の見取り図）

[指定地域と区分別規制時間] 騒音規制法の指定区域の区域区分は、おおむね次表のとおり。

騒音規制法区域区分	都市計画法における用途地域
第1種区域	第1種・第2種 低層住居専用地域
第2種区域	第1種・第2種 中高層住居専用地域 第1種・第2種 住居地域、準住居地域
第3種区域	近隣商業地域、商業地域、準工業地域
第4種区域	工業地域

特定建設作業に伴って発生する騒音の規制に関する基準は次表のとおり。

指定地域	作業禁止時間帯	1日あたりの作業時間	同一場所における作業時間	日曜日・その他休日作業	1日で終了する作業
第1号区域	19：00〜7：00	10時間を越えないこと	連続6日間を越えないこと	作業禁止	除く
第2号区域	22：00〜6：00	14時間を越えないこと	連続6日間を越えないこと	作業禁止	除く

特定建設作業が1日だけで終わる場合、災害その他非常事態の発生により緊急に行う必要がある場合および人の生命または身体に対する危険を防止するために行う必要がある特定建設作業の時間帯は制限されない。

特定建設作業により発生する騒音の規制基準とは、当該作業を行っている敷地境界における騒音の大きさの許容限度をいう。当該敷地の敷地境界線上で規制騒音85デシベルを越えてはならない。

注1 第1号区域とは、騒音規制法により指定された第1種区域と第2種区域の全域、ならびに第3種区域と第4種区域のうち、学校、保育所、病院、診療所（患者を入院させるための施設を有するもの）、図書館および特別養護老人ホームの敷地の周囲おおむね80mの区域内をいう。

注2 第2号区域とは、第3種区域と第4種区域であって、第1号区域以外の区域をいう。

[改善勧告および改善命令] 勧告を受けた者がその勧告に従わないで特定建設作業を行っているときは、市町村長は期限を定めて、防止方法の改善または特定建設作業の作業時間の変更を命じることができる。

[報告および検査] 市町村長は特定施設を設置する者もしくは特定建設作業を伴う建設工事を施工する者に対し、特定施設の状況、特定建設作業の状況その他必要な事項の報告を求めることができる。または市町村の職員に特定施設を設置する者の特定工場等もしくは特定建設作業を伴う建設工事を施工する者の建設工事の場所に立ち入り、特定施設その他の物件を検査させることができる。

2　振動規制法

▶ 定義と地域の指定

［特定施設］　工場または事業場に設置される施設のうち、著しい振動を発生する次の施設。

①金属加工機械（製管機械、ブラスト）

②空気圧縮機および送風機（原動機の定格出力が7.5kW以上のもの）

③土石用または鉱物用の破砕機、摩砕機、ふるいおよび分級機（原動機の定格出力が7.5kW以上のもの）

④コンクリートブロックマシン（原動機の定格出力の合計が2.95kW以上のものに限る）ならびにコンクリート管製造機械およびコンクリート柱製造機械（原動機の定格出力の合計が10kW以上のものに限る）

⑤木材加工機械ほか

［規制基準］　特定工場等において発生する振動の、敷地の境界線における大きさの許容限度。

［特定建設作業］　建設工事として行われる作業のうち、著しい振動を発生する次の作業。当該作業がその作業を開始した日に終わるものを除く。

番号	作業の種類
1	くい打機（もんけんおよび圧入式くい打くい抜機を除く）、くい抜機（油圧式くい抜き機を除く）またはくい打くい抜機（圧入式くい打くい抜機を除く）を使用する作業
2	鋼球を使用して建築物その他の工作物を破壊する作業
3	舗装版破砕機を使用する作業（作業地点が連続的に移動する作業にあっては、1日における当該作業に係る2地点の最大距離が50mを超えない作業に限る）
4	ブレーカー（手動式のものを除く）を使用する作業（作業地点が連続的に移動する作業にあっては、1日における当該作業に係る2地点の最大距離が50mを超えない作業に限る）

［区域の指定］　都道府県知事は住居が集合している地域、病院または学校の周辺の地域、その他の地域で、住民の生活環境を保全する必要があると認めるものを指定する。

[指定区域における区分]

指定区域区分	該当する区域
第1号区域	良好な住居の環境を保全するため、特に静穏の保持を必要とする区域 住居の用に供されているため、静音の保持を必要とする区域 住居の用に合わせて商業、工業等の用に供されている区域であって、相当数の住居が集合しているため、振動の発生を防止する必要がある区域 学校、保育所、病院および診療所（ただし、患者の収容設備を有するもの）、図書館ならびに特別養護老人ホームの敷地の周囲おおむね80mの区域
第2号区域	指定区域のうちで第1号区域以外の区域。

◉ 特定建設作業に関する規定

[特定建設作業の実施の届出]　指定地域内において特定建設作業を伴う建設工事を施工しようとする者は、当該特定建設作業の開始の日の7日前までに次の事項を市町村長に届け出なければならない。ただし、災害その他非常の事態の発生により特定建設作業を緊急に行う必要がある場合は、この限りでない。

①氏名または名称および住所ならびに法人にあっては、その代表者の氏名

②建設工事の目的に係る施設または工作物の種類

③特定建設作業の場所および実施の期間

④振動の防止方法

⑤特定建設作業の種類と使用機械の名称・形式

⑥作業の開始および終了時間

⑦添付書類（特定建設作業の工程が明示された建設工事の工程表と作業場所付近の見取り図）

[指定地域と区分別規制時間]　特定建設作業に伴って発生する振動の規制に関する基準は次表のとおり。

指定地域	作業禁止時間帯	1日あたりの作業時間	同一場所における作業時間	日曜日・その他休日作業	1日で終了する作業
第1号区域	19：00～7：00	10時間を越えないこと	連続6日間を越えないこと	作業禁止	除く
第2号区域	22：00～6：00	14時間を越えないこと	連続6日間を越えないこと	作業禁止	除く

特定建設作業が1日だけで終わる場合、災害その他非常事態の発生により緊急に行う必要がある場合および人の生命または身体に対する危険を防止するために行う必要がある特定建設作業の時間帯は制約されない。

特定建設作業により発生する振動の規制基準とは、当該作業を行っている敷地境界における振動の大きさの許容限度をいう。当該敷地の敷地境界線上で規制振動75デシベルを越えてはならない。

［改善勧告および改善命令］ 騒音規制法に同じ。

［報告および検査］ 騒音規制法に同じ。

3 宅地造成等規制法 出題頻度 ★ ★

▶ 宅地および宅地造成

［宅地］ 次の土地以外の土地をいう。

- 農地、採草放牧地、森林
- 道路、公園、河川
- 砂防施設、海岸、航空保全施設、飛行場、港湾施設、鉄道の施設、地すべり防止施設、国や地方公共団体が管理する学校、運動場、墓地等。

［宅地造成］ 宅地以外の土地（遊園地、民間のグラウンド、ゴルフ場等）の造成、または宅地において行う土地の形質の変更で次のようなものをいう。

- 切土で高さが2mを超えるがけを生じるもの。
- 盛土の高さが1mを超えるがけを生じるもの。
- 盛土の高さが1m以下で、かつ、切土部分と盛土部分の合計が2mを超えるがけを生じるもの。
- 上記以外で、切土や盛土をする土地の面積が500m²を超えるもの。

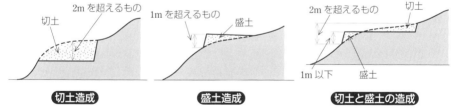

● 切土造成、盛土造成、切土と盛土の造成

［がけ］ 宅地造成におけるがけとは、がけ面が水平面から30°を超えるものをいう。1つのがけ、2つのがけは水平面から30°の線で区別する。

● がけの定義

◆ 許可および有資格者による設計

［許可］ 宅地造成に関する工事については、造成主は工事着手前に都道府県知事の許可を受ける。

［有資格者による設計］ 宅地造成に関する工事で次のものは資格を有する者が設計を行う。

- 高さが5mを超える擁壁の設置
- 切土または盛土する土地の面積が1,500m²を超える土地における排水施設の設置

◆ 宅地造成工事の技術的基準

［地盤］ 切土または盛土をする場合、がけの上端に続く地盤面はそのがけの反対方向に雨水等が流れるように勾配をとる。また、著しい傾斜の土地の盛土は段切り等の措置をする。

● 造成地盤面の水勾配

［擁壁と擁壁の構造］ 切土または盛土をして生じたがけは擁壁で覆う。構造は鉄筋コンクリート造、無筋コンクリート造、間知石練積み造等とする。

［擁壁の水抜穴］ 擁壁の壁面3m²以内ごとに1個以上、内径7.5m以上の陶管等の耐水材料を用いた水抜穴を設ける。

4 廃棄物処理法（廃棄物の処理および清掃に関する法律）出題頻度 ★ ★

● 廃棄物の定義

廃棄物とはごみ、粗大ごみ、燃え殻、汚泥、ふん尿、廃油、廃酸、廃アルカリ、動物の死体その他の汚物または不要物であって、固形状または液状のもの（放射性物質およびこれによって汚染されたものを除く）をいう。

［一般廃棄物］ 産業廃棄物以外の廃棄物をいう。一般廃棄物のうち、爆発性、毒性、感染性その他の人の健康または生活環境に係る被害を生じさせるおそれがあるものとして政令で定める廃棄物を特別管理一般廃棄物という。

［産業廃棄物］ 事業活動に伴って生じた廃棄物のうち、燃え殻、汚泥、廃油、廃酸、廃アルカリ、廃プラチック類その他政令で定める廃棄物をいう。産業廃棄物のうち、爆発性、毒性、感染性その他の人の健康または生活環境に係る被害を生じさせるおそれがあるものとして政令で定める廃棄物を特別管理産業廃棄物という。

［建設廃棄物の具体例］

- 一般廃棄物：現場内焼却残渣物。現場事務所、宿舎等の撤去に伴う各種廃材（寝具、日用雑貨、設計図書、雑誌、書類等）。建築物の地下掘削で生じた建設発生土。
- 産業廃棄物：建設廃材（コンクリートの破片、その他これに類する不要物）、廃プラスチック、ガラスくずおよび陶磁器くず、軽量鉄骨下地材等の金属くず、ゴムくず、汚泥、建設木くず、紙くず、繊維くず、廃油等。

● 廃棄物の処理

事業者はその事業活動に伴って生じた廃棄物を自らの責任において適正に処理しなければならない。

産業廃棄物の収集または運搬を業として行おうとする者は管轄する都道府県知事の許可を受けなければならない。ただし、事業者が自らその産業廃棄物を運搬する場合については許可が不要である。

産業廃棄物の運搬または収集を行う車両は産業廃棄物運搬車である旨を表示し、かつ、当該運搬車に環境省令で定める書面を備え付けておかなければ

ならない。

　事業者が産業廃棄物の運搬を委託するときは委託契約書に次の書面を添付する。

• 委託する産業廃棄物の種類および数量。
• 運搬の最終目的地の所在地。

　事業者が産業廃棄物の処分または再生を委託するときは、その処分または再生施設の所在地、その再生方法および再生に係る施設の能力を委託契約書に含めなければならない。

　事業者は産業廃棄物の運搬または処分を委託する場合、委託契約書および環境省令で定める書面を、その契約終了の日から5年間保存しなければならない。

　汚泥の処理能力が10m³/日を超える乾燥処理施設（天日乾燥施設を除く）を設置する場合は、管轄する都道府県知事の許可を受けなければならない。

5　建設リサイクル法（建設工事に係る資材の再資源化等に関する法律）出題頻度 ★★☆

▶ 定義

[建設資材]　土木建築に関する工事（建設工事）に使用する資材をいう。

[建設資材廃棄物]　建設資材が廃棄物となったものをいう。

[分別解体等]

• 建築物その他の工作物（建築物等）の全部または一部を解体する建設工事（解体工事）において建築物等に用いられた建設資材に係る建設資材廃棄物をその種類ごとに分別しつつ当該工事を計画的に施工する行為。
• 建築物等の新築その他の解体工事以外の建設工事（新築工事等）において当該工事に伴い副次的に生じる建設資材廃棄物をその種類ごとに分別しつつ当該工事を施工する行為。

［再資源化］

- 分別解体等に伴って生じた建設資材廃棄物について、資材または原材料として利用できる状態にする行為（建設資材廃棄物をそのまま用いることを除く）。
- 分別解体等に伴って生じた建設資材廃棄物であって燃やせるものまたはその可能性のあるものについて、熱を得ることに利用できる状態にする行為。

［特定建設資材］ コンクリート、木材その他の建設資材のうち、建設資材廃棄物となった場合に、その再資源化が資源の有効利用および廃棄物の減量を図るうえで特に必要であり、かつ、その再資源化が経済性の面において制約が著しくないと認められる次のものをいう。

- コンクリート
- コンクリートおよび鉄から成る建設資材
- 木材
- アスファルト

［特定建設資材廃棄物］ 特定建設資材が廃棄物となったものをいう。

［縮減］ 建設資材廃棄物について、縮減とは焼却、脱水、圧縮その他の方法により建設資材廃棄物を減らす行為をいう。

● 基本方針・分別解体・再資源化等の実施

建設業を営む者は建設資材廃棄物の再資源化により得られた建設資材を使用するよう努めなければならない。

対象建設工事の請負契約の当事者は分別解体の方法、解体工事に要する費用その他の主務省令で定める事項を書面に記載し、署名または記名押印をして相互に交付する等の措置を講じなければならない。

対象建築物の発注者または自主施工者は使用する特定建設資材の種類や解体する建築物等の構造等について、工事に着手する日の7日前までに、都道府県知事に届け出なければならない。

対象建設工事の元請業者は、特定建設資材廃棄物の再資源化等が完了したときはその旨を当該工事の発注者に書面で報告するとともに、当該再資源化等の実施状況に関する記録を作成し、これを保管しなければならない。

▶ 分別解体等実施義務に基づく建設工事の規模に関する基準

特定建設資材を用いた建築物等に係る解体工事またはその施工に特定建設資材を使用する新築工事等のうち、**分別解体等をしなければならない建設工事の規模**は次のとおり。

- 建築物に係る解体工事については、当該建築物（当該解体工事に係る部分に限る）の床面積の合計が**80 m²**であるもの。
- 建築物に係る新築または増築の工事については、当該建築物（増築の工事にあっては、当該工事に係る部分に限る）の床面積の合計が**500 m²**であるもの。
- 建築物に係る新築工事等であって上記の新築または増築の工事に該当しないもの（建築物の修繕・模様替え等のリフォーム工事、耐震改修工事等）については、その請負代金の額が**1億円以上**であるもの。
- 建築物以外のものに係る解体工事または新築工事等については、その請負代金の額が**500万円以上**であるもの。

工事の種類	規模の基準
建築物の解体工事	床面積の合計　80 m²以上
建築物の新築・増築工事	床面積の合計　500 m²以上
建築物の修繕・模様替え等のリフォーム工事、耐震改修工事等	請負代金の額　1億円以上
建築物以外の工作物の工事（土木工事等）※	請負代金の額　500万円以上

金額は消費税を含む。※は建築物以外の解体工事または新築工事等。

6 消防法　

▶ 防火管理

[防火管理者の業務] 防火管理者を定めなければならない防火対象物等においては、政令で定める資格を有する者のうちから防火管理者を定め、防火管理上、必要な次の業務を行わせなければならない。

- 消防計画の作成
- 消防計画に基づく消火、通報および避難訓練の実施
- 消防の用に供する設備、消防用水または消防活動上必要な施設の点検および整備

- 火気の使用または取扱いに関する監督
- 避難または防火上必要な構造および設備の維持管理ならびに収容人員の管理その他防火管理上、必要な業務

［防火管理者の資格］ 防火対象物の区分に応じ、当該防火対象物において防火管理上、必要な業務を適切に遂行することができる管理的または監督的な地位にあるものとする。

①甲種防火対象物の防火管理に関する講習（甲種防火管理講習）の課程を修了した者。

②大学または高等専門学校において総務大臣の指定する防災に関する学科または課程を修めて卒業した者で、1年以上防火管理の実務経験を有するもの。

③市町村の消防職員で、管理的または監督的な職に1年以上あった者。

④①から③までに掲げる者に準ずる者で、総務省令で定めるところにより、防火管理者として必要な学識経験を有すると認められるもの。

⑤乙種防火対象物の防火管理に関する講習（乙種防火管理講習）の課程を修了した者。

［防炎対象物品の使用］ 高層建築物もしくは地下街または劇場、キャバレー、旅館その他政令で定める防火対象物において使用する防炎対象物は、政令で定める基準以上の防炎性能を有するものでなければならない。防炎対象物とは以下のものをいう。

- カーテン、布製ブラインド
- 暗幕、緞帳その他舞台用の幕
- ござ、じゅうたん、タフテッドカーペット等
- 合成樹脂製床シート、人工芝
- 展示用合板、大道具用合板
- 工事用シート

▶ 消防用設備等の種類

［消防の用に供する設備］ 消火設備、警報設備および避難設備をいう。

種類	該当する設備
消火設備	水その他消火剤を使用して消火を行う機器器具または設備。 ・消火器および簡易消火栓設備（水バケツ、水槽、乾燥砂、膨張ひる石または膨張真珠岩） ・屋内消火栓設備、屋外消火栓設備 ・スプリンクラー設備、水噴霧消火設備 ・泡消火設備、不活性ガス消火設備、ハロゲン化物消火設備、粉末消火設備 ・動力消防ポンプ設備
警報装置	火災の発生を報知する機器器具または設備。 ・自動火災報知設備 ・ガス漏れ火災警報設備（液化石油ガスの漏れを検知するためのものを除く） ・漏電火災警報器 ・消防機関へ通報する火災報知設備 ・警鐘、携帯用拡声器、手動式サイレンその他の非常警報器具および非常警報設備（非常ベル、自動式サイレン、放送設備）
避難設備	火災が発生した場合において避難するために用いる機器器具または設備。すべり台、避難はしご、救助袋、緩降機、避難橋その他の避難器具、誘導灯および誘導標識。

［消防用水］ 防火水槽またはこれに代わる貯水池その他の用水をいう。

［消火活動上必要な設備］ 排煙設備、連結散水設備、連結送水管、非常コンセント設備および無線通信補助設備。

［主な消防用設備の設置および維持に関する技術基準］

設備	技術基準
消火器	通行や避難に支障がない箇所に床面から1.5m以下の高さに設置する。
屋内消火栓	防火対象またはその部分の区分に応じ、1号消火栓、2号消火栓の設置基準が定められている。 ・1号消火栓：防火対象物の階ごとに、その階の各部分から1のホース接続口までの水平距離が25m以下となるように設ける。水源はその水量が屋内消火栓の設置個数が最も多い階における当該設置個数（当該設置個数が2を超えるときは、2とする）に2.6m³を乗じて得た量以上の量となるように設ける。非常電源を附置する。 ・2号消火栓：防火対象物の階ごとに、その階の各部分から1のホース接続口までの水平距離が15m以下となるように設ける。
屋外消火栓	建築物の各部分から1のホース接続口までの水平距離が40m以下となるように設ける。水源は、その水量が屋外消火栓の設置個数に7.0m³を乗じて得た量以上の量となるように設ける。非常電源を附置する。
連結送水管	放水口は防火対象物またはその階もしくはその部分のいずれの場所からも1の放水口までの水平距離が50m、25m以下となるように2種類を定め、かつ、階段室、非常用エレベーターの乗降ロビーその他これらに類する場所で消防隊が有効に消火活動を行うことができる位置に設ける。主管の内径は100mm以上とする。送水口は双口形とし、消防ポンプ自動車が容易に接近することができる位置に設ける。地階を除く階数が11以上の建築物に設置する連結送水管の放水口は、双口形とする。非常電源を附置した加圧送水装置を設ける。放水用器具を格納した箱を放水口に附置する。
消防用水	消防用水は建築物の各部分から1の消防用水までの水平距離が100m以下となるように設けるとともに、1個の消防用水の有効水量が、20m³未満のものであってはならない。消防用水の吸管を投入する部分の水深は当該消防用水について、所要水量のすべてを有効に吸い上げることができる深さであるものとする。消防用水は消防ポンプ自動車が2m以内に接近することができるように設ける。防火水槽には適当な大きさの吸管投入孔を設ける。

設備	技術基準
誘導灯	非常電源を附置する。 ・避難口誘導灯：避難口を表示した緑色の灯火とする。 ・通路誘導灯：避難の方向を明示した緑色の灯火とし、防火対象物またはその部分の廊下、階段、通路その他避難上の設備がある場所に避難上有効なものとなるように設ける。 ・客席誘導灯：客席の照度が0.2lx以上となるように設ける。
誘導標識	避難口である旨または避難の方向を明示した緑色の標識とし、多数の者の目に触れやすい箇所に避難上有効なものとなるように設ける。
排煙設備	手動起動装置または火災の発生を感知した場合に作動する自動起動装置を設ける。非常電源を附置する。

[消防用設備等の設置工事または整備] 消防設備士の交付を受けているものでなければ行うことができない。甲種消防設備士は次表の①〜⑭までの消防用設備等の設置工事および整備を行うことができる。乙種消防設備士は次表の①〜⑯までの消防用設備等の整備を行うことができる。甲種消防設備士はその工事に着手しようとする日の10日前までに、総務省令で定めるところにより工事整備対象設備等の種類、工事の場所その他必要な事項を消防長または消防署長に届け出なければならない。

業務内容	消防用設備等の種類
設置工事・整備	①屋内消火栓設備（電源・水源・配管部分を除く） ②スプリンクラー設備（電源・水源・配管部分を除く） ③水噴霧消火設備（電源・水源・配管部分を除く） ④泡消火設備（電源・水源・配管部分を除く） ⑤不活性ガス消火設備（電源・水源・配管部分を除く） ⑥ハロゲン化物消火設備（電源・水源・配管部分を除く） ⑦粉末消火設備（電源・水源・配管部分を除く） ⑧屋外消火栓設備（電源・水源・配管部分を除く） ⑨自動火災報知設備（電源部分を除く） ⑩ガス漏れ火災警報設備（電源部分を除く） ⑪消防機関へ通報する火災報知設備 ⑫金属製避難はしご（固定式に限る） ⑬救助袋 ⑭緩降機 ⑮消火器 ⑯漏電火災警報器

◗ 危険物の取扱い

[危険物取扱者の業務] 危険物施設（製造所、貯蔵所、取扱所）において危険物を取り扱う場合、危険物取扱者が行うか、甲種または乙種危険物取扱者の立会いのもとに取り扱わなければならない。

危険物取扱者の免許の種類により取扱いできる危険物は以下のとおり。

- 甲種危険物取扱者：すべての危険物。
- 乙種危険物取扱者：免状において指定された危険物。
- 丙種危険物取扱者：ガソリン、灯油、軽油、第3石油類（重油、潤滑油およ引火点130℃以上のものに限る）第4石油類、動植物油類。

［危険物保安監督者の選任］　政令で定める製造所、貯蔵所または取扱所の所有者、管理者または占有者は、甲種危険物取扱者または乙種危険物取扱者で6か月以上危険物取扱いの実務経験を有するもののうちから危険物保安監督者を定め、総務省令で定めるところにより、その者が取り扱うことができる危険物の取扱作業に関して保安の監督をさせなければならない。

［消防署長への届出］　防火対象物またはその部分を使用しようとする者は、当該防火対象物またはその部分の使用を開始する日の7日前までに規則で定めるところによりその旨を消防署長に届け出なければならない（完了日からではなく、使用開始日からである）。

7　道路関連法規　出題頻度 ★★☆

◉ 道路の占用

［道路の占用の許可］　道路に次の各号のいずれかに掲げる工作物、物件または施設を設け、継続して道路を使用しようとする場合においては、道路管理者の許可を受けなければならない。

- 電柱、電線、変圧塔、郵便差出箱、公衆電話所、広告塔
- 水管、下水道管、ガス管
- 鉄道、軌道
- 歩廊、雪よけ
- 地下街、地下室、通路、浄化槽
- 露店、商品置場
- 道路の構造または交通に支障を及ぼすおそれのある工作物、物件または施設で政令で定めるもの（工事用板囲、足場、詰所、看板その他の工事用施設）

［水道・電気・ガス事業等のための道路の占用の特例］ 水道法、下水道法、鉄道事業法、電気事業法等に基づく、水管、下水道管、公衆の用に供する鉄道、ガス管、電柱、電線もしくは公衆電話所等の工事を行うときは、工事の実施日の1か月前までに、あらかじめ工事の計画書を道路管理者に提出しなければならない。基準に適合するときは、道路管理者は、道路の占用を許可しなければならない。

［水管・ガス管・下水管の埋設］ 以下の事項を満たさなければならない。

- 道路の敷地外に当該場所に代わる適当な場所がなく、公益上やむを得ないと認められる場所であること。
- 走路に水管、下水管またはガス管の本線を設ける場合は、歩道の部分とする。公益上やむを得ない事情があると認められるときは、道路とする。
- 水管またはガス管の本線の頂部と路面との距離が1.2m（工事実施上やむを得ない場合にあっては、0.6m）を超えていること。
- 下水道管の場合において、その頂部と路面との距離が3m（工事実施上やむを得ない場合にあっては、1m）を超えていること。

［工事実施の方法に関する基準］ 以下の事項を満たさなければならない。

- 占用物件の保持に支障を及ぼさないために必要な措置を講じる。
- 道路を掘削は溝掘、つぼ掘とし、えぐり掘の方法によらない。
- 路面の排水を妨げない措置を講じること。
- 道路の一方の側は、常に通行することができる状態にする。
- 工事現場に柵または覆いを設置する。夜間における赤色灯または黄色灯を点灯する。その他道路の交通の危険防止のために必要な措置を講じる。
- ガス管等が地下に設けられていると認められる場所またはその付近を掘削する工事にあっては、管理者との協議に基づき保安上必要な措置を講じる。火気を使用しない。

▶ 道路の保全

[車両の幅等の最高限度] 道路の構造を保全し、または交通の危険を防止するため、車両の幅、重量、高さ、長さおよび最小回転半径の最高限度が政令で定められている。

項目	最高限度
幅	2.5m以下。
重量	高速自動車国道または道路管理者が道路の構造の保全および交通の危険防止上支障がないと認めて指定した道路を通行する車両：総重量25t以下 その他の道路を通行する車両：総重量20t以下、軸重量10t以下、輪重量5t以下。
高さ	道路管理者が道路の構造の保全および交通の危険防止上支障がないと認めて指定した道路を通行する車両：4.1m以下 その他の道路を通行する車両：3.8m以下。
長さ	12m以下。
最小回転半径（車両最外側のわだち）	12m以下。

[通行等の許可] 車両制限令の規定に基づく幅、重量、長さ等の最高限度を超える車両を運行させようとする者は、道路管理者の許可を得なければならない。

[乗車または積載の方法] 道路交通法では、その車両の自動車検査証に記載された人数、荷物の重量を超えて乗車、積載することが禁止されているが、貨物自動車で貨物を積載しているものにあっては、当該貨物を看守するため必要な最小限度の人員をその荷台に乗車させて運転することができる。

[乗車または積載の制限等] 車両の運転者は当該車両について政令で定める乗車人員または積載物の重量、大きさもしくは積載の方法（積載重量等）の制限を超えて乗車をさせ、または積載をして車両を運転してはならない。公安委員会は道路における危険を防止し、その他交通の安全を図るため必要があると認めるときは、軽車両の乗車人員または積載重量等の制限について定めることができる。分割できない貨物であるため、政令で定める積載重量等の制限または公安委員会が定める積載重量等を超える場合において、出発地警察署長が当該車両の構造または道路もしくは交通の状況により支障がないと認めて積載重量等を限って許可をしたときは、当該許可に係る積載重量等の範囲内で当該制限を超える積載をして車両を運転することができる。

［積載重量等］ 以下の事項を満たさなければならない。

- 乗車人員は、自動車検査証に記載された乗車定員を超えないこと。
- 積載物の重量は、記載された最大積載重量を超えないこと。
- 積載物の長さは、自動車の長さにその長さの1/10の長さを加えたものを超えないこと。
- 幅は、自動車の幅を超えないこと。
  - 高さは3.8mからその自動車の積載をする場所の高さを減じたものを超えないこと。

［自動車の牽引制限］ トレーラー等を牽引する場合、牽引する車両の前端から牽引される車両の後端（牽引される車両が2台のときは2台目の車両の後端）までの長さが25mを超えるときは、牽引をしてはならない。ただし、公安委員会が当該自動車について、道路を指定し、または時間を限って牽引の許可をしたときは、この限りでない。

［道路の使用の許可］ 次の各号のいずれかに該当行為をする場合、所轄警察署長の許可を受けなければならない。

- 道路において工事もしくは作業をする。
- 道路に石碑、銅像、広告板、アーチその他これらに類する工作物を設ける。
- 場所を移動せずに、道路に露店、屋台店その他これらに類する店を出す。
- 道路において祭礼行事をし、またはロケーションをするなど一般交通に著しい影響を及ぼすような道路の使用行為で、公安委員会が、その土地の道路または交通の状況により、道路における危険を防止し、その他交通の安全と円滑を図るため必要と認めて定めたもの。

8　下水道法 出題頻度 ★☆☆

分流式の公共下水道に下水を流入させるために設ける排水設備は、汚水と雨水とを分離して排除する構造としなければならない。

合流式下水道は汚水と雨水を同一の管路で集水する方式で、初期の下水道整備において採用された。分流式下水道に比べ、管路施設の建設が容易な半面、雨天時に汚水混じりの雨水が、川や海に未処理で排出される問題がある。

9　水道法 出題頻度 ★★☆

給水装置の配水管への取付口の位置は、他の給水装置の取付口から30cm以上離さなければならない。

配水管への取付口における給水管の口径は、当該給水装置による水の使用量に比し、著しく過大でないこととする。

配水管の水圧に影響を及ぼすおそれのあるポンプに直接連結しない。

配水管は水圧、土圧その他の荷重に対して十分な耐力を有し、かつ、水が汚染され、または漏れるおそれがないものとし、凍結、破壊、浸食等を防止するための適当な措置を講じる。当該給水装置以外の水管その他の設備に直接連結してはならない。

水槽、プール、流し、その他水を入れ、または受ける器具、施設等に給水する給水装置には、水の逆流を防止するための適当な措置を講じる。

10　駐車場法 出題頻度 ★☆☆

自動車を駐車する部分の面積が500m²以上であるものには以下の事項を適用する。

▶ 車路に関する技術的基準

自動車の車路の幅員は自動車の車路またはその部分の区分に応じ、定められている。

- 一方通行の自動車の車路のうち、当該車路に接して駐車料金の徴収施設が
  あり、かつ、歩行者が通行しない部分の幅員は2.75m以上であること。
- 一方通行の自動車の車路またはその部分（上記に掲げる車路の部分を除く）
  の幅員は3.5m以上、自動二輪車専用駐車場の特定自動二輪車の車路また
  はその部分の幅員にあっては2.25m以上であること。
- その他の自動車の車路またはその部分の幅員は5.5m以上、自動二輪車専
  用駐車場の特定自動二輪車の車路またはその部分にあっては3.5m以上で
  あること。

建築物である路外駐車場の自動車の車路

梁下の高さは、2.3m以上とする。

屈曲部（ターンテーブルが設けられているものを除く）は、自動車を5m
以上内法半径で回転させることができる構造（自動二輪車専用駐車場の屈曲
部にあっては特定自動二輪車を3m以上の内法半径で回転できる構造）とす
る。

傾斜部の縦断勾配は17%を超えないようにする。

傾斜部の路面は粗面とし、または滑りにくい材料で仕上げる。

駐車の用に供する部分の高さ

建築物である路外駐車場の自動車を駐車する部分の梁下の高さは2.1m以
上でなければならない。路外駐車場の車路部分の梁下と駐車する部分の梁下
の高さの規制値が違うことに注意する。

問1 1 騒音規制法

　次の建設作業のうち、「騒音規制法」上、特定建設作業に該当するものはどれか。ただし、作業の開始したその日に終わらないものとする。

(1)　電動機以外の原動機の定格出力が15kW以上の空気圧縮機を使用する作業
(2)　圧入式くい打ちくい抜機を使用する作業
(3)　くい打機をアースオーガーと併用する作業
(4)　原動機の定格出力が80kW未満のバックホウを使用する作業

解説　空気圧縮機を使用する作業は、原動機の定格出力が15kW以上のものが特定建設作業に該当する。　　　　　　　　　　　解答　(1)

問2 2 振動規制法

　「振動規制法」上、指定地域内における特定建設作業に関する記述として、誤っているものはどれか。ただし、災害その他の非常時を除く。

(1)　ブレーカーを使用し、作業地点が連続して移動する作業であって、1日における作業に係る地点間の最大距離が60mを超える作業は特定建設作業である。
(2)　当該作業を開始した日に終わる作業は、特定建設作業から除かれる。
(3)　特定建設作業の実施の届出には、特定建設作業を伴う工程を明示した工事工程表を添付しなければならない。
(4)　特定建設作業を伴う建設工事の施工者は、特定建設作業開始の日の7日前までに実施の届出をしなければならない。

問3　3 宅地造成等規制法

宅地造成工事規制区域内において行われる宅地造成工事に関する記述として、「宅地造成等規制法」上、誤っているものはどれか。

(1) 宅地造成とは、宅地以外の土地を宅地にすることをいい、宅地において行う土地の形質の変更は含まない。

(2) 高さが1mを超えるがけを生じることとなる盛土をする場合においては、がけの上端に続く地盤面には、特別の事情がない限り、そのがけの反対方向に雨水その他の地表水が流れるように勾配をつける。

(3) 擁壁を設置しなければならないがけ面に設ける擁壁には、壁面の面積3m²以内ごとに少なくとも1個の水抜穴を設けなければならない

(4) 盛土する土地の面積が、1,500m²を超える土地に排水施設を設置する場合は、所定の資格を有する者の設計によらなければならない。

問4　4 廃棄物処理法（廃棄物の処理および清掃に関する法律）

次の記述のうち、「廃棄物の処理および清掃に関する法律」上、誤っているものはどれか。

(1) 現場事務所から排出される図面、書類は、一般産業廃棄物である。

(2) 改築時に発生する木くず、陶磁器くずは、産業廃棄物である。

(3) 建築物の地下掘削で生じた建設発生土は、産業廃棄物である。

(4) 軽量鉄骨下地材等の金属くずは、産業廃棄物である。

問5　5　建設リサイクル法（建設工事に係る資材の再資源化等に関する法律）

「建設工事に係る資材の再資源化等に関する法律」上、政令で定める建設工事の規模に関する基準に照らし、分別解体等をしなければならない建設工事に該当しないものはどれか。

(1)　床面積が $100\,m^2$ の住宅5戸の新築工事であって、同一業者が同じ場所で同一発注者と1の契約により同時に行う工事

(2)　擁壁の解体工事であって、請負代金の額が500万円の工事

(3)　建築物の増築工事であって、当該工事に係る部分の面積が $500\,m^2$ の工事

(4)　建築物の耐震改修工事であって、請負代金の額が7,000万円の工事

解説　建築物の耐震改修工事であって、分別解体等しなければならない建設工事に該当するのは請負代金の額が1億円以上の工事である。　解答　(4)

問6　6　消防法

次の記述のうち「消防法」上、誤っているものはどれか。

(1)　危険物取扱者免状の種類は、甲種危険物取扱者免状および乙種危険物取扱者免状の2種類に区分されている。

(2)　工事中の高層建築物に使用する工事用シートは、防炎性能を有するものでなくてはならない。

(3)　屋外消火栓を設置する場合は、建築物の各部分から1のホース接続口までの水平距離が40m以下となるように設ける。

(4)　消防用水を設置する場合において、1個の消防用水の有効水量は、$20\,m^3$ 以上必要である。

解説　危険物取扱者免状の種類は、甲種・乙種・丙種の危険物取扱者免状の3種類に区分されている。　　　　　　　　　　　　　　　　　解答　(1)

　貨物自動車を使用して、分割できない資材を運搬する際に、「道路交通法」上、当該車両の出発地を管轄する警察署長（出発地警察署長）の許可を必要とするものはどれか。

(1)　荷台の高さが1mの自動車に、高さ2.4mの資材を積載して運搬する場合

(2)　積載する自動車の最大積載重量を超える資材を運搬する場合

(3)　長さが11mの自動車に、車体の前後に0.5mずつはみ出す資材を積載して運搬する場合

(4)　資材を監修するため必要な最小限度の人員を、荷台に乗せる場合

解説　積載物の重量は、自動車にあっては自動車検査証、保安基準適合標章または軽自動車届出済証に記載された最大積載重量を超えてはならない。積載する自動車の最大積載重量を超える資材を運搬する場合は、許可を必要とする。　　　　　　　　　　　　　　　　　　　　　解答　(2)

　次の記述のうち、法令上、誤っているものはどれか。

(1)　分流式公共下水道に下水を流入させるために設ける排水設備は、「下水道法」に基づき、汚水と雨水とを分離して排除する構造としなければならない。

(2)　「駐車場法」に基づき、自動車の駐車の用に供する部分の面積が500m²以上の建築物である路外駐車場の自動車の駐車の用に供する部分の梁下の高さは、2.1m以上としなければならない。

(3)　「水道法」に基づき、給水装置の排水管への取付口の位置は、他の給水

装置の取付口から30cm以上離さなければならない。

(4) 工事用板囲を設け、継続して道路を使用しようとする場合は、「道路法」に基づき、当該道路を管轄する警察署長の許可を受けなければならない。

解説　道路の構造または交通に支障を及ぼすおそれのある工作物、物件または施設（工事用板囲、足場、詰所看板その他の工事用施設）を設け継続して道路を使用する場合は道路管理者の許可を受けなければならない。

解答　(4)

〈著者略歴〉

井 上 国 博 （いのうえ　くにひろ）
1972年　日本大学工学部建築学科卒業
現　在　株式会社住環境再生研究所所長
一級建築士，建築設備士，一級造園施工管理技士

黒 瀬　匠 （くろせ　たくみ）
1992年　東海大学工学部建築学科卒業
現　在　株式会社ベストデザイン代表取締役
一級建築士，構造設計一級建築士

三 村 大 介 （みむら　だいすけ）
1993年　大阪大学大学院修士課程修了
現　在　マロプラス代表
一級建築士，一級建築施工管理技士

これだけマスター
1級建築施工管理技士　第一次検定

2022年4月22日　　第1版第1刷発行

著　　者　　井 上 国 博
　　　　　　黒 瀬　　匠
　　　　　　三 村 大 介
発 行 者　　村 上 和 夫
発 行 所　　株式会社 オーム社
　　　　　　郵便番号　101-8460
　　　　　　東京都千代田区神田錦町3-1
　　　　　　電話　03(3233)0641(代表)
　　　　　　URL https://www.ohmsha.co.jp/

© 井上国博・黒瀬　匠・三村大介 2022

組版 BUCH⁺　印刷・製本 三美印刷
ISBN978-4-274-22849-0　Printed in Japan

本書の感想募集　https://www.ohmsha.co.jp/kansou/
本書をお読みになった感想を上記サイトまでお寄せください。
お寄せいただいた方には，抽選でプレゼントを差し上げます。